信息网络视角下诈骗犯罪的刑法规制

谢志强 ◎ 著

中国人民公安大学出版社
·北京·

图书在版编目（CIP）数据

信息网络视角下诈骗犯罪的刑法规制 / 谢志强著.
-- 北京：中国人民公安大学出版社，2020.5
ISBN 978-7-5653-3990-5

Ⅰ.①信… Ⅱ.①谢… Ⅲ.①互联网络－金融诈骗罪－研究－中国 Ⅳ.①D924.334

中国版本图书馆CIP数据核字(2020)第118464号

信息网络视角下诈骗犯罪的刑法规制

谢志强 著

出版发行：	中国人民公安大学出版社
地 址：	北京市西城区木樨地南里
邮政编码：	100038
印 刷：	涿州市新华印刷有限公司
版 次：	2021年3月第1版
印 次：	2021年3月第1次
印 张：	10.25
开 本：	880毫米×1230毫米 1/32
字 数：	248千字
书 号：	ISBN 978-7-5653-3990-5
定 价：	38.00元
网 址：	www.cppsup.com www.porclub.com
电子邮箱：	zbs@cppsup.com zbs@cppsu.edu.cn

营销中心电话：010-83903254
读者服务部电话（门市）：010-83903257
警官读者俱乐部电话（网购、邮购）：010-83903253
电子音像与数字出版分社电话：010-83903341

本社图书出现印装质量问题，由本社负责退换
版权所有　侵权必究

内容提要

诈骗犯罪是司法实践中常见的侵财犯罪类型。我国早在西周时期《尚书·费誓》中就有类似诈骗犯罪的相关记载。随着信息网络技术的发展，近年来电信诈骗、网络诈骗日益增多，成为严重危害社会稳定、侵犯公民财产权利、损害社会管理秩序的一颗毒瘤。

信息网络背景下的诈骗犯罪呈现许多新的特点：一是信息交互二元化。犯罪分子与被害人无须见面，在虚拟环境下各自作出自己的判断。二是支付方式虚拟化。犯罪分子与被害人无须进行实物交换、货币交换，只需依托虚拟的信息网络即可进行支付。三是取财方式隐蔽化。诈骗犯罪分子可以依托网络木马、钓鱼软件等技术手段实现取财。四是行为方式竞合化。一个诈骗犯罪往往与其他罪名交叉竞合。司法实践中出现的各种新问题、信息网络诈骗呈现的特殊方式和特点对传统诈骗犯罪理论通说已形成挑战，而目前学界研究大多是在传统诈骗罪的基础上展开，因此笔者试图跳出传统的研究框架，建议刑法设立新罪名予以规制。

借鉴英美法系和大陆法系有关国家或地区的立法经验，结合中国现有犯罪构成理论，笔者认为，电信诈骗、网络诈骗等提法均不足以反映信息网络诈骗犯罪的特征和范围，刑法规定的诈骗罪也无法完全涵盖信息网络诈骗犯罪，因此应当设立信息网络诈骗罪。该罪名可界定为："以非法占有为目的，利用信息网络和设备向不特定的多数人发送或提供虚假的或诱导性的信息，诱导受骗人作出汇款、转账行为，或借此攫取受害人的个人信息，再通过盗刷、汇款、转账等方式，获取财产性利益，情节严重的行为。"根据这一概念，信息网络诈骗可以是足以使人陷入误解对财产作出错误处分的一切方法；侵犯的不仅仅是私有财产权，还可以是复杂客体；不是单纯的数额犯，有其他严重情节也可以入罪。

在完善信息网络犯罪立法时，有两个因素应重点考虑。一是共同犯罪问题。在信息网络背景下，诈骗犯罪有两个非常明显的趋势——犯意联系的模糊化和规模的集团化，因此，对信息网络诈骗犯罪"明知"的内容也应有更宽泛的理解，只要主观上认识到他人的行为是为法律所禁止，或可能是犯罪，而积极配合、积极帮助，即应构成共犯。此外，基于网络环境下片面帮助行为的后果、作用往往超过正犯的特征，宜以拓展的间接实行犯评价片面共犯的情形。二是犯罪形态问题。在评价信息网络诈骗犯罪既遂、未遂问题上，应考虑到信息网络诈骗兼具情节犯与结果犯双重属性，既遂的标准至少应当包括以下几种情形：对不特定多数人财产安全及公共生产、生活安全造成严重现实威胁的；造成他人法益遭受损失、财产损失数额较大或有其他严重情节的；虽未获得财物，但具备其他严重情节的。

此外，从更有效规制信息网络诈骗的角度，立法上还应当完善两方面的制度：一是完善个人信息资料保护制度，应尽快出台《个人信息保护法》。二是应加大对恶意侵财软件的法律规制，增设非法制作、传播、买卖恶意程序罪等。

目 录

引 论 1

第一章 信息网络诈骗犯罪概述 12
    第一节 诈骗犯罪的发展历史 13
    第二节 信息网络对诈骗犯罪的影响 29
    第三节 信息网络诈骗的特征 40

第二章 域外信息网络诈骗立法概况 47
    第一节 英美法系主要国家信息网络诈骗立法 47
    第二节 大陆法系部分国家和地区信息网络诈骗立法 61

第三章 信息网络诈骗罪的犯罪构成 85
    第一节 信息网络诈骗罪的犯罪客体 87
    第二节 信息网络诈骗罪的客观方面 94
    第三节 信息网络诈骗单独设立罪名之辨析 121

第四章 信息网络诈骗共同犯罪问题 138
    第一节 信息网络诈骗共同犯罪的主观方面 139
    第二节 信息网络诈骗罪的片面共犯问题 146
    第三节 信息网络共同诈骗数额认定问题 160

第五章　信息网络诈骗犯罪的既未遂 ·················· 173
  第一节　诈骗犯罪既未遂问题观点辨析 ················ 173
  第二节　信息网络诈骗犯罪既未遂问题探析 ············· 185

第六章　信息网络诈骗与盗窃之区分 ···················· 202
  第一节　以二维码侵财犯罪为切入：诈骗与盗窃问题 ··· 202
  第二节　区分盗与骗的一般原则 ···················· 219
  第三节　替换型二维码侵财犯罪的刑法属性 ············· 236
  小　　结 ·· 252

第七章　信息网络诈骗刑事规制立法建议 ················ 255
  第一节　信息网络诈骗与个人信息资料保护之完善 ······ 255
  第二节　提供或传播侵财目的恶意软件行为之规制 ······· 274

参考文献 ·· 300

后　　记 ·· 318

引 论

诈骗犯罪是最古老的犯罪之一。我国关于诈骗犯罪的立法由来已久。据宁汉林先生考证,早在夏禹时期所制定的成文刑法典《洪范》便提到了诈骗罪,其中第二篇"五事"中的"二曰言"便是指背信争财、侵吞诈取。我国历代奴隶、封建王朝,均有法律对诈骗犯罪作出禁止性规定。我国现行《刑法》也对诈骗犯罪作了体系较为严密的规定,除在第266条规定普通诈骗罪外,还在金融诈骗罪的类罪名之下设立了一系列分罪名,涵盖集资、贷款、票据、保险、合同等金融领域的诈骗犯罪,这为有效打击、惩治和预防诈骗犯罪提供了有力的法律武器。但近年来,随着信息通信技术以及互联网的兴起,我国进入了"互联网+"时代。在信息网络背景下,诈骗犯罪呈现许多不同于传统诈骗犯罪的方式和特点,也对司法实践提出了许多新的问题和挑战。

一、选题背景及价值

信息技术革命是人类有史以来最大的革命。自1969年斯坦福大学和加州大学洛杉矶分校的计算机使用包交换技术首次连接起来,以互联网为代表的信息技术革命已经席卷全球,成为引领时代发展的一股不可逆转的洪流。对中国而言,互联网发展更是迅速,短短25年,网民规模已达8.54亿人,"互联网+"也成为中国经济转型升级的新引擎。以移动支付为例,中国每3个手机用户中就有2个使用

信息网络视角下诈骗犯罪的刑法规制

移动支付。中国已成为全球最大的移动支付市场。[①]技术的发展，催生了互联网形态、信息通信技术形态的演变。以大数据、云计算、物联网为代表的新一代信息技术成为互联网的发展和延伸，它们在改变人们生活方式的同时，也被犯罪分子利用，他们在犯罪手法上实现了"互联网+诈骗"的升级。统计资料显示，2011年以来，发生在我国的电信诈骗案件年增长率高达20%～30%。仅2018年，全国公安机关立案侦查的电信诈骗案件就将近70万起，据不完全统计，这些案件所造成的经济损失高达222亿元。据北京市公安局《现代网络诈骗产业链分析报告》不完全统计，我国网络诈骗"产业"的从业人数至少有160万人，"年产值"超过1100亿元。更值得注意的是，即便在全国已经加大对电信网络诈骗打击的背景下，这一数字依然增长惊人。资料显示，2017年，全国法院系统一审审结的电信网络诈骗案件量较2016年上升70.34%。这表明，尽管2016年到2017年间，国家对电信诈骗采取了日益严厉的打击手段，取得了积极的打击成果，但相关诈骗犯罪依然呈上升的趋势。[②]毋庸讳言，诈骗犯罪已经成为严重威胁我国公私财产安全、扰乱社会秩序、影响社会稳定的一个重要犯罪类型。

从司法实践看，以互联网为基础的、数据传输与数据制作为主要特征的信息网络，不仅成为犯罪的工具，其虚拟、快捷、隐蔽的特点，也使诈骗与盗窃、敲诈勒索等犯罪界限更加模糊，与民事行为之间也出现交织并存的趋势，对传统的诈骗犯罪理论，乃至现行

[①] 《中国互联网发展的25年：线民规模达8.54亿人，成为中国经济转型升级的新引擎！》，央视财经，http://baijiahao.baidu.com/s?id=16443895039999990583&wfr=spider&for=pc，访问日期：2019年10月5日。
[②] 《2017年全国已结电信诈骗案件量增幅超70%》，载《人民法院报》2018年9月4日。

引论

诈骗犯罪刑事立法提出了新课题和新挑战。主要有以下四个方面：

一是信息交互二元化。在传统诈骗犯罪中，诈骗犯罪分子通常通过接触被害人实现诈骗目的，影响面较小。而信息网络背景下，手机、计算机、移动网络设备将诈骗犯罪分子与被害人隔离，为其通过钓鱼网站、群发短信、电话群拨等方式实施诈骗提供了技术便利。在诈骗过程中，诈骗犯罪分子与被害人之间往往呈单向透视效应，也就是说，诈骗犯罪分子往往可以通过技术手段获取被害人的信息，精准设计环环相扣的骗局，而被害人难以察觉、判断诈骗犯罪分子各种信息的真实性。近年来，随着"扫黑除恶"斗争的深入，许多地方治安出现明显好转，原本猖獗的街头犯罪转向信息网络等较为隐蔽的领域。犯罪分子依托信息网络手段，通过互联网、移动互联网等不同通信方式，编造各类虚假信息，精心设置各类骗局，诱使受害人给犯罪分子打款或转账，对受害人实施远端、非直接接触方式的诈骗。在信息网络诈骗中，新型诈骗方式不断涌现，出现了"真实信息诈骗"的案例。所谓"真实信息"，是指一些诈骗行为并无明显虚构事实、隐瞒真相的特征，所发布的信息都是真实的，但这些信息却足以引起他人的误解、诱使他人对自身财物作出错误处分。例如，实践中一些案例，嫌疑人通过群发"请将款项转至××××账户"的短信，使正处于办理转款手续等特殊状态的被害人，误以为短信为债权人所发，于是将信息发送人误认为转款对象，从而导致错误转款。此外，一些"响一声"吸费电话，在电话交互规则下，用户往往误以为是自己朋友而回拨，而只要用户回拨，电话费用便被扣取。这些诈骗行为意图让人陷入误解，但却没有明显的虚构事实、隐瞒真相的特征，对诈骗犯罪通说要求的虚构事实、隐瞒真相是有一定挑战的。

二是支付方式虚拟化。在信息化条件下，基于便捷化、快速

信息网络视角下诈骗犯罪的刑法规制

化、精准化的需求，各种以信息化为载体的支付方式应运而生，并逐步取代现金支付方式，如手机银行转账、微信转账、微信红包、ATM机转账等。支付方式的虚拟化直接产生的后果是，诈骗犯罪分子可以隐匿在网络背后，无须直接与被害人接触，财产的转移通过资料操作即可完成，并且支付的过程是不可逆的。这一特点使得大量的仿冒网站、钓鱼网站应运而生，"钓鱼网站+虚拟支付"成为网络诈骗最流行、最不容易被查获的诈骗方式。这种情况下，由于技术手段的运用，在一些以第三方支付（如支付宝）为媒介的诈骗中，被害人受骗后在向第三方平台转款的过程中被截获，款项直接进入诈骗分子的第三方账户并被转走。这种情形下，被害人并无处分财产的意思，但客观上却出现了处分的效果，这对诈骗罪通说的"自愿交付"要件提出了挑战。

三是取财方式隐蔽化。目前，扫描二维码已经成为"无纸币化"支付的最主要的方式之一。它是以某种特定的几何图形按照预定的编码规则，在平面上生成黑白相间的图形，通过代码把"0"、"1"数据信息转换成对照的几何图形，使用时，利用摄像头或扫码设备自动读取并识别，最终转换成对应的文字、数据信息。实践中，有犯罪分子偷偷将超市支付二维码替换为自己的二维码，顾客在不知情的情形下当着超市营业员的面扫码支付。由于二维码缺乏识别性，商家无法意识到二维码被替换，顾客也误以为自己是在向商家支付。这种隐蔽的取财情形同时具备虚构事实的特征和盗窃的秘密窃取特征，究竟是盗窃还是诈骗？这在盗窃罪与诈骗罪之间出现了模糊地带。有必要在理论上进一步予以澄清。

四是行为方式竞合化。在信息技术背景下，一些虚构事实、隐瞒真相的取财行为，既具备诈骗的特征，同时又具备敲诈勒索、招摇撞骗的特征。比如，冒用警察、检察官或法官，以被害人的身份信息被他人冒用涉嫌洗钱犯罪，并威胁被害人不转款就要被追究刑事责任；被害人亲属遭受车祸需要动手术，不转款就停止手术等。在一些案件中，被害人也意识到一些异常，但出于一种宁可信其有的心理状态而转款。虽然司法实践中，多数情况下将其归入电信诈骗的范畴，但在理论上却存在诸多争议。在笔者看来，这应当属于敲诈勒索的范畴。司法实践之所以出现定性不准的问题，与信息网络兴起的大背景下，两罪界限模糊化不无关系。这有待在理论层面进一步厘清，作出回答。

对这些问题进行研究，不仅有助于与时俱进完善诈骗犯罪理论，也对司法实践有一定的指导意义。

二、研究现状

从人类社会产生诈骗犯罪开始，人们就对诈骗犯罪及其规制进行了有价值的探索。尽管时代不同、法律文化传统不同、国家民族不同、研究角度不同，甚至研究者的研究领域也不尽相同，但所形成的深入、全面而系统的研究成果，却逐步构筑了基本稳固的理论支撑。然而，随着互联网的出现，随着信息网络的兴起，这些原本稳固的传统学说却遭到了一些新问题的挑战，一些新的学说也随之出现。

目前，内地刑法学界对诈骗犯罪研究的理论专著不多，从网络新媒介的视角对诈骗犯罪进行研究的专著，更是凤毛麟角。论述较为详细的有季境、张志超的《新型网络犯罪问题研究》，秦新承的《支付方式的演进对诈骗犯罪的影响研究》等。张明楷的《诈骗罪与金融诈骗罪研究》、孙利的《诈骗罪客观要素研究》、李双其的《虚假信息诈骗犯罪研究》等著作也有部分内容涉及。在论文方面，通过对CNKI中国学术文献网络出版总库检索发现，这方面有独创见解的论文并不多,既包括硕士博士论文,如《"网络钓鱼"中盗窃、诈骗相交织的司法认定》(郭海涛,2016年)、《新媒体视域下诈骗犯罪研究》(秦翔龙,2014年)、《电信诈骗犯罪的实践难题及解决》(赵琳,2014年)、《短信诈骗的法律治理》(刘念,2014年)、《论当前电信诈骗问题与防治对策》(林国荣,2014年)等,也包括期刊论文,如张明楷的《网络时代的刑事立法》和《财产性利益是诈骗罪的对象》、李勇的《电信网络诈骗案件中的刑法理论反思》、孟强的《电信网络诈骗共同犯罪帮助犯定罪量刑研究》。这些研究成果从不同侧面对诈骗犯罪作了论述,对新形势下完善诈骗犯罪刑事立法具有较强的理论指导意义,但也存在许多不足。

一是研究缺乏系统性。现有研究成果中,有相当一部分是从预防诈骗犯罪的角度切入的,重点分析诈骗的方式、方法,现有防控体制中的漏洞,并就如何打击、预防提出了实务性的对策。但从刑法学的角度,论述信息网络对诈骗犯罪的影响的则不多,并且大部分文章只涉及诈骗犯罪的部分内容,如网络诈骗、电信诈骗等,较少对此类犯罪进行系统梳理、研究。而且,不少文章还刊于非法学期刊,甚至部分文章内容雷同。

二是研究深度还不够。尽管在某种意义上,学界对中国区际网络诈骗的探索有利于我们分析信息网络特点,并对因此衍生的诈骗犯罪进行研究和控制,但作为科技进步衍生的"副产品",信息网络对现行诈骗犯罪构成理论的影响是深层次的,一些诈骗犯罪的通说甚至面临挑战。只有从更深层次上对信息网络视野下诈骗犯罪进行全面检视、系统分析,并上升到理论层面,进行较为全面的理论研究和实践层面的制度构建,才能从刑事上对诈骗犯罪起到遏制的作用。

三是专门研究成果较为缺乏。利用信息网络进行诈骗犯罪,涉

引论

及自然科学与社会科学两个层面。目前，学术界从技术的原理、诈骗对技术的运用、技术对诈骗犯罪构成的影响等角度进行研究的学术成果相对较少，这一方面为本书的完成提出了挑战，但另一方面也凸显了本书的意义。

三、本书的创新点

由于资料的匮乏和笔者学术水平的囿限，写作过程中笔者对一些问题常常感到困惑。从目前理论研究情况看，关于诈骗罪的理论争议非常多，分歧也很大。考虑到笔者的学术积累和理论功底，盲目推翻、标新立异并非实事求是的态度，尊重传统、在通说的基础上发展完善可能是更为明智的选择。因此，在行文过程中，对于约定俗成的理论，如诈骗罪的构成要件，尽量采用通说，并在此基础上，以更多的笔墨去论述诈骗罪四个构成要件中亟待解决的问题。与以往的研究成果相比，本书的创新点主要体现在以下几个方面：

一是紧密结合司法实践。刑法学是一门应用性很强的学科，如果只有空洞的理论，而不重视对司法实践的指导，便会失去意义。研究诈骗犯罪也是如此，不能脱离司法实践。与一般在校博士生相比，笔者有较为丰富的司法工作经历，在刑事司法工作中讨论过、实务中接触过、理论研究中涉及过的相关疑难案例数以千计。在本书中，笔者高度重视这些案例的运用，突出困扰司法实践的疑难问题，既希望能够在理论上有所创新，又希望提出的观点能够成为实践中的办案参考。

二是对信息网络诈骗犯罪构成的分析有所创新。笔者认为，在信息网络环境下，诈骗犯罪的特征迥异于传统的诈骗犯罪。例如，在主观方面，信息网络的诈骗犯罪，不仅仅包括直接故意，也包括间接故意。再如，在犯罪客体方面，普通诈骗犯罪侵犯的是公私财

信息网络视角下诈骗犯罪的刑法规制

物所有权,而在信息网络上,这一通说遭到了挑战。因为,信息网络诈骗犯罪利用信息网络设备(包括利用电信设备、网络设备、移动通信设备等)这一特征,决定了信息网络诈骗犯罪侵犯的客体是复杂客体,既包括财物,也包括网络管理秩序、他人的隐私权和名誉权等,并且即便是"财物",也并非传统意义上的"财物",而是包括了数据化的虚拟财产。为此,笔者建议,刑法应当设立单独的信息网络诈骗罪。为厘清这一新罪名的犯罪构成,笔者提出了信息网络诈骗罪的概念:"以非法占有为目的,利用信息网络和设备向不特定的多数人发送或提供虚假的或诱导性的信息,诱导受骗人作出汇款、转账行为,或借此攫取受害人的个人信息,再通过盗刷、汇款、转账等方式,获取财产性利益,情节严重的行为。"

三是对信息网络诈骗犯罪的犯罪形态、共同犯罪问题进行分析。不可否认,信息网络的功能强大,信息网络诈骗犯罪的既遂已经不能用简单的造成财产损失来涵盖。笔者提出,信息网络诈骗行为对不特定多数人财产安全及公共生产、生活安全造成严重现实威胁的,应认定为既遂;造成他人法益遭受损失、财产损失数额较大或有其他严重情节的,应认定为既遂;虽未获得财物,但具备其他严重情节的,也应以既遂论。在共同犯罪问题上,笔者结合信息网络诈骗犯罪的特点,对片面共犯的概念提出了质疑,认为应以间接实行犯的概念取代之,并提出信息网络诈骗犯罪非纯正数额犯的观点。

四是对信息网络诈骗罪与盗窃罪作了区分。在诈骗犯罪中往往盗骗交织,呈现盗中有骗、骗中有盗的特征。在两者复杂交织的情况下,如何区分两个罪名,是理论界和实务界多年来探讨的焦点,在信息网络环境下更是如此。为进一步厘清这一问题,笔者以"二维码侵财"案为切入点,对此作了分析。在分析中,笔者提出了区分两个罪名的几个关键因素,即行为是否具有"秘密性"特征;是否存在处分行为；处分行为是否"自愿"；在诈骗与盗窃交织的情况下，重点分析财产转移是基于什么原因。此外，笔者还提出信息网络环境下，机器也可能成为诈骗对象的观点。

五是对信息网络环境下如何遏制诈骗犯罪提出看法。笔者试图对几类辅助诈骗的新型犯罪的规制提出一孔之见。例如，非法制作、传播、买卖恶意程序的行为，其危害性并不亚于诈骗犯罪，在许多情况下制作者、传播者甚至就基于诈骗或其他目的，但目前刑法对此缺乏有力的规制。笔者对恶意程序进行了系统梳理，区分了恶意程序的类型，并建议增设"非法制作、传播、买卖恶意程序罪"，对罪名的犯罪构成作了设计，对无正当理由制作、传播、买卖恶意程序的行为予以打击。再如，买卖个人信息的行为导致个人信息"裸奔"，为网络诈骗提供了方便之门，有必要在立法上加强规范、加大打击力度，并针对当前实践中存在的问题提出完善立法的构想等。

四、研究方法

确定将信息网络诈骗犯罪作为研究对象有一定的冒险性，因为这一选题有一定程度的跨学科性质，它不仅仅涉及刑法的规定，同时还涉及信息网络方面的一些专业知识。作为一个文科生，笔者虽然对信息网络有一定了解，工作中也遇到过类似的案例，但应该说了解还是比较肤浅的，尤其对一些信息网络诈骗软件、恶意程序的运作原理了解并不深刻，这必将影响本书的深度展开。为克服自身的知识缺陷，在研究过程中，笔者主要采用以下几种研究方法：

一是文献综合归纳法。尽管在检索中笔者发现现有的信息网络诈骗犯罪方面的文献比较缺乏，研究的深度也还不够，但还是尽可能收集相关的文献。文献的收集不仅仅局限于法学领域，还包括计算机网络的一些知识、理论文章。进行广泛阅读，力求充分理解、把握论述对象的主要学术观点、前人研究成果和研究水平、争论焦点、存在的问题及可能的原因等，并进行综合分析。对原本散乱的各种观点进行系统化、体系化梳理，研究并提出自己的看法，以期在前人的基础上能有一定的创新。

二是实证研究法。利用笔者长期从事司法工作的有利条件，通过实证研究收集、获取第一手资料和材料，尤其是具有挑战性的案例，为本书提供实证研究论证的资料和素材，力求摆脱"从理论到理论"的空洞式推导，使研究能够实现理论与实践的结合。在资料收集过程中，严格遵循实证研究的素材收集方法，既注重主要材料收集的科学性和客观性，也注重资料收集的代表性和广泛性。在收集的海量资料筛选中，既注重把握好资料的针对性和指向性，也注重权衡资料使用中定性和定量的关系，力求做到材料对研究观点论证突出重点、直接有效。

三是历史研究法。诈骗犯罪理论的形成，与不同经济条件下、不同技术条件下所形成的客观要素有关，有着历史的偶然与必然。研究中，注重通过追本溯源对历史的演绎过程进行梳理和分析，力求把握诈骗犯罪演变过程中的发展规律，探寻其中的精髓和核心，以便更好地分解、剖析诈骗犯罪理论的内在机理，并为进一步完善诈骗犯罪立法指出方向。

四是比较研究法。各国诈骗犯罪的刑法规制和理论虽然有所不同，但相互之间也有着许多共同和内在的联系纽带。研究中，将着重通过比较研究，将不同法系、不同国家关于诈骗犯罪立法的原理、理论考虑、规律和逻辑进行分析总结，突出其特有的理论基础、实践形态和制度建构，以期提炼出对深化、完善我国诈骗犯罪立法有启发意义的观点。

引论

此外，本书还根据论证的需要采用综合研究法、模型构造法、逻辑演进法以及理论归谬法等多种方式，力求最大限度地分析、总结新媒介视野下诈骗犯罪的特征和价值，并为如何完善立法提出个人的一孔之见。

本书的研究过程，是在克服了工作的繁忙、家庭因素的牵绊等困难的情况下完成的，确实倾注了笔者不少心血。虽然导师给予了深入的指导和无私的帮助，但囿于笔者理论功底不深、研究能力有限、对学界前沿研究成果掌握不足，直至文章成稿，依然诚惶诚恐，如履薄冰。因为，笔者深知文中还有许多缺陷、许多硬伤甚至错误，本书只作抛砖引玉，还需各位法学学者、专家，司法同行批评指正。

第一章　信息网络诈骗犯罪概述

　　信息技术革命是人类有史以来最大的革命。自1969年斯坦福大学和加州大学洛杉矶分校的计算机使用包交换技术首次连接起来，以互联网为代表的信息技术革命已经席卷全球，成为引领时代发展的一股不可逆转的洪流。中国互联网虽然起步较晚，但后来居上。据2019年7月11日中国互联网协会发布的《中国互联网发展报告（2019）》统计，截至2018年年底，中国网民规模已经达到8.29亿，全年新增5663万网民，互联网普及率为59.6%，超过全球平均水平（57%）2.6个百分点。[①]信息网络的高速发展，成为促进传统产业升级转型的一种革命性因素，同时还深深渗透到社会的不同层面、经济的不同领域、生活的各个角落以及不同行业的方方面面；信息网络带来的改变，不仅仅局限于信息的传导、输送、交互、储存、扩散等方式，同时，对人们的信息沟通、信息获取、信息利用、信息影响的方式所产生的影响，也是深层次的。但作为信息技术革命的"副产品"——网络诈骗、电信诈骗也逐步增多，成为严重影响网络安全和社会稳定的负面因素。本书拟从刑事理论和司法实务的角度，对信息网络背景下诈骗犯罪的若干问题进行研讨。

[①]《〈中国互联网发展报告（2019）〉精华版》，中国互联网协会，http://www.isc.org.cn/editor/attached/file/20190711/20190711142249_27113.pdf，访问日期：2018年12月20日。

第一章　信息网络诈骗犯罪概述

第一节　诈骗犯罪的发展历史

所谓"源流",原指水的本源和流向,也意指事物的起源与发展。对于诈骗犯罪而言,其与盗窃、抢夺等犯罪一样,都属于"历史悠久"的犯罪类型,源流之久远,已经难以精确考证。但可以肯定的一点是,基于人性的贪婪,诈骗与人类文明史几乎相伴相随,并不断演进。在西方《圣经》故事里,人类的原罪即与"欺骗"有关。[1]本章试对此作一梳理。

一、我国诈骗罪的起源与发展

从词源上看,"诈骗"由"诈"与"骗"两个字构成。"诈"从"言",其本义与"言论"有关,是假装、冒充的意思。《荀子·修身》称"匿行曰诈,易言曰诞",意思是隐匿、隐藏自己的行为叫"诈",改变自己的言论叫"诞"。《吕氏春秋·务本》称"无功伐而求荣富,诈也",这里的诈,就是假报战功、冒领奖赏的意思。至于"骗",按《康熙字典》的说法,其本义是"跃而乘马也"[2],后来,在一些戏曲、白话小说中逐步引申为"欺蒙,诈取,用谎言或诡计使人上当"。至于何时出现这种引申义,目前几乎无典可考。但不可否认的是,在现代汉语的语义中,"诈"与"骗"均包含了欺骗的意思,具体而言,也就是用虚假的语言或虚

---

[1] 依照《圣经·创世纪》,亚当、夏娃因听信蛇的谎言偷吃伊甸园禁果,既因此衍生了人类,但也成就了人类的原罪。
[2] 《康熙字典》,同文书局原版,第1441页。

信息网络视角下诈骗犯罪的刑法规制

伪的行动让人陷入误解,上当受骗。

诈骗犯罪,也称诈欺、诈伪犯罪,是指行为人出于获取不法利益的意图,以诈骗欺瞒的手段,获取他人财物的行为。[①]就本质而言,诈骗犯罪是一种侵财型犯罪,在我国究竟起源于何时,目前已难以确切考证,但此类犯罪历史悠久却是不争的事实。早在西周时期的《尚书·费誓》就有如下表述:"无敢寇攘,逾垣墙,窃马牛,诱臣妾,汝则有常刑!"[②]意思是:不许抢夺掠取,跨过围墙,偷窃马牛,骗取别人的男女奴仆,否则你们都要受到常刑。这里的"诱臣妾",就是关于诈骗犯罪及其处罚的最早记载之一。从中国法制史看,诈骗犯罪及其立法演变大致可以分为以下几个阶段:

(一)"以物易物"时期诈骗犯罪的立法特点

在人类社会早期,生产力极不发达,人们通过劳动获得的农作物、猎物等产品仅能勉强满足生存的基本需求,在产品分配上实行原始的公有制。这一时期尚未出现剩余产品,即便偶有产品交换也是基于彼此生存之需,并非真正意义上的商品交换。加之这一时期尚未形成足以支撑记载文明的文字,是否已经出现早期的诈骗行为,笔者无从得知。然而,人类作为一种高级生物有其与生俱来的弱点,那就是《荀子·荣辱》中所说的"饥而欲食,寒而欲暖,劳而欲息,好利而恶害,是人之所生而有也,是无待而然者也,是禹、桀之所同也"。我们不能排除早期人类为维持生存骗取他人食物、产品的可能性,也不能排除氏族长老、宗教领袖等对这类行为进行惩处的可能,但由于文字的滞后性,这些都只能停留在合理性推测的层面,而无确切的文献证实。

---

① 王晨:《诈骗犯罪的定罪与量刑》,人民法院出版社1999年版,第1页。
② 周密:《中国刑法史》,群众出版社1985年版,第88页。

第一章　信息网络诈骗犯罪概述

随着生产力的发展，父系氏族后期出现了可用于交换的剩余产品，以物易物的商品交换开始出现，并由此导致私有制的出现和贫富分化的产生，国家也应运而生。从现存的文献看，我国西周奴隶制时期已有不少法律对诈骗犯罪作出规制。例如，《尚书·盘庚》中记载："乃有不吉不迪，颠越不恭、暂（jiàn）遇（yú）奸宄，我乃劓殄灭之，无遗育。"①大意是，对不正不善者、违命不敬者以及奸诈和内外作乱者，作为反抗国家统治的重罪，结合肉刑（割鼻）与族刑（殄灭），全部处以死刑。这是商王盘庚迁都之前宣布的命令，包含了"不吉不迪，颠越不恭、暂遇奸宄"几个罪名。其中，"暂"，就是"诈欺"的意思；"遇"，"奸邪"的意思。这一记载，可能是我国关于规制诈骗犯罪的最早文献。②

"以物易物"最大的特点，是不存在作为一般等价物的货币，而直接进行产品与产品的相互交换。这是一种生产力不发达的条件下产生的比较原始的交易模式。与此相适应，这一时期有关的诈骗手段也相对简单。由于文献的匮乏，笔者对这一时期有关诈骗立法的资料占有并不多，但从掌握的资料看，大致体现了以下几个特点。

一是诈骗被视为最常见的犯罪类型之一。《尚书·吕刑》载："王曰：若古有训，蚩尤惟始作乱，延及于平民，罔不寇贼，鸱义，奸宄，夺攘，矫虔。苗民弗用灵，制以刑，惟作五虐之刑曰法。"③这

---

① 转引自张晋藩总主编：《中国法制通史》（第1卷），法律出版社1999年版，第147页。
② 秦新承：《支付方式演进对诈骗犯罪的影响研究》，上海社会科学院出版社2012年版，第36页。
③ 《尚书·吕刑》，陈戍国点校《四书五经》，岳麓书社1998年版，第277页。这段话的意思是："王说古代有遗训，蚩尤开始作乱，扩大到平民百姓，无不寇掠贼害，冒没不正，内外作乱，争夺窃盗，诈骗强取。苗民不遵守政令，就用刑罚来制服，制定了五种酷刑以为法律。"

信息网络视角下诈骗犯罪的刑法规制

段表述，清晰地阐明西周制定刑法，就是为了消除蚩尤作乱以来，延扩到平民百姓和社会的各种危害社会稳定的罪行。立法者将这些罪行大致归为"寇贼，鸱义，奸宄，夺攘，矫虔"五种，其中，"奸宄"就是诈骗、强取的意思。这一方面体现了当时诈骗犯罪之常见，另一方面也体现了统治者对这种犯罪的高度重视。毕竟，它挑战了奴隶制私有财产制，破坏了奴隶制经济基础，奴隶制刑法对此不可能放任不管。

二是保护的对象并不局限于通常意义的财产。首先，它包括了不被法律承认人格权的奴隶。奴隶制建立在奴隶主对奴隶人身的所有权基础之上，奴隶在法律上被视为奴隶主的财产，并不被作为"人"来看待，奴隶主对奴隶拥有支配权。因此，《尚书·费誓》严禁的"诱臣妾"，并非对"臣妾"的人身保护，而是对其所属的奴隶主财产权的保护。其次，还包括了各种使人上当受骗的行为。例如，西汉《礼记·王制》载："行伪而坚，言伪而辩，学非而博，顺非而泽，以疑众，杀。"[①]可见，即使未骗取财物，被视为巧舌如簧"诈伪"蛊惑人心、致人上当受骗的，最高也可被处死刑。

三是诈骗犯罪立法已经出现细化的专门罪名。在这一时期，诈骗犯罪已经由笼统的罪名出现细化的倾向，一些法律中出现了关于诈骗犯罪的特别条款。据考证，西周时期，契约之债已经成了当时最主要的债。尽管现存文献缺少对西周时期诈骗犯罪清晰的直接记载，但从当时的法律或规范却可以间接推知。因为，法律或规范具有滞后性，是为适应特定时代的需要、更好地调整社会关系而产生的。事实上，现存的西周时代的文献中，所记载的订约程式已经比

---

① 译文：凡是行为诈伪而又顽固不化、言辞虚伪而又巧言利舌、所学陷入异端而又自以为博闻、言辞谬庚而又讲得冠冕堂皇，以此蛊惑人心的，杀掉。

较复杂，各环节相当严谨。这种复杂和严谨并非一种宗教的仪式或形式，而是为了防止被他人利用，包括用以实施诈骗犯罪。从这个意义上而言，我们可以间接推知，当时已经存在多种欺诈犯罪。①

四是诈骗方式相对简单。"以物易物"不以货币为中介，交易通常在买卖双方之间进行，并不涉及第三者，并且买方同时也是卖方，双方身份具有可置换性。在这种情况下，供需双方可利用的空间相对较少，诈骗的方式和手段也比较简单。在"以物易物"的背景下，"诈"更多地体现在作为交换物的货品上，包括以次充好、以假充真、短斤缺两等。为防止此类诈骗的发生，西周时期的法律还专门规定，凡用器、布帛的精粗程度、宽窄的规格甚至长短的尺度等，如果不符合国家的相关规定，就不得进行买卖；凡是不成熟的农林水产品，也一律不准流通；如此等等。②

（二）我国封建时代诈骗犯罪的立法演变

生产力的发展，特别是铁制工具的应用和牛耕的出现，为开垦荒地、兴修水利提供了便利条件。春秋时期，井田制被破坏，封建土地私有制开始萌芽，奴隶制逐步瓦解。阶级关系的变化，也引起了法律关系的变革。春秋战国时期的一个重大特点，是生产力的发展直接促进了货币的形成，商品交易进一步简化和活跃。到战国后期，我国已确立布币、刀币、蚁鼻币以及环钱四大货币。

货币的产生，在使产品的交换更为便捷的同时，客观上也为诈骗提供了便利。货币所具有的价值、储藏、流通、支付四大功能，使得诈骗者无须使用原始的货物即可实现财富的占有和转移，诈骗

---

① 转引自张晋藩总主编：《中国法制通史》（第1卷），法律出版社1999年版，第260页。

② 转引自秦新承：《支付方式演进对诈骗犯罪的影响研究》，上海社会科学院出版社2012年版，第37页。

信息网络视角下诈骗犯罪的刑法规制

手段进一步复杂化，同时也增加了对其打击的难度。为加强对私有财产的保护，各诸侯国先后颁布了成文法，从政治、经济、刑事等各个层面加大了保护的力度，对诈骗犯罪的惩治也构成了其中的重要内容。纵观中国封建时期关于诈骗犯罪的立法，大致有以下几个特征。

一是诈骗犯罪经历从"盗"到"诈"的发展历程。我国封建社会的立法大多将诈骗犯罪规定于盗律中。封建统治者深刻认识到"王者之政莫过于盗贼"[①]。值得一提的是，战国魏国魏文侯时期，改革家李悝制定的《法经》是我国第一部系统的成文法典。《法经》分为六篇，即：保护公私财物不受侵犯的《盗法》，涉及人身安全和政权稳固的《贼法》，主要规范审判和断狱的《网法》（也称《囚法》），有关追捕逃犯的《捕法》，以及处罚狡诈、贪污、淫乱等其他犯罪的《杂法》，规定量刑的通例和原则的《具法》等。其中，《盗法》是涉及公私财产受到侵犯的法律，它既包含了盗窃，也包含了诈欺犯罪等。公元前356年，秦孝公任命商鞅为左庶长，在秦国开启了第一次变法，其中的一个内容就是颁布实行《法经》。依照秦律，诈骗犯罪大多按盗窃论处。例如，隐瞒真实情况冒领军粮的官吏，要"赀二甲"[②]，并被褫夺官职[③]；在民间，隐瞒田亩数量而意图少缴田税的，也是秦国法律以盗贼律惩处的类型。这表明，封建社会早期，在立法者眼中，诈骗犯罪与盗、贼犯罪是混同的。

---

① 冯勇：《简论〈盗律〉对〈二年律令〉的影响》，《西北大学学报（哲学社会科学版）》2009年第2期。
② 赀刑是秦律规定的一种刑罚，就是强制犯人缴纳一定财物或服一定徭役的刑罚，甲、盾、布等是强制缴纳的财物名称。
③ 转引自张晋藩总主编：《中国法制通史》（第1卷），法律出版社1999年版，第89页。

第一章　信息网络诈骗犯罪概述

随着人们认识水平的提高和立法技术的发展，统治者认识到，将诈伪犯罪散落于盗律、贼律、囚律中的做法并不妥当，有必要将其分离出来。从中国的法制史看，这一轨迹虽然有多次反复，但总体还是比较明显的。到汉朝时，汉律规定了诈取、诈官、诈疾病、诈玺书等罪名，其中诈取这一行为比较接近当代的诈骗财物犯罪。[①]魏晋南北朝时期，对诈骗的立法越来越规范，依照《晋书·刑法志》，"背信藏巧谓之诈"。以往"《贼律》有欺谩、诈伪、逾封、矫制，《囚律》有诈伪生死，《令丙》有诈自复免，事类众多，故分为《诈律》"。也就是说，其将诈伪犯罪从盗律等律法中抽离出来，独立成一篇。

二是对诈骗犯罪已形成较为系统的规定。总体而言，诈伪犯罪在多个朝代已经单独成篇，即便一些朝代将其规定在盗、贼律中，但在具体规定中，也与其他罪名有明显区别，总体已经形成较为系统的体例。以唐朝为例，统治者认为"诈伪律者，魏分贼律为之，历代相因，迄今不改"[②]，因此，《唐律疏议》也沿袭前朝做法，专设《诈伪律》一篇，系统规定诈欺和伪造犯罪及惩治。[③]依照唐律，诈伪犯罪大致可以分为四种类型：（1）以欺诈方式侵夺公私财物。唐律规定："诈谓诡诳，欺谓诬罔。诈欺官私以取财物者，一准盗法科罪，唯不在除、免、倍赃、加役流之例，罪止流三千里。"在唐代，侵夺公私财物的犯罪主要规定在《贼盗律》中。"贼"的本

[①] 秦新承：《支付方式演进对诈骗犯罪的影响研究》，上海社会科学院出版社2012年版，第39页。
[②] 转引自程树德：《九朝律考》，商务印书馆1955年版，第55页。
[③] 《唐律疏议》共分为《名例》、《卫禁》、《职制》、《户婚》、《厩库》、《擅兴》、《贼盗》、《斗讼》、《诈伪》、《杂律》、《捕亡》、《断狱》等，《诈伪》为第九篇。

义是"害","盗"主要是指强盗、窃盗。在唐律中,有"盗"这一行为的,即使"不得财",也可"笞五十",最高可被流放甚至绞、斩。两者相比较,可见唐律在惩治诈伪犯罪方面的严厉。(2)诈为官私文书求财。《诈伪律》规定:"诸诈为官私文书及增减、欺妄以求财赏及避没入、倍偿者,准盗论;赃轻者,从诈为官文书法。"①(3)诈疗疾病以取财。《诈伪律》规定:"诸医违方诈疗病,而取财物者,以盗论。"假借"医治"之名诈取财物,按照其所得财物的多少进行处罚。(4)诈除去死免官户奴婢。《诈伪律》规定:"诸诈除、去、死、免官户奴婢及私相博易者,徒两年;博易赃重者,从贸易官物法。"②当然,唐律关于诈伪犯罪的规定并不局限于此。以现代的眼光来看,其他篇目中也有不少诈伪方面的规定。例如,《擅兴律》规定:"诸有所兴造……即料请财物及人功多少违实者,笞五十;若事已损费,各并计所违赃庸重者,坐赃论减一等。"其所规制的是在工程中谎报材料费、人工费等骗取公私财物的情形。

此外,《杂律》还规定了私铸货币罪等类型。《唐律疏议》作为中国封建时期保存下来最完备的一部成文法典,影响深远,成为此后许多封建王朝立法的样板,如五代时期《大梁新定格式律令》

---

① 《唐律疏议》解释:"'诈为官私文书及增减'谓诈为官私券抄及增减账簿。故注云:文书为券抄簿账之类。称之类者,谓符、牒、抄案等……欺妄以求钱财,或求赏物;及缘坐赀财及犯禁之物,合没官而避没入,或损失官私器物,而避备偿;如此之类,增减诈为方便、规避者,谓计赃得罪,轻于杖一百者,从诈为官文书法;有印者,自从重论。"

② 《唐律疏议》解释:"官户、奴婢各有簿账,'除'者,谓诈言给赐;'去'者,谓去其名簿;'死'者,谓诈言身死;'免'者,谓加年入六十者及残疾,各得免本色之类;'及私相博易',谓将私奴婢博易官奴婢者,各徒两年。博易赃重者,从贸易官物法。"

第一章 信息网络诈骗犯罪概述

的卷数和篇目与唐律完全一致,宋朝唯一的《宋刑统》几乎是唐律的翻版等。①

三是生产力的发展催生了新的诈骗犯罪立法。与"以物易物"时期诈骗犯罪立法着重围绕作为等价交换的产品本身不同,随着货币的产生和广泛使用,货币成为诈骗的主要对象,而许多在当时看来具有财产意义的财物也被纳入了立法的保护范畴。早在战国时期,著名的改革家李悝就已将禁止私铸货币的禁令明文规定在《法经》中;唐朝法律同样有类似规定,如《杂律》中就有禁止私铸行为的相关规定。明朝时期,白银逐渐取代铜币成为流通货币。依照万历年间陈怀轩所著《新刻江湖杜骗术》记载,当时民间通过掺杂其他金属降低银两成色、减少银两重量等方式进行的诈伪犯罪已经达到一定的规模。②该书还详细记载了伪造白银的方法和识别的要点。

随着造纸术的出现和运用,宋朝时期出现了世界上最早的纸币——交子,此后历代封建王朝也发行了自己的纸币,如元朝的中统交钞和中统元宝宝钞、明朝的大明宝钞、清朝的大清宝钞和户部官票等。诈骗犯罪随之"转型升级",进入了"纸上印刷"都能骗取财物的时代。为惩治此类诈伪犯罪,历代统治者不吝使用死刑。例如,元朝规定凡是主谋伪造符宝及受财铸造者,皆处死刑;清朝规定伪造货币的首犯除没收财产外,还处以斩首等。

封建时代政治文化和生产力的发展,还催生了一种新的诈骗类型,那就是伪造官方的凭证诈骗。例如,依照唐律,伪造皇帝、皇后、太子等皇家成员印章的均处以绞刑;诈伪官方文书印、伪写宫

---

① 叶孝信主编:《中国法制史》,北京大学出版社1999年版,第168页。
② 戴建兵:《中国历代货币的私铸和伪造》,载《寻根》1998年第5期,第4~10页。

殿门符、发兵符等行为处以流放2000里的重刑。① 这些规定事实上体现了统治者对不同诈伪犯罪危害性的判断：诈伪取财最多侵犯财产利益，而伪造官方的各种凭据，侵害的不仅是财产，更重要的是直接威胁了他们的统治权威和统治地位，因此必须严惩。

（三）我国近代诈骗犯罪的立法及演变

1911年1月，风雨飘摇的清王朝在灭亡之前，出台了《大清新刑律》。该法借鉴国外立法经验，采用资产阶级的立法体例，是中国第一部近代意义的刑法典。这部法律在诈骗犯罪方面的一个重要特点是，第一次将伪造类犯罪从诈取财物类的犯罪中分离开来。比如伪造货币、伪造文书印章罪等，从本质上看，伪造本身属于掩盖事实或隐瞒真相的一种表现，然而，如果仅仅实施了伪造，而没有付诸诈骗，与诈取财物类犯罪还是有区别的。该法将伪造类犯罪与诈取财物类犯罪区别规定，有积极的意义，从某种程度而言，也已经接近现代刑法对诈骗犯罪规定的某些特征。依照该法，凡诈欺取财或在为他人处理事务中图利，或乘人未满十六岁或精神错乱之际取得财产上的不法利益，官员利用职务之便从中图利，均属诈欺取财罪，分别处以二等或三等有期徒刑。例如，系御物，处以无期徒刑或二等以上有期徒刑。② 尽管由于清政府的迅速覆灭，《大清新刑律》而未来得及真正实施，但其立法体例、立法技术尤其是引入的大量西方刑法原则却对后来的立法产生了重大影响。

1912年4月，北洋政府颁布《暂行新刑律》。该法基本沿用《大清新刑律》的相关规定，只是在内容上稍作修改，如将"臣民"改为

---

① 转引自秦新承：《支付方式演进对诈骗犯罪的影响研究》，上海社会科学院出版社2012年版，第47页。
② 王晨：《诈骗犯罪的定罪与量刑》，人民法院出版社1999年版，第4页。

第一章 信息网络诈骗犯罪概述

"人民",以因应君主制向共和制政体的变化等。该法除保留一般诈欺取财规定外,还将欺罔恐吓行为也作为诈欺犯罪论处。此后,1928年和1934年《中华民国刑法》也分别在第31章、第32章规定了诈欺背信及重利罪,并对诈欺犯罪的不同情形作了规定。以1934年《中华民国刑法》为例,诈欺犯罪共分为四种情形:(1)普通诈欺取财。依照该法第339条的规定,它是指"意图为自己或第三人不法之所有,以诈术使人将本人或第三人之物交付"的行为。此种情形一般处五年以下有期徒刑、拘役或科或并科一千元以下罚金。(2)诈欺得利罪。它是指意图为自己或第三人不法之所有,以诈术得财产上不法之利益或使第三人得之的行为。其处罚与普通诈欺取财相同。(3)常业诈欺罪。它是指以诈欺取财、诈欺得利为常业者所施行的行为。此种情形处一年以上七年以下有期徒刑,得并科五千元以下罚金。(4)准诈欺罪。它是指意图为自己或第三人不法之所有,乘未满二十岁人之知虑浅薄或乘人之精神耗弱,使之将本人或第三人之物交付,或者得财产上不法之利益或使第三人得之的行为。此种情形处五年以下有期徒刑、拘役或科或并科一千元以下罚金。[①]当然,该法沿袭《大清新刑律》的规定,将具有诈欺性质的伪造犯罪,如伪造货币、伪造有价证券、伪造度量衡、伪造文书等,与诈欺取财犯罪区别对待,分别规定,但同时却将与诈欺行为明显有别的背信行为(第342条)[②]、重利

[①] 沙君俊:《合同诈骗罪研究》,人民法院出版社2004年版,第10页;《中华民国刑法》,维基百科,https://zh.wikisource.org/zh/中华民国刑法_(民国二十三年立法二十四年公布)#.E7.AC.AC.E4.B8.89.E5.8D.81.E4.BA.8C.E7.AB.A0_.E8.A9.90.E6.AC.BA.E8.83.8C.E4.BF.A1.E5.8F.8A.E9.87.8D.E5.88.A9.E7.BD.AA。

[②] 该法第342条规定:为他人处理事务,意图为自己或第三人不法之利益,或损害本人之利益,而为违背其任务之行为,致生损害于本人之财产或其他利益者,处五年以下有期徒刑、拘役或科或并科一千元以下罚金。前项之未遂犯罚之。

行为（第344条）①也与诈欺放在同一章节作了规定。

民国时期，社会政治形势不稳，军阀混战、国共内战以及日本侵华等使得国内连年战争，关于诈欺的立法多属特定时期的临时性立法，并不具有很强的学术研究意义，此处不作展开。

二、新中国成立后诈骗犯罪立法的基本概况

（一）新中国成立初期诈骗犯罪立法概况

中华人民共和国成立后，依照《中国人民政治协商会议共同纲领》，废除了"国民党反动政府一切压迫人民的法律、法令和司法制度"②。1950年，中央人民政府法制委员会完成了《中华人民共和国刑法大纲草案》的起草，1954年，进一步形成《中华人民共和国刑法指导原则草案（初稿）》。1954年10月，全国人大常委会正式开始《中华人民共和国刑法》的起草工作，至1963年10月，先后写出33稿。但由于客观条件的限制，并不具备颁布系统完备刑法典的条件。随后，由于"四清"、"文革"等政治运动的冲击，刑法起草工作被搁置，一直到1979年。这些刑法草案对诈骗犯罪也作了较为系统的规定。例如，1950年《中华人民共和国刑法大纲（草案）》分则第六章"侵犯国有或公有财产罪"规定，"骗取、侵占或窃占国有、公有财产者，处6个月以上5年以下监禁，并可酌处罚

---

① 第344条规定：乘他人急迫、轻率或无经验，贷以金钱或其他物品，而取得与原本显不相当之重利者，处一年以下有期徒刑、拘役或科或并科一千元以下罚金。
② 《中国人民政治协商会议共同纲领》第17条，百度百科，https://baike.baidu.com/item/%E4%B8%AD%E5%9B%BD%E4%BA%BA%E6%B0%91%E6%94%BF%E6%B2%BB%E5%8D%8F%E5%95%86%E4%BC%9A%E8%AE%AE%E5%85%B1%E5%90%8C%E7%BA%B2%E9%A2%86/7789983?fr=aladdin。

第一章　信息网络诈骗犯罪概述

金。情节特别严重者，可并处没收其财产的全部或部分"。这一规定中的骗取国有财产罪的实质，就是以国有、公有财产为对象的诈骗犯罪。此外，第十一章"侵犯私有财产罪"第142条还明确规定："以诈欺方法骗取他人财物者，为诈欺，处3年以下监禁或批评教育。以诈欺为常业者，或共同诈欺中的主要分子，处3年以上5年以下监禁。"这实际上包含了两个罪名，即诈欺罪和常业诈欺罪。尽管这些草案一直未被颁布执行，但其为1979年《刑法》的起草还是积累了宝贵的经验。

刑法典的缺位，给新中国刑事司法审判带来了极大不便。司法实践中，法院审理刑事案件时，除依照《惩治贪污条例》、《惩治反革命条例》等少量单行刑法外，更多的是依照国家政策、决定、决议甚至民意，法律只是法院审判依据的补充。[①]关于诈骗犯罪的规定，也散见于国家政策、单行刑法、法院内部审判参考等文件中，但无论罪名还是刑罚都极不规范。例如，1952年政务院通过的《惩治贪污条例》第8条规定，非国家工作人员侵吞、盗窃、骗取或套取国家财物，参酌该条例第3条至第5条关于贪污罪情节和量刑的规定，予以酌处罚金、判令赔偿或刑事处分。其中，骗取或套取国家财产的规定，实际上就是诈骗。

由于缺乏统一的立法，新中国成立初期对诈骗罪的定罪量刑也极不规范。最高人民法院曾调阅全国法院刑事案卷19200余件，从中选出5500余件进行研究，发现仅罪名就有1460种之多，刑罚名称更高达132种。[②]为规范刑事审判工作，1956年2月，最高人民法院在对

[①] 白永峰：《建国初期司法审判的现代启示》，载《中南财经政法大学研究生学报》2014年第6期，第122页。
[②] 周珏：《建国初期刑事审判工作的回忆》，载《人民法院报》2007年9月29日。

上述刑事案件罪名、刑罚进行分析整理的基础上，深入研究并草拟了《关于刑事案件的罪名、刑种和量刑幅度的初步总结（初稿）》（以下简称《初稿》）。从《初稿》关于诈骗案件所涉及的罪名看，就有诈骗、拐骗、诓骗、招摇撞骗、骗财等34种罪名。[①]尽管《初稿》并非严格意义上的刑事立法，但在法律缺位的情况下，却在特殊的历史时期起到了指导全国法院刑事审判的作用，从某种意义上看，发挥了法律的部分功能。

由于笔者缺乏新中国成立初期诈骗犯罪立法、刑事审判的相关资料，因此对这一时期司法实践中关于诈骗犯罪的具体情况难以系统展开。但可以确定的是，由于立法的缺位和实际操作中的不规范，这一时期对诈骗的定义并不仅仅局限于侵财，不少具有隐瞒欺骗性质的非侵财案件也被列入诈骗的范畴。例如，1956年北京市中级人民法院在审理李万铭通过伪造领导批示、档案、文件等骗取政治待遇至农林部行政处长一案时，对其以政治诈骗定罪并判处有期徒刑15年。[②]

（二）改革开放后诈骗犯罪刑事立法概览

受苏联经济发展模式的影响，新中国成立后长期实行有计划按比例发展的计划经济发展模式，国家对公有制片面追求，私有经济遭到严重挤压。在这种高度集中的单一经济模式下，市场极不发达，诈骗犯罪的空间也不大。1978年党的十一届三中全会之后，国家开启了改革开放的历史新征程，但由于经济发展的惯性，计划经济的僵化模式一直延续到20世纪90年代初期。在这种历史背景下，中华人民共和国成立后制定的首部《刑法》，对诈骗犯罪的规定也

---

① 欧阳涛、王永昌：《诈骗罪的剖析与对策》，中国人民公安大学出版社1998年版，第15页。
② 白草根：《我曾经是个骗子——李万铭忏悔录》，陕西人民出版社1997年版。

第一章 信息网络诈骗犯罪概述

极为简单。

1979年《刑法》涉及诈骗罪的只有两个条文,即第151条[①]和第152条[②],它们分别规定了两个罪名——诈骗罪和惯骗罪。在立法体例上,诈骗罪作为侵犯财产罪的一种类型,与盗窃罪、抢夺罪不加区分一并规定在同一条文中。这种立法模式与改革开放初期经济活动简单、诈骗犯罪类型较为单一是大体相称的,有一定的合理性,但随着商品经济的发展和随后市场经济体制的建立,这一立法模式简单粗疏的问题日益凸显。例如,在司法实践中,盗窃或抢夺信用卡,只要不使用,通常不认为是犯罪,因为信用卡只是一种金融凭证,其本身价值并不高。盗窃或抢夺信用卡而不使用,并不会给当事人造成实际意义的损失,其危害并未达到刑法评价的程度。而信用卡诈骗则不同,它直接侵犯当事人的财产所有权。从这个意义上而言,盗窃罪、抢夺罪通常不可能将非实体的财产性利益作为侵犯的对象,而诈骗罪的对象则不然,其犯罪侵犯的物件既可以是实体的财产,还可能包括财产性利益。再如,盗窃、抢夺侵犯的通常是单一客体,即财产所有权,而诈骗则不同,它除侵犯财产所有权外,还严重侵害了国家的市场经济秩序以及其他秩序。因此,诈骗罪与盗窃罪、抢夺罪还是存在许多区别的,将三个罪名糅到一个条文里,显然过于生硬和粗疏。

20世纪90年代初期,随着社会主义市场经济体制的建立,我国进入经济高速发展的"黄金期"。在这种背景下,诈骗手段和手

[①] 1979年《刑法》第151条规定:盗窃、诈骗、抢夺公私财物数额较大的,处五年以下有期徒刑、拘役或者管制。
[②] 1979年《刑法》第152条规定:惯窃、惯骗或者盗窃、诈骗、抢夺公私财物数额巨大的,处五年以上十年以下有期徒刑;情节特别严重的,处十年以上有期徒刑或者无期徒刑,可以并处没收财产。

信息网络视角下诈骗犯罪的刑法规制

法也不断翻新、变异,出现了一些新型的诈骗犯罪,如通过非法集资实施的诈骗,利用信用卡实施的诈骗,利用金融票据实施的诈骗,在签订、履行合同过程中实施的诈骗,利用保险制度实施的诈骗,等等。这些不同的诈骗犯罪类型,对《刑法》原有粗疏的规定提出了挑战,1979年《刑法》在打击诈骗犯罪方面已显得有些力不从心。为有效遏制诈骗犯罪,国家陆续颁布了一些单行刑法,规定了新的诈骗犯罪罪名及刑罚。例如,1995年全国人大常委会颁布的《关于惩治破坏金融秩序犯罪的决定》,增加了集资诈骗、票据诈骗、贷款诈骗、信用证诈骗、保险诈骗等罪名。1997年3月14日,全国人民代表大会对1979年《刑法》进行全面修改,并通过了新修订的《中华人民共和国刑法》(即1997年《刑法》)。1997年《刑法》对诈骗犯罪的规定作了重大修改,大致可归为三个方面:一是将诈骗罪与盗窃罪、抢夺罪分开规定。1997年《刑法》分别在第264条、第266条、第267条规定了盗窃罪、诈骗罪和抢夺罪。其中,第266条规定:"诈骗公私财物,数额较大的,处三年以下有期徒刑、拘役或者管制,并处或者单处罚金;数额巨大或者有其他严重情节的,处三年以上十年以下有期徒刑,并处罚金;数额特别巨大或者有其他特别严重情节的,处十年以上有期徒刑或者无期徒刑,并处罚金或者没收财产。本法另有规定的,依照规定。"当然,关于诈骗罪的规定并不局限于此,第210条、第300条还分别规定了"使用欺骗手段骗取增值税专用发票或者可以用于骗取出口退税、抵扣税款的其他发票"以及"组织和利用会道门、邪教组织或者利用迷信诈骗财物"两种情形,依照诈骗罪论处。二是对诈骗罪的刑罚作了调整。将诈骗数额较大的法定最高刑由原来的5年降为3年,对诈骗罪增加了单处或并处罚金的刑罚等。三是对有关罪名作了增减。取消了1979年《刑法》的惯骗罪。吸收全国人大常委会《关于惩治破坏金融秩序犯罪的决定》有关内容，在第二编"分则"第三章"破坏社会主义市场经济秩序罪"中增加了集资诈骗罪、贷款诈骗罪、票据诈骗罪、金融凭证诈骗罪、信用证诈骗罪、信用卡诈骗罪、有价证券诈骗罪、保险诈骗罪、合同诈骗罪等罪名。1997年《刑法》关于诈骗罪的规定日趋完善，为经济社会高速发展的历史背景下有效规制诈骗犯罪提供了有力的法律武器。

第二节　信息网络对诈骗犯罪的影响

从马克思主义的角度看，"人从来就是属于社会的，因此决不能脱离社会，只有在社会中才能真正形成人所谓的本质和天性"[1]。从这个角度来看，对犯罪的分析，必须立足于社会这个大的机体和大的背景，而不能离开发展的土壤来分析，否则这种分析将是空中楼阁。对诈骗犯罪的分析也同样如此，必须从历史唯物主义的角度出发进行分析。从历史的角度审视，我们可以发现，诈骗犯罪作为最古老的侵财犯罪之一，其犯罪手段、涉及的领域、侵犯的客体都在随着社会的进步而不断变化。尤其随着网络、电信等虚拟新媒介的普及运用，与以往相比，诈骗犯罪的复杂程度和专业程度更是不断改进，这给司法机关对其进行打击带来了严峻挑战。

一、诈骗犯罪的复杂程度与经济社会发展水平成正比

马克思在《政治经济学批判序言》中指出，社会存在决定社会意识，而物质生活生产方式制约其他生活过程，包括社会生活、精神文化生活和政治生活等一系列的非物质生活。[2]诈骗犯罪同样如

---

[1]《马克思恩格斯选集》（第二卷），人民出版社1993年版，第84页。
[2]《马克思恩格斯选集》（第二卷），人民出版社2009年版，第31～35页。

此。在早期生产力极不发达的情况下，诈骗犯罪相对简单，尤其在"以物易物"的时代，诈骗的对象多局限于物品，甚至连产品的短斤缺两也被视为诈欺。随着社会的发展和交换的日益频繁，尤其是货币出现之后，诈骗犯罪的手段日益复杂，危害性日益加剧，在古代刑法中，诈欺犯罪才有了单独成章的可能。

从20世纪以来我国诈骗犯罪立法发展情况看，有三个比较突出的分界点，而这三个分界点与物质生活生产方式的变化显然是密切相关的。第一个分界点是清末民初的"西法东进"。这一时期，由于封建制度走向崩溃，新的社会制度在一定程度上解放了生产力，社会对法治的认识有了一个新的飞跃。在沈家本主导下制定的《大清新刑律》引入大陆法系立法体例，这不仅影响到民国时期的刑事立法，也成为中国在刑事立法上与传统中华法制立法传统的一个分水岭。第二个分界点是社会主义市场经济体制的建立。新中国成立后，受制于各种主客观条件，一度忽视甚至践踏法制建设，在摧毁民国法律体系的同时，却未能同步建立完善的社会主义法制体系，加之长期实行计划经济，刑事立法极不发达，对诈骗犯罪的有关规定也较为简单，大多局限于利用个人的并不真实的许诺、虚假表述、谎言欺骗或伪造文件等方式诈骗财物，同时由于经济欠发达，诈骗数额通常较小。社会主义市场经济体制建立后，市场首次成为中国经济发展中的主导性力量，经济活动的日益频繁也催生了类型多样的诈骗犯罪。例如，利用合同实施诈骗的行为日益增多，包括以欺骗手段诱导他人签订合同骗取货物、贷款、定金、违约金等，进而衍生了合同诈骗罪、贷款诈骗罪、保险诈骗罪、集资诈骗罪等多种犯罪类型。这也直接导致1997年《刑法》修改中诈骗犯罪的"变身"。第三个分界点是20世纪末至今信息网络的高速发展，社会生产和经济活动出现人工智能化、虚拟化的特征，诈骗犯罪的手

第一章 信息网络诈骗犯罪概述

段、方式、类型发生了许多新的变化,诈骗出现手段隐蔽化、范围扩大化、影响严峻化、类型复杂化的特征。由于电信网络诈骗活动需借助一定的条件,因此诈骗与盗窃、敲诈勒索等罪名的界限日益模糊,与侵犯公民个人信息、妨害信用卡管理、帮助信息网络犯罪活动等多种违法犯罪情形交织在一起,这给诈骗犯罪刑事司法提出了新的课题。可以预见的是,随着人工智能的兴起,未来这一影响还将进一步扩大,甚至影响到传统的诈骗犯罪理论。

二、诈骗犯罪侵犯的客体由简单转为多元

在传统的刑事立法中,诈骗犯罪一般作为侵财犯罪的一种类型,所侵犯的客体通常是公私财物的所有权。在司法实践中,立法者逐步认识到,不少诈骗犯罪所侵犯的客体虽然也包括财产权益,但是实践中许多诈骗犯罪发生在经济领域的生产、流通、分配过程中,涉及许多经济活动,如合同的签订和履行、保险的设定与赔付以及贷款、集资、票据使用等,涉及保险、金融、证券、合同等多个领域。在这些经济领域的诈骗犯罪中,诈骗行为和经济活动交织在一起,它不仅仅侵犯了财产所有权,更重要的是破坏了经济活动的正常秩序。[1]1997年《刑法》的修订增设金融诈骗罪事实上也反映了立法者的这一认识。

而信息网络的兴起,则使得诈骗犯罪侵犯的客体日益多元,并给传统的侵财理论带来挑战。例如,在目前流行的网络购物中,电子支付通常经过以下五个环节:一是个人进入自己的网络银行进行操作,在这一环节个人有控制权;二是货款进入第三方支付账户,这一环节当事人有控制权,可在账户中进行充值、提现、支付等操作;三是货款进入第三方支付平台,由第三方进行托管;四是货款

---

[1] 王晨:《诈骗犯罪的定罪与量刑》,人民法院出版社1999年版,第11页。

进入第三方支付账户；五是货款进入收款方银行账户。由于环节众多，网络购物也就成为诈骗犯罪"青睐"的对象。在诈骗过程中，它既侵犯了公私财物所有权，扰乱了金融管理秩序，同时还可能危害计算机信息系统、侵犯个人信息等，其所侵犯的客体是多元化的。再如，Q币、U币、百度币等虚拟货币，本质只是以网络为载体的电磁数据，而不是真正的货币。它更类似于一种虚拟商品，其本身并不具有货币的一般属性，以此类虚拟货币为诈骗对象，是否构成诈骗罪，由于认识不同，在司法实践中也出现了一定争议。有的将虚拟货币视为财产，以普通诈骗罪处理；有的则以案件最终达到汇集不特定对象资金效果为由，以集资诈骗罪处理。无论如何处理都表明，在信息网络环境下，诈骗犯罪侵犯的客体不再简单明了，而是牵涉许多复杂的因素。

三、诈骗犯罪突破了空间的限制，影响呈全球化趋势

在传统诈骗犯罪中，受制于时间、空间、人力、物力等各种因素的限制，被害人的数量相对有限。而互联网的出现和信息网络通信技术的发展，则打破了这一限制。国际互联网（internet），由全球范围内使用公用语言互相通信的计算机连接而成，通过超文本协定连结成一个广大虚拟空间。犯罪分子依托网络通信技术手段，可以依靠少量的人力，突破时空限制向全球各个地域的不特定公众发送海量诈骗信息，被骗公众数量呈几何形增长，涉案金额动辄在数十万元乃至上千万元。近年来，我国积极与有关国家、地区开展司法协助，引渡回国受审的诈骗犯罪嫌疑人动辄成百甚至上千人，涉案金额更是数以亿万计。

第一章 信息网络诈骗犯罪概述

我国近年来较大规模引渡诈骗犯罪嫌疑人部分行动[①]

时间	司法协助国家、地区	打击犯罪成效
2011年9月	印尼、柬埔寨、菲律宾、越南、泰国、老挝、马来西亚、新加坡东盟8国,以及我国台湾地区	成功摧毁了两个特大跨国跨两岸电信诈骗犯罪集团,抓获犯罪嫌疑人828名,其中中国大陆籍犯罪嫌疑人532名,台湾籍犯罪嫌疑人284名,其他国家犯罪嫌疑人12名;捣毁拨打诈骗电话、转账洗钱、开卡取款和诈骗网络平台等犯罪窝点162处,缴获银行卡、电脑、手机、网络平台伺服器等一大批作案工具和赃款,破获电信诈骗案件1800余起
2012年5月	马来西亚,我国台湾地区	和马来西亚警方紧密配合和合作,成功侦破"'11·29'电信诈骗案",该案涉及案件500余件,在马来西亚共逮捕239人,引渡回中国内地53人
2014年11月	越南	与越南警方合作,将18名电信诈骗犯罪嫌疑人引渡回中国内地受审

[①] 资料来源:《两岸警方与东盟8国联手捣毁特大跨国电信诈骗集团》,载《人民日报》2011年9月28日;《两岸联手六国破电信诈骗大案:126名中国籍嫌犯今被押解回国》,央视网,http://news.cntv.cn/china/20120524/116149.shtml,访问日期:2018年10月11日;《中越联手破跨国电信诈骗案 18名疑犯被押解回京》,人民网,http://society.people.com.cn/n/2014/1117/c136657-26041620-3.html,访问日期:2018年10月11日;《浙江警方侦破重大跨国电信诈骗案 168名嫌犯引渡回国》,中国网,http://zjnews.china.com.cn/yuanchuan/2015-11-10/24067.html,访问日期:2018年10月11日;《办案民警揭秘从西班牙抓捕引渡电信诈骗嫌疑人全过程》,中国侨网转载《新京报》文章,http://www.chinaqw.com/hqhr/2019/06-09/224391.shtml,访问日期:2019年12月5日。

（续表）

时间	司法协助国家、地区	打击犯罪成效
2015年11月	柬埔寨	与柬埔寨警方合作，共捣毁诈骗窝点2个，抓获犯罪嫌疑人168名，缴获大批电脑、手机、银行卡等作案工具，破获案件数百起。其中78名犯罪嫌疑人由浙江警方带回依法惩处，其余90名犯罪嫌疑人由北京警方依法处理
2016年～2019年	西班牙	与西班牙警方合作，共逮捕279名电信诈骗犯（其中分三批引渡回中国内地受审225名），涉案金额达1600万欧元（约合1.16亿人民币）

2017年7月，钱盾APP发布的《2017年中国反通讯网络诈骗报告（上半年）》，对2017年上半年中国大陆地区电信网络诈骗进行了分析，相关资料表明，来自中国大陆以外的诈骗电话量已经翻倍，诈骗电话来自71个国家和地区，诈骗短信量已经占到整体的近5%，通讯网络诈骗的国际化趋势越发明显。

四、催生其他牵连犯罪，数罪交织情形增多

诈骗犯罪是一种"智能型"犯罪，基本手段是通过隐瞒真相、虚构事实等方式，使人陷入误解，进而作出错误的财产处分。随着经济社会的发展和科技的进步，隐瞒真相、虚构事实等方式日益复杂，往往还伴随着伪造公文证件、假冒国家工作人员招摇撞骗、伪造有价证券、侵犯个人信息等其他犯罪。例如，2017年10月，武汉警方发现有人在QQ上发布信息买卖个人信息，遂以侵犯公民个人信息罪立案侦查。其后顺藤摸瓜，顺线捣毁5个电信诈骗犯罪团伙，刑

第一章 信息网络诈骗犯罪概述

拘犯罪嫌疑人58人，查获个人信息2600万条。①事实上，在司法实践中，诈骗犯罪往往分工明确，牵涉的犯罪类型也各有不同。以电信诈骗为例，往往形成多个关联犯罪团伙：有的负责盗卖个人信息，有的提供实名电话卡、银行卡，有的提供网络和通信技术支撑，有的假冒国家工作人员直接拨打电话实施诈骗。在实施诈骗过程中，在有条件的情况下，还直接发送计算机病毒链接，侵入对方计算机系统实施盗窃，形成"上游犯罪"和"下游犯罪"有机衔接的"产业链"。

五、信息网络背景下诈骗犯罪成因更趋复杂

依照西方国家的犯罪学理论，犯罪的产生既有人类自身的原因，也有社会的原因。其中，刑事人类学派更注重从人类自身出发研究犯罪的根源，刑事社会学派则着重研究犯罪与社会环境的关系。但这些观点无一例外地回避了社会制度对犯罪的影响。例如，意大利犯罪学学者龙勃罗梭早期甚至提出了"天生犯罪人"的理论，认为犯罪是人类的一种退化现象，犯罪基因是可以遗传的。尽管后来他对此观点作了修正，认为犯罪与人的生理、心理密切相关，包括人的年龄、性别、遗传等自身因素，以及贫富悬殊、失业、人口密度、人种等客观因素，但依然遭到不少学者的批判。其中，不少思想家将犯罪的根源最终归咎于私有制。例如，西方资产阶级思想家卢梭在《论人类不平等的起源和基础》一文中便提到，私有制不仅造成了不平等，也是犯罪的根源。马克思更尖锐地指出："私有制是一切剥削者统治的国家中产生犯罪的根本原因，资

---

① 《武汉警方捣毁5个诈骗团伙 拦下2600万条个人信息》，凤凰网，http://news.ifeng.com/a/20171007/52434525_0.shtml，访问日期：2017年10月8日。

信息网络视角下诈骗犯罪的刑法规制

本主义制度本身,是资本主义社会中产生犯罪的根本原因。"[1]诈骗犯罪的产生、发展及其日益复杂化成因,从犯罪学不同角度分析,大致可归结为以下几个方面。

一是私有制下的阶层(级)差。私有制产生后,因生产资料占有的不同,社会也形成了不同阶层或阶级。与马克思按生产资料占有划分阶级不同,西方社会阶层划分的代表人物是马克斯·韦伯,他所创立的社会阶层划分理论更注重市场、分配和消费的因素,以财富、名誉、地位、权力、影响乃至教育程度等作为阶层划分的标准。但无论以何种标准进行划分,阶级或阶层划分的前提,都是建立在私有制下社会财富分配不平等或不平均的基础上的。这种不平等或不平均,造成了社会客观上形成不同的群体,不同阶层(阶级)之间形成阶级差。在理想的社会状态下,不同阶层或阶级是流动的。下一阶层的群体有机会通过自身努力进入上一阶层。而在社会制度保守、经济低迷、市场闭塞或宗教、文化等其他因素的共同作用下,也容易形成阶层固化,阻滞阶层之间的流动。阶层(级)差的存在,一方面形成了竞争,有利于形成优胜劣汰的良性局面,而另一方面,也形成了不同阶层的强烈反差,刺激了下层向上层流动的欲望。在这个过程中,遵守社会规则依靠个体勤勉向上流动者有之,藐视社会规则者也有之。尤其是自身缺乏向上流动技能,或因阶层固化等客观因素无法向上流动者,在强烈的上升欲望支配下,极易铤而走险,甚至践踏法律,实施犯罪行为,包括诈骗犯罪,以获取不法利益,这也是诈骗犯罪高发的一个重要原因。信息网络尤其是人工智能的发展,不仅改变了社会资源配置的方式,更推动了人类的经济和社会组织方式的变革。这导致许多劳动密集

---

[1] 转引自何军:《犯罪原因论》,载《河北法学》1988年第2期。

第一章 信息网络诈骗犯罪概述

型产业被淘汰,实体经济受到一定程度冲击,低端劳动价值日益减损。在这个过程中,既诞生了比尔·盖茨等新贵,也一定程度扩大了失业等问题,阶层差在一定程度上被放大。

二是人性中贪婪的特质被放大。作为侵财犯罪类型,诈骗犯罪大多是行为人以非法占有为目的,采用欺诈的方式获取钱财,在犯罪心理上与人性的贪婪息息相关。与中国传统文化中的"性善论"不同的是,西方关于犯罪学研究、法律制度建构等都是建立在"性恶论"的基础之上的。奥地利心理学家西格蒙德·弗洛伊德(Sigmund Freud)认为,人有三个"我",即"本我"、"自我"和"超我"。其中,"本我"反映的是一个人作为高级动物中动物性的一面,尽管这方面可以通过后天的教育、道德的约束等途径得到规限,使人摆脱这些动物本能的控制而塑造成"自我",但这种动物性(包括各种欲望)并不会消失,而是潜藏在人的潜意识中。在弗洛伊德看来,这些欲望如同物理学的能量守恒一样,必须通过各种途径得到缓释,如做梦,在梦境中得到满足;或将这种能量转移到其他方面,升华为文学艺术等方面的造诣。在许多情况下,一些人欲望得不到满足时,还可能通过实施各种犯罪来释放这种欲望所积累的力比多。尽管弗洛伊德的理论也存在一些缺陷,但作为精神分析理论的奠基人,他却开创了心理学研究的新纪元,其理论也成为犯罪心理学的重要理论依据。这在诈骗犯罪的心理上同样适用。有诈骗犯罪心理研究成果表明,诈骗类犯罪的行为人在气质上呈多血质型特征。有此类特征的人贪欲较强,性格倾于外向,善于与人交往,有较强的心理适应能力。一些自我控制能力较差的多血质型的人,在贪婪的人性本能支配下,易于铤而走险走上诈骗犯罪道路。事实上,国内也有不少研究成果表明,实施诈骗犯罪的人群中,多血质型特征的人占了较高的比例。在信息网络的虚拟环

信息网络视角下诈骗犯罪的刑法规制

境下，人被隐匿在电脑和资料的背后，正如《纽约客》中所指出的"互联网时代，没有人知道你是一条狗"。互联网的高度隐匿性，淡化了道德、法律等对人性的约束，作为人动物性一面的"本我"以及各种欲望被释放和激发，贪婪的本性充分暴露，从而导致网络诈骗、电信诈骗等新型犯罪日趋严重。

三是犯罪成本与收益的量差。诈骗犯罪的重要特征之一，是通过虚构事实、隐瞒真相，使他人陷入错误的认识，"自愿"处分其财物。与抢劫、盗窃、抢夺等其他侵财犯罪相比，诈骗犯罪往往仅凭语言诡术或其他方法即可诱使他人"自愿"交出财物，更避免了因与被害人之间发生激烈对抗而带来的人身危险，即便事后被识破，也因此类犯罪往往与正常的民事活动交织在一起有时难以截然分开，与盗窃、抢夺、抢劫等"一目了然"的犯罪相比，具有一定的迷惑性，在逃避处罚方面更具天然的优势，因而具有犯罪成本小、收益大的特征。尤其在网络环境下，物理意义的地域界限已经被打破，这为跨国跨境诈骗提供了方便，并且一次短信群发、一次网络发布、一次木马推送即可将诈骗信息送达不特定的对象，使不特定多数的对象陷于诈骗犯罪的危险之中。而微信支付、网银转账等新型支付方式，又大大精简了资金支取的流程，行为人不仅可以在较短的时间内迅速获得收益，还可以通过各种复杂的操作方式对获得的不法收益多次"洗白"，增加查处和追赃的难度。换言之，信息网络背景下，犯罪成本进一步缩小，而收益则进一步放大。这一特质，更刺激了一些人贪财逐利的心理，推动了诈骗犯罪的滋生甚至蔓延。

四是社会管理制度不健全。一方面，在经济社会高速发展的背景下，一些新的经济运行方式和社会互动模式不断出现，对此，

第一章　信息网络诈骗犯罪概述

传统的社会管理模式和法律制度往往缺乏预见性，难以精准把握其发展方向和存在的各种问题，滞后于社会发展的需要。例如，在信息化的大背景下，因制度不到位，"一人持有多个账号、一人持有多个号码"在为人们提供便利的同时，也为网络诈骗提供了空间。再如，网络通信技术的发展催生了虚拟运营商，其通常并没有建立自己独立的、健全的信息网络系统，而是和中国移动、中国电信、中国联通等传统的基础运营商开展合作，一方面租用它们的部分基础信息网络资源（如部分通信网络的使用权等），另一方面利用和发挥自己的独特优势（如技术优势、开拓市场的能力、客户资源以及设备供应能力等），对信息网络服务的模式、内容、体系等进行优化和加工，形成自己的品牌，面对消费者则以自己相对独立的计费系统、营销和管理体系、客服号等向消费者开展信息网络服务。虚拟运营商的出现，既保障了传统运营商较为稳定的收入，又在一定程度上降低了传统运营商的支持成本和压力，在对客户群体的服务方面也有所提升，因而总体看这种类似代理商的角色还是得到了传统运营商和客户的欢迎。虚拟运营商的各色服务为网络与固话、手机通话提供了可能，甚至连虚拟号码也可以通过技术手段进行修改。然而，由于缺乏有效监管，虚拟运营商的服务也成为网络诈骗涉足的重灾区。另一方面，由于我国正处于社会转型期，社会分配制度存在不公平现象，部分群众存在不劳而获、非法获利的不良思想，期待能一夜暴富、通过非法手段获利。这种不良思想不仅容易使人滋生诈骗致富的念头，铤而走险，也容易使人迷信天上掉馅饼的美事，进而跌入诈骗分子预设的陷阱。当然，诈骗犯罪的成因复杂，并不局限于以上所述。鉴于本书着眼点并非犯罪学领域，此处不作进一步展开。

第三节　信息网络诈骗的特征

严格来讲，信息网络诈骗并不是一个法律概念，我国《刑法》也没有单独的电信诈骗或网络诈骗的罪名。在一些学者看来，所谓电信网络诈骗，只是犯罪学意义上的对一类犯罪行为的统称而已。①关于《刑法》是否需要增设电信诈骗罪或网络诈骗罪，学界也存在不同的认识（下文将对此进行论述，此处不赘述）。尽管我国法学界对电信网络诈骗研究还不深，某些领域尚处于初始阶段，但在以下三点上还是有共识的：第一，在主观上，电信网络诈骗有明显的非法占有目的。第二，在方式上，电信网络诈骗以电信、网络等虚拟媒介为载体，通过虚构事实、隐瞒真相，使他人陷入错误认识并作出嫌疑人所希望的财产处分行为。第三，电信网络诈骗往往针对不特定主体而实施，严重侵犯了网络管理秩序和公私财物所有权，具有严重的社会危害性。

虽然我国互联网建设直至1989年才开始起步，1994年才获准加入国际互联网并完成全国联网工作，但短短二十几年时间后来居上，走到了世界前列。据统计，1997年中国网民约为67万人，到2006年这一数字已经飙升至1.3亿人，增长近220倍。截至2013年12月，我国的网络普及程度进一步扩展，网民人数迅速飙升，其规模已经达到6.49亿人，尤其是智能手机的使用和普及，更为互联网使

---

① 宋程：《网络诈骗原因与对策浅析》，载《甘肃警察职业学院学报》2009年第1期；程权：《网络诈骗犯罪案件的实务问题》，载《山西省政法管理干部学院学报》2014年第2期，第108页等。

第一章 信息网络诈骗犯罪概述

用注入了新的动能,移动手机网民人数高达5.57亿人。手机网络所依托的各种电子商务更是不断扩大,相关资料显示,仅网络购物用户就已达到3.02亿,使用网上支付的用户规模达到2.60亿。毋庸讳言,互联网已经渗透到社会的各个层面。近年来,随着信息通信技术以及互联网的兴起,我国进入了"互联网+"时代。互联网形态、信息通信技术形态的演变,物联网、云计算、大数据等新一代信息技术作为互联网的延伸和发展,在改变人们生活方式的同时,也被犯罪分子利用,在犯罪手法上实现了"互联网+诈骗"的升级。据统计,仅2018年,中国大陆地区就发生电信诈骗案件69万余起,这一发案水平比5年前(2013年)增长130%;造成公民财产损失高达222亿元人民币,比5年前(2013年)增长122%。据北京市公安局《现代网络诈骗产业链分析报告》不完全统计,我国网络诈骗"产业"的从业人数至少有160万人,"年产值"超过1100亿元。毋庸讳言,电信网络诈骗犯罪已经成为严重威胁我国公私财产安全、扰乱社会秩序、影响社会稳定的一种犯罪类型。从司法实践看,以互联网为基础的、数据传输与数据制作为主要指标的虚拟新媒介,不仅成为犯罪的工具,其虚拟、快捷、隐蔽的特点,也使诈骗与盗窃、敲诈勒索等犯罪界限更加模糊,与民事行为之间也出现交织并存的趋势,对传统的诈骗犯罪理论乃至现行诈骗犯罪刑事立法提出了新课题和新挑战。司法实践中,网络诈骗犯罪主要有以下几个特征。

一、信息交互二元化

在传统诈骗犯罪中,诈骗犯罪分子通常必须通过观察确定作案对象,并接触被害人才能实现诈骗目的。在面对面的交流中,诈骗犯罪分子通过语言诡术或其他方式对事实进行虚构、对真相进行隐瞒,或者使用其他足以让人陷入误解的诈骗方法,使被害人在认识

信息网络视角下诈骗犯罪的刑法规制

上出现偏差、陷入错误，并在这种偏差和错误的指导下"自愿"将自己的财产处分给诈骗分子或第三人。在这一过程中，有物理意义的犯罪现场存在，被害人往往是特定的，犯罪所造成的影响面也较小。而虚拟新媒介视野下，手机、电脑、移动网络设备将诈骗犯罪分子与被害人隔离开来，并不存在物理意义上的现场。此外，双方的交流具有双盲的二元化特征，犯罪分子与被害人无须见面，双方通过电信或网络进行沟通，在虚拟环境下各自作出自己的判断。由于网络空间是一个客观存在的虚拟空间，在许多情况下，行为人往往使用虚假的个人信息注册并登录，甚至外挂使用虚拟的IP位址，不仅被害人，即便是办案机关也难以在网络空间中确定犯罪行为人的真实身份和登录发生的确切位置，也难以找到物理空间的住所。犯罪分子往往没有明确的作案目标，通过钓鱼网站、群发短信、电话群拨等方式向不特定的主体发出诈骗信息，一旦有人上钩，即通过分工合作，演绎各种诈骗剧本，实施诈骗。而在电信网络虚拟环境下，被害人也难以通过表情、动作、文件、物件等判断事件的真伪。换句话说，犯罪行为人与被害人在物理空间上是被网络隔离的，连接双方的管道是虚拟的电信及网络，双方的意思表示、信息交互一开始就呈虚拟化、二元化特征的，这一特征严重制约了司法机关对电信网络诈骗犯罪的打击。

值得注意的是，在许多升级版网络诈骗实施过程中，诈骗犯罪分子与被害人之间往往呈类似于单面透视玻璃的单向透视效应。也就是说，诈骗犯罪分子往往可以通过木马、黑客等技术手段获取被害人的信息，或者通过非法途径购取被害人个人信息，并据此精准设计环环相扣的骗局。而相比之下，被害人则处于信息不对称的弱势地位，难以察觉诈骗犯罪分子各种信息的真伪。

二、支付方式虚拟化

随着生产力水平的提升和科技的进步，人类历史上的支付方式先后经历了以物易物、货币、纸币等方式。20世纪末信息化浪潮席卷全球后，人工智能（Artificial Intelligence）高速发展，在此基础上出现了许多新型的支付方式，而这些依托计算机系统及互联网的支付方式具有明显的虚拟化特征。这些虚拟的支付方式更对传统的支付方式产生了强烈的冲击。

在当前技术条件下，常见的虚拟支付方式主要包括网银支付（这种支付方式需到银行柜台开通网络银行服务，通常情况下还必须使用银行提供的安全工具——U盾）、手机银行支付（依托手机移动支付功能，只需支付密码或"密码+手机校验码"即可完成付款）、电话语音支付（客服直接向用户核实银行卡信息后完成扣款，或依照电话语音提示完成付款操作）、POS支付（此种支付已经遍布商场、餐馆及许多消费场所，只需在POS机上刷卡即可实现支付）、第三方支付二维码支付（是指符合一定实力和信誉条件的机构，通过与各大商业银行合作，以网络方式开展银行支付结算系统界面对接，并促成交易双方完成资金支付的一种结算模式，如微信支付、支付宝、财付通等）和近场支付（手机扫描相关二维码后，即可出现付款信息，确认后输入绑定银行卡密码即可完成付款）等。

当然，虚拟支付方式远不止于此。在信息网络的背景下，还包括许多实体银行推出的虚拟银行卡，如交通银行推出了手机信用卡、农业银行推出的信用币等虚拟化信用卡产品等。近年来，支付方式逐步向虚拟化方面发展，互联网公司向客户提供非真实的货币，用于购买平台上的特定服务，虚拟货币也应运而生，并走进百姓生活中。例如，百度币（百度公司）、Q币（腾讯公司）、点券（盛大公司）、微币（新浪）等，这些虚拟货币在使用上类似商家的代金券，使用范围受到一定限制，流通性不高。随着区块链技术的应用日益广泛，一种新型的、在互联网上可以自由流通的虚拟电子货币已经出现，如比特币（BTC）和莱特币（LTC）等，其功能已接近真实货币。

虚拟化或者说网络化的支付方式具有便捷、快速、精准的特征。它直接产生的后果是，诈骗犯罪分子可以隐匿在网络背后，无须直接与被害人接触，财产的转移通过资料操作即可完成，并且支付的过程是不可逆的。尤其是第三方支付企业，与实体银行一样具有信用中介、支付中介、信用创造、金融服务四大功能，实际上是一种变质的银行，但其资金去向等却因支付的虚拟化和用户的泛化而不易监管，极易形成一个巨大的资金池，成为诈骗赃款转移甚至洗白的工具。虚拟支付方式便捷、隐蔽、快速等特点使得大量的仿冒网站、钓鱼网站应运而生，钓鱼网站+虚拟支付成为网络诈骗最流行、最不容易被查获的诈骗方式。而且，虚拟货币是否属于财物、电脑能否被骗等问题，还对传统的诈骗犯罪理论提出了尖锐挑战。

三、取财方式隐蔽化

在信息网络背景下，货币被网络数据化为一个个虚拟的数据记号，身份的验证往往通过密码或短信验证即可确认，财物的转移、货币的支付，往往一个按键、一个扫描就能完成。通常情况下，往往数秒时间即可实现财物的转移，且不可撤回。这一特点被诈骗分子利用，通过二维码或短信等方式植入木马病毒，以此窃取用户密码或截取用户身份验证短信，甚至直接远端操控电脑转移用户财产。这一系列的操作都是用户在不知不觉中完成的。"骗中有盗，盗中有骗，盗骗交织"的特点较为突出。

在这方面，实践中出现的"替换型"二维码侵财案是比较典型的盗骗交织类型。二维码支付，是以某种特定的几何图形按照预定的编码规则，在平面上生成黑白相间的图形，通过代码把"0"、"1"数据信息转换成对照的几何图形，使用时，利用摄像头或扫码设备自动读取并识别，最终转换成对应的文字、数据信息。例如，在实践中，有犯罪分子偷偷将超市支付二维码替换为自己的二维码，顾客在不知情的情形下当着超市营业员的面扫码支付。由于二维码缺乏识别性，商家无法意识到二维码已被替换，顾客也误以为自己是在向商家支付。这种隐蔽的取财情形同时具备诈骗的虚构事实特征和盗窃的秘密窃取特征。再如，诈骗分子通过诈骗短信或红包派送等诈骗信息欺骗用户点开网络链接或扫描二维码，并借机植入木马病毒，用户在不知不觉中，手机所包含的个人信息就被诈骗分子所窃取，财物也就脱离了自身的控制。

四、行为方式竞合化

在信息技术背景下，一些隐瞒事实、虚构真相的取财行为，既具备诈骗的特征，同时又具备盗窃、敲诈勒索、招摇撞骗的特征。例如，冒用警察、检察官或法官的身份，以被害人身份被他人冒用，涉嫌"洗钱犯罪"而威胁不转款就要追究其刑事责任；以被害人亲属遭受车祸需动手术，不转款就要停止手术。一些案件中，被害人也意识到一些异常，但出于一种"宁可信其有"的心理状态而转款。再如，在一些案件中，犯罪分子在网购过程中，向被害人发送虚假的网上银行网页，要求网上支付，被害人在虚假网页输入账号和密码过程中，网页植入的木马程序将有关信息记录并传送给犯罪分子，犯罪分子再登录真正的网银将财物转走。在这一过程

信息网络视角下诈骗犯罪的刑法规制

中,不仅通过木马非法侵入他人计算机系统,涉嫌计算机犯罪,同时,在犯罪手段上也是盗中有骗、骗中有盗,相互交织在一起。虽然司法实践中,多数情况下将其归入电信诈骗、网络诈骗的范畴,但在理论上却存在诸多争议。司法实践之所以出现定性不准的问题,与虚拟新媒介兴起的大背景下,两罪界限模糊化不无关系。这有待在理论层面进一步厘清、作出回答。

第二章 域外信息网络诈骗立法概况

诈骗犯罪并无国界之分，尤其在电信网络国际互联互通的环境下，信息网络诈骗更成为跨国犯罪的一种重要类型。从技术上而言，发达资本主义国家信息网络技术起步远远比中国早，对信息网络诈骗犯罪进行规制的立法也各有特色。总体而言，各国刑法对诈骗犯罪的规定主要分为两种类型：一是单一模式，二是分立模式。所谓单一模式，就是刑法并不针对不同的诈骗犯罪规定不同的罪名，而是概括地规定一种诈骗罪，以包容社会生活中所有诈骗犯罪现象，包括信息网络诈骗。[①]分立模式则是除普通诈骗犯罪外，还根据不同的立法标准规定了特别诈骗罪名。从世界范围看，多数国家对诈骗犯罪刑事立法采用了分立模式。在信息网络诈骗全球化的背景下，不少国家还规定了专门的罪名，以便对信息网络诈骗进行打击。本章拟选取有代表性的部分国家及地区进行比较。

第一节 英美法系主要国家信息网络诈骗立法

英美法系国家主要奉行普通法（或判例法）的传统，但在全球

---

① 《俄罗斯联邦刑法典》即采用此种立法模式，该法除第159条规定了普通诈骗罪外，并未在其他条文中规定特别的诈骗罪。《俄罗斯联邦刑法典》，黄道秀译，中国法制出版社2004年版，第259～260页。

信息网络视角下诈骗犯罪的刑法规制

化的背景下,英美法系国家也在积极吸收和借鉴大陆法系国家的法治文化,尤其19世纪以来,英美法系国家的刑法更加关注刑法的成文化。在诈骗犯罪领域,英美法系国家也形成了较为完备的诈骗犯罪立法模式,并逐渐形成自身的特色。

一、英国信息网络诈骗立法概述

(一)英国诈骗犯罪立法历史回顾

英国最早的诈骗法规形成于1757年。[①]在此之前,英国法律只严惩强行取财行为,如抢劫、抢夺等犯罪行为,而对盗窃、诈骗等非暴力行为则不认为是犯罪。1757年诈骗法规颁布后,如果在主观上存在欺骗或者欺诈他人的故意或意图,也就是说,主观上明知并蓄意,客观上通过诈骗的手段从他人那里获得对金钱、货物、器具或商品的权利,就被纳入诈骗罪的范畴。[②]

1916年,英国《盗窃法》第一次对盗窃罪作了界定。该法规定:"未经所有人同意,并且不享有充分合法的权利,盗窃、欺骗性地取得和取走任何能够被窃的物品,并且具有永久性剥夺所有者财物的故意。一个人如果以财物受托人或者财物共有人的身份,欺骗性地将这些财物转归他本人使用或者所有人以外的任何人使用,尽管他对财产拥有合法占有权,仍然可以构成对这类财物的盗窃罪。"[③]1916年法律保留了普通法对盗窃罪界定的重要规制,即盗窃必须符合未经所有人同意这一要件。而欺诈,毫无疑问对明确同意

[①] 30 Geo. Ⅱ .c.24.1(1757).
[②] [美]约书亚·德雷斯勒:《美国刑法精解》,王秀梅等译,北京大学出版社2009年版,第509页。
[③] [英]塞西尔·特纳:《英国刑法中的盗窃罪》,曲三强译,巴南校,载《环球法律评论》1990年第4期,第15页。

第二章 域外信息网络诈骗立法概况

具有直接的否定意义。在"国王诉皮尔"一案中,英国法官创造了"以欺骗方式盗窃"的概念。如果行为人隐瞒真相,捏造事实,颠倒基本事实真相,导致被害人陷入深深的误会,即使被害人表面上作出"同意"的意思表示,那么这种"同意"也会被认为无效。

20世纪60年代末,英国国会通过《1968年盗窃罪法案》。这部刑事单行法规共39条,其中第15条规定,怀有永久剥夺他人财产的故意,通过欺诈不诚实地取得他人财产的,处以不超过10年的监禁。依照该条,所谓欺诈,是指"基于故意或轻率,通过言辞或行动,在相关事实或法律上所实施的欺诈行为,包括对欺诈行为人或任何其他人当前意图方面的欺诈行为"[①];而所谓取得,则包括取得所有权、占有权或控制权。该法规定了大量的诈骗罪名,如第16条的骗取金钱利益罪[②]、第20条的毁改文件罪等。1978年,英国对《1968年盗窃罪法案》进行了修正,增加了骗取资金过户罪(第15A条)。[③]该法的一个重要特点,是不对盗窃、诈骗进行区分,笼统规定在盗窃罪法案当中。在《1978年盗窃罪法》中,英国继续沿用了这一做法,将诈骗犯罪规定在盗窃罪法案中,并规定了骗取服

---

① 王志祥:《英美法系刑法中诈骗罪构成条件之比较》,载《江西科技师范学院学报》2007年第5期,第6页。
② 该条规定,通过任何诈欺手段,不诚实地为自己或他人取得金钱上的利益的,应当经公诉程序判罪,处以不超过5年的监禁。谢望原主译:《英国刑事制定法精要(1351~1997)》,中国人民公安大学出版社2003年版,第275~277页。
③ 即通过诈欺手段不诚实地为自己或者他人获取资金过户的,构成犯罪,处以不超过10年的监禁。通过这一规定,将利用支票、信用卡等媒介诈骗的行为纳入了刑事打击范畴。秦新承:《支付方式演进对诈骗犯罪的影响研究》,上海社会科学院出版社2012年版,第36页。

信息网络视角下诈骗犯罪的刑法规制

务罪①、欺诈逃避责任罪（如支付等责任）、逃避支付潜逃罪等。《1968年盗窃罪法案》与《1978年盗窃罪法》几乎包含了除伪造之外的一切不诚实侵犯财产的犯罪，成为英国惩治侵犯财产犯罪（包括诈骗犯罪）的重要法律。

  随着网络技术的发展，从20世纪70年代开始，发生在英国的信息网络诈骗活动也逐年递增、日益猖獗。根据英国审计委员会的调查，仅1987年与计算机有关的诈骗犯罪就发生61起，造成的直接经济损失达2526751英镑，而到1993年，此类犯罪递增到108起，六年时间几乎翻了一番，且该年度与计算机有关的诈骗犯罪所造成的直接经济损失更是高达2904430英镑。②英国国家犯罪调查局（NCA）发表的首份《网络犯罪评估报告》显示，2015年，英国发生网络欺诈事件70万件。2016年9月19日英国《泰晤士报》网站报道称，仅银行卡诈骗被窃取的资金总额就超过了20亿英镑，受害者平均损失475英镑。猖獗的网络诈骗造成了人们的恐慌，大约有十分之一的英国成年人因为网络诈骗的遭遇，担心再次遭到网络攻击，或者身份再次被盗窃、银行卡再次被克隆，而不得不更换信用卡或借记卡。③2016年，英国警方破获的一起团伙国际诈骗案，涉案金额更是高达1.13亿英镑，受害人达数百人，规模堪称英国史上之最。④为应对猖獗的

---

① 如骗取餐饮、酒店以及贷款等服务。
② 古丽阿扎提·吐尔逊：《英国网络犯罪研究》，载《中国刑事法杂志》2009年第7期，第123～126页。
③ 《英媒称英国网络诈骗泛滥　500万人取消信用卡》，参考消息，http://news.sohu.com/20160923/n468994145.shtml。
④ 《英国惊现最大网络金融诈骗案　受害者被骗上亿英镑》，中国日报网，http://world.chinadaily.com.cn/2016-09/22/content_26869274.htm，访问日期：2016年9月22日。

第二章　域外信息网络诈骗立法概况

网络诈骗，2006年，英国对《1968年盗窃罪法案》及《1978年盗窃罪法》等法律进行了修改，此次修改既补充了相关内容，也对原来的规定进行了完善，使得法律的规定更加规范和周延，形成了一部专门惩治诈骗犯罪的成文法《2006年诈欺法案》，这部法律也成为英国惩治网络犯罪最重要的法律之一。

（二）英国信息网络诈骗犯罪立法概览

英国打击网络诈骗的法律大致分为两个层面。一是遏制侵财犯罪层面，主要包括《1968年盗窃罪法案》、《1978年盗窃罪法》和《2006年诈欺法案》等。二是计算机网络安全层面，主要包括《1990年计算机滥用法》等。

在遏制侵财犯罪方面，《2006年诈欺法案》因应网络诈骗犯罪等新型诈骗犯罪的特点，增加了不少规定，与之前两部盗窃罪法相比，有了较大幅度的进步。其意义主要体现在以下几个方面。

一是首次以独立的制定法对诈骗犯罪作出规定。如前文所述，此前英国并未有专门的诈骗犯罪立法，在法律上诈骗与盗窃被视为同类侵财犯罪，并无实质性区别。《2006年诈欺法案》的颁布及施行，不仅将《1968年盗窃罪法案》、《1978年盗窃罪法》中具有诈骗性质的骗取财物罪、骗取金钱利益罪、骗取资金过户罪以及骗取有价值的证明文件罪等罪名在法案中补充完善及重新规定，并因应网络诈骗等新型诈骗犯罪的需要，对有关概念进行了重新明确，补充了部分新罪名，这体现了英国打击诈骗犯罪的决心。

二是系统规定了不同的诈骗犯罪类型。依照该法，构成诈骗罪主要有三种行为表现形式，即虚假表示（Fraud by False Representation）、未揭露信息（Fraud by Failing to Disclose Information）和滥用职位

信息网络视角下诈骗犯罪的刑法规制

（Fraud by Abuse of Position），[①]行为人只要实施其中任意一种行为，即可构成诈骗罪。[②]对于诈骗罪，按简易程序处理的，处以不超过12个月监禁或不超过法定最高罚款，或两罚相加。按照公诉程序处理的，处以不超过10年的监禁或罚款，或两罚相加。

三是降低了刑事打击的门槛。在对诈骗罪主观方面的规定上，新法并不要求行为人必须如《1968年盗窃罪法案》所规定的那样满足"怀有永久剥夺他人财产的故意"[③]，而只需具有"使自己或他

[①] 成立虚假表示型诈骗罪要满足的犯行要件是：存在明示或暗示的虚假表示；虚假表示由被告人作出。犯意要件是：被告人明知所作出的表示可能或是不真实的或令人误解的；被告人意图通过作出虚假表示，使自己或他人获得收益，或造成他人损失，或使他人陷入风险；被告人是不诚实的。

成立未揭露信息型诈骗罪的犯行要件是：被告人有向他人揭露信息的法律义务；被告人未向他人揭露信息。犯意要件是：被告人意图通过不揭露信息，使自己或他人获得收益，或造成他人损失，或使他人陷入损失风险；被告人是不诚实的。

成立滥用职位型诈骗罪的犯行要件是：被告人处于被法律认可的职位，这种职位可以期待被告人保障他人经济利益，或不作出反对他人经济利益的行为；被告人滥用了该职位。犯意要件是：被告人意图通过滥用职位使自己或他人获得收益，或造成他人损失，或使他人陷入损失风险；被告人是不诚实的。

胡莎：《英国诈骗罪过度犯罪化问题及其解决》，载《中山大学法律评论》第14卷第1辑。

[②] Home Office, Crime in England and Wales 2008/2009, 2009, https://data.gov.uk/dataset/crime-england-wales-2008-2009，虚假表示型诈骗罪122569件，未揭露信息型诈骗罪305件，滥用职位型诈骗罪265件。转引自胡莎：《英国诈骗罪过度犯罪化问题及其解决》，载《中山大学法律评论》第14卷第1辑，第58页。

[③] 该法第6条对"怀有永久剥夺他人财产的故意"作了解释，即"如果行为人具有像处置自己财产一样不顾他人权利去处置财产的意图，那就应被视为它具有永久性剥夺他人财产的故意。假如在一定时期和一定情况下财产的借入和借出等于完全处置了财产，这种借入和借出就可以被看作是被告像处置自己财产一样不顾他人权利去处置该财产"。谢望原主译：《英国刑事制定法精要（1351～1997）》，中国人民大学出版社2003年版，第270页。

第二章 域外信息网络诈骗立法概况

人获得收益，或造成他人损失，或使他人陷入损失风险"即可。这种概括性的规定，无疑降低了主观方面的证明标准。此外，《2006年诈欺法案》还使用了大量并未明确法律含义的概念，如不诚实、虚假表示、意图、收益等，并将这些概念交由司法机关作判断。这一方面有利于司法机关因应复杂实践的需要作出解释或理解，另一方面也防止过于苛刻的立法解释束缚了司法的手脚。以虚假表示为例，《2006年诈欺法案》明文规定，所谓虚假并不存在一种特定的物质形式，包括事实虚假、法律虚假和心理状态虚假，而对什么是事实虚假、法律虚假和心理状态虚假并未作进一步界定。例如，许多法律本身存在争议，有些规定自身就是不确定的。更重要的是，虚假表示中的表示，不仅包括明示，还包括暗示。这些宽泛的概念，大大降低了实践中诈骗的入罪门槛。再以不诚实为例，这一概念是三类诈骗罪所必须具备的共同要件，但《2006年诈欺法案》并未对这一概念作出具体解释。在实践中，司法机关是依照盗窃罪案中的高希判断标准来进行。这一标准采用主客观相结合的判断方式来进行：首先，行为人的行为按照普通公众所理解的理性的日常标准属于不诚实；其次，行为人主观上应当意识到自己的行为属于不诚实。对于行为人是否不诚实，审判中交由陪审团作出判断。在构罪的客观方面，《1968年盗窃罪法案》总体要求行为人应当具有为自己或他人获得财产或其他利益的情形，具体包括取得他人财产（骗取财物罪）、为自己或他人获取资金过户（骗取资金过户罪）、骗取金钱上的利益（骗取金钱利益罪）以及骗取对有价值的证明文书生效（骗取有价值的证明文件罪）等。而《2006年诈欺法案》在此基础上，还增加了"造成他人损失，或使他人陷入损失风险"，并将其纳入犯罪构成之中。因此，总体而言，在法律修改之前，英国诈骗犯罪属于结果犯。行为人不诚实的欺诈行为，必须实

信息网络视角下诈骗犯罪的刑法规制

际作用于被害人头脑，影响被害人思维判断，进而在错误判断的思想状态下"自愿地"交出财物，最终导致被害人丧失财物。因此，旧法的核心是被害人形成被欺骗的思维状态从而导致损失财物的结果。而新法则以不诚实为核心，将入罪门槛前移。只要证明行为人意图通过实施不诚实行为，使自己或他人获得收益，或造成他人损失，或使他人陷入损失风险，至于被害人最终是否交付财物、行为人是否获得财物，则不影响犯罪的成立。在网络诈骗犯罪当中，这尤其具有积极的意义。司法机关只要证明被告人向大量陌生人群发虚假诈骗短信、诈骗邮件即可，至于被害人是否因诈骗短信或邮件而上当，甚至被害人是否收到邮件，并不影响诈骗犯罪的构成。事实上，在信息网络已经普及的环境下，再坚持以往的标准，将网络诈骗行为与被害人一一对应，是一项极其艰难的证明任务。新法的这一修改，对于有效应对网络环境下的诈骗犯罪，是具有积极意义的。

四是修正了诈骗犯罪的构成。与传统诈骗犯罪相比，《2006年诈欺法案》通过后，英国诈骗犯罪的构成出现了两个值得注意的倾向。首先，诈骗犯罪成为无须存在特定被害人的犯罪。依照该法，成立诈骗罪无须存在特定被害人，无须行为人虚假陈述是否传达给被害人，无须被害人感知、接收或相信虚假陈述，无须被害人真实受到诈骗虚假陈述的影响，无须被害人的证词或证言，也无须证明行为人通过虚假陈述从被害人处获取金钱财物等。尤其是在虚假表示型诈骗罪中，英国检察机关的起诉工作几乎完全集中在被告人行为上，而极少考虑被害人。[1]尽管有观点认为这一修改有过度犯罪化的问题，但事实上，信息网络诈骗已经打破了国与国之间的界限，

---

[1] 胡莎：《英国诈骗罪过度犯罪化问题及其解决》，载《中山大学法律评论》第14卷第1辑，第69页。

第二章 域外信息网络诈骗立法概况

既不存在物理意义的空间,也不存在物理意义的实体财物——支付方式的演进已经颠覆了传统诈骗犯罪的取财方式,资金的流动在巨大的资金池去向上往往成为一笔糊涂账。因循守旧,可能造成打击的乏力、秩序的失衡。从这个意义上看,新法的上述修改,其积极意义远远大于负面意义。其次,未完成的或预备阶段的诈骗行为也可以构成犯罪。例如,行为人以非法占有的故意,设置虚假的银行网页,诱导他人点击链接向其转账。只要将网页上传至网络即可构成犯罪,不要求他人上当受骗。换言之,即使因网页制作质量极其粗糙、极易被识破,而没有出现他人上当受骗的情况,也不影响诈骗犯罪的构成。未完成的诈骗行为犯罪化的结果,使得单纯的不诚实的沉默也可以构成诈骗犯罪,计算机或网络系统也可以被诈骗。这些无疑是对传统诈骗理论的创新或颠覆。

五是与诈骗相关的行为也被规定为犯罪。例如,《2006年诈欺法案》第6条将管有、控制用于任何欺诈或与欺诈相关的任何物品的行为规定为犯罪,第7条将制作或提供用于欺诈的物品规定为犯罪。更重要的是,依照相关解释,这两条所包含的物品并不局限于实体存在的物品,只要用于欺诈或与欺诈相关的过程中的物品,包括以电子形式、虚拟数据形式存在的任何程序或数据,都属于诈骗罪中物品的范畴。[①]

英国在计算机网络安全立法方面具有相当的前瞻性。1990年,在互联网尚未普及的年代,英国即已制定了《1990年计算机滥用法》(*Computer Misuse Act*)。由于时代的局限,这部法律更侧重保护计算机关键性信息基础设施,包括物理实体的安全和基础设施的

[①] 秦新承:《支付方式演进对诈骗犯罪的影响研究》,上海社会科学院出版社2012年版,第87页。

信息网络视角下诈骗犯罪的刑法规制

逻辑安全。但在技术上防止或打击利用计算机的犯罪，它也有开先河的立法前瞻。该法规定了未经授权进入计算机资料罪、计算机资料未经授权修改罪等罪名，还根据计算机、互联网的特点对计算机犯罪的属人、属地管理作了具有可操作性的规定。根据该法，任何未经授权意图进入任何计算机中储存的程序或者数据，无论是否具有获取资料的目的，都构成犯罪，并应当经过建议程序审判，处以不超过6个月的监禁，或者单处或并处不超过标准罚金额度第5等级的罚金。意图实施或者帮助他人实施进一步犯罪（即便实施进一步的犯罪是不可能的）而未经授权进入计算机的，都构成犯罪，可经简易程序判罪，处以不超过6个月的监禁，或者单处或并处不超过法定最高额度的罚金；经公诉程序判罪的，处以不超过5年的监禁，或者单处或并处罚金。未经授权修改任何计算机数据的，处以与前罪相同的刑罚。[①]这些规定，尽管无法有效涵盖后来的网络诈骗犯罪，但却从技术的层面为遏制网络诈骗犯罪活动筑起了一道防火墙。事实上，网络诈骗的一个重要特点就是突破了空间的限制，造成管辖的困难，英国《1990年计算机滥用法》前瞻性地提出了管辖的原则，对后来解决管辖冲突、实现精准打击网络诈骗犯罪，是具有重要意义的，对其他国家立法也具有典范意义。而且，在网络尚未普及、网络诈骗尚未泛滥的情况下，相关规定还有效涵盖了后来逐步猖獗的相当一部分网络诈骗，如以木马非法侵入他人计算机系统盗窃相关数据并实施诈骗、侵入他人网络邮箱实施诈骗、在他人手机植入盗号木马并自动群发短信进行诈骗等网络诈骗类型。因此，该法具有较强的前瞻性、重要的法律意义和立法价值。

---

① 谢望原主译：《英国刑事制定法精要（1351～1997）》，中国人民大学出版社2003年版，第331～333页。转引自秦新承：《支付方式演进对诈骗犯罪的影响研究》，上海社会科学院出版社2012年版，第92页。

第二章 域外信息网络诈骗立法概况

二、美国信息网络诈骗立法概览

作为信息网络技术起步最早、最发达的国家，美国信息网络诈骗犯罪同样较为猖獗。据美国联邦调查局（FBI）互联网犯罪投诉中心（IC3）统计，2009年～2011年该中心共接到各类网络诈骗投诉超过30万起，2014年网络犯罪造成的损失超过了8亿美元，比2013年递增了2.3个百分点，其中情感骗局、汽车骗局、房地产骗局、恐吓勒索骗局以及政府扮演骗局高居各类骗局的前列。[①]2018年，美国侦破的一起跨国诈骗案，涉案金额高达5.3亿美元（约合人民币33.5亿元）。[②]网络诈骗的严重程度可见一斑。

为遏制日益严重的网络犯罪，美国早在20世纪70年代就开始了网络安全立法的尝试，至今已经形成世界上数量最多、内容最全面的网络法律体系。其中，1977年制定的《联邦计算机系统保护法》，首次将计算机系统纳入法律的保护范围。20世纪80年代，互联网实现民用化后，美国加快了网络安全立法的力度。1984年，美国制定了专门针对计算机欺诈的《伪装进入设施和计算机欺诈与滥用法》；1986年通过了《计算机欺诈与滥用法》；1987年，为进一步提高联邦计算机系统的安全性和保密性，制定了《计算机安全法》，该法也成为美国计算机安全的基本法律。与此同时，美国还成立了专门的国家机构——美国国家计算机安全中心。值得注意的是，尽管法律保护言论自由，但信息网络立法却为此划出了法律的边界。1996年，美国通过的《电信法》明确规定，不允许利用互

---

① 《2014年美国网络诈骗损失超8亿美元：含五大类型》，新浪网科技频道，http://tech.sina.com.cn/i/2015-05-28/doc-icpkqeaz5815765.shtml。
② 《美粉碎一起大规模网络诈骗案 涉案金额高达33.5亿元》，环球网，http://world.huanqiu.com/exclusive/2018-02/11596827.html。

信息网络视角下诈骗犯罪的刑法规制

网宣扬恐怖主义、侵犯知识产权、向未成年人传播色情以及从事其他违反美国法律的行为。《国家信息基础设施保护法》则加强了对侵害国家信息基础设施行为的认定和处罚。1997年又通过了《公共网络安全法》、《加强计算机安全法》（该法于2000年修订）等有关法律。2001年"9·11"事件后，美国加强了国家对互联网的干预。2002年11月通过的《国土安全法》也涉及对包括通信设施在内的重要基础设施的保障。2002年通过的《关键基础设施信息保护法》，建立了一套完整详细的关键基础设施信息保护程序。除联邦法律外，美国许多州也制定了相关法律。[①]这些法律从不同层面对网络犯罪（包括诈骗犯罪活动）进行了遏制，构成了较为完善的防火墙。

美国打击网络诈骗犯罪的法律较为庞杂，多达130余部。从相关立法看，诈骗犯罪也采用分立模式立法，根据诈骗犯罪的不同特点分为不同类型，适用不同罪名。美国刑法规定的诈骗犯罪包括假支票罪（bad check）、滥用信用卡罪（misuse of credit card）、假广告罪（false advertising）、设骗局（confidence game）、计算机犯罪（computer crime）等。[②]

在信息网络诈骗方面，遏制电信诈骗的较为主要的法律主要包括1991年通过的《电话消费者保护法》、2003年通过的《控制非自愿色情和推销侵扰法》以及《计算机欺诈与滥用法》等。其中，《电话消费者保护法》和《控制非自愿色情和推销侵扰法》是打击电信诈骗最主要的两部法律。依照这两部法律，所有的商家不得向消费者发送与商业支持、产品推广、服务广告有关的垃圾短信，除

---

① 李春华、万其刚：《国外网络信息立法情况综述》，载《中国人大》2012年第20期。
② 储槐植：《美国刑法》（第三版），北京大学出版社2005年版，第185～186页。

第二章　域外信息网络诈骗立法概况

非用户已经明确表示同意接收，或者所发送的短信用于紧急情况。除此以外，法律还规定了银行的协助义务。美国法律规定，当事人转账后可以对自己的转账行为提出异议，并有权要求立即冻结对方账户；银行可在规定时间内帮用户追回因诈骗而损失的资金。美国的银行诈骗罪名最多可以判处30年监禁，并处100万美元罚款。

1986年《计算机欺诈与滥用法》则侧重于从技术层面遏制网络诈骗犯罪。该法第1030条规定了"与计算机有关的欺诈及其相关活动"。这些活动大致可以归纳为以下五种类型：一是非法进入计算机系统盗取必须给予保护以防非法公开的信息的；[①]二是故意非法或超出合法权限进入计算机系统获取有关信息的；[②]三是非法进入特定类型计算机的；[③]四是故意破坏计算机系统的；[④]五是将计算机系统用于实施诈骗的。前四种情形，无论是否与欺诈有关，均触犯该法，视情节轻重可处以监禁及罚款等不同程度的惩罚。而第五种类型，则属于典型的信息网络诈骗违法犯罪活动，具体可细分为三种不同情况。一是为了欺诈而非法或超出合法权限进入被保护的计

---

① 此类信息包括美国为保证国防和外交而必须给予保护以防非法公开的信息，以及《1954年原子能法》第11条第y款规定的受限制的资料。
② 包括三类：（A）金融机构的金融档案信息，或第15篇第1602条第14款中所规定的信用卡发行者之金融档案信息，或《公平信用报告法案》中规定的消费者报告机构之档案中有关消费者之信息；（B）美国部门和机构的信息；（C）州际或对外交流中使用的受保护的计算机里的信息。
③ 包括无权进入美国政府部门或机构的非公用计算机，却故意进入该部门或机构的美国政府专用计算机，或故意进入由美国政府使用或为美国政府服务且受到违反该法行为影响的非美国政府专用的计算机。
④ 包括：（A）故意引起程序、信息、代码和命令的传送，因此引起被保护的计算机未经授权的损坏；（B）故意非法进入被保护的计算机系统，因此鲁莽地造成计算机系统损坏；（C）故意非法进入被保护的计算机并因此损坏计算机系统。

信息网络视角下诈骗犯罪的刑法规制

算机,并且借此进一步实施欺诈,获取有价之物,除非欺诈目的和获取之物仅涉及该计算机的使用且该使用价值一年之内不超过5000美元的,可处5年以下监禁或罚款,或两者并用。二是买卖可用来未经授权的进入计算机的密码信息,有意进行欺骗的,该买卖影响州际贸易或国际贸易,或该计算机由美国政府使用或为美国政府服务的,应处以与该罪名相应之罚款,或至多1年之有期徒刑。三是故意向他人、公司协会、教育机构、金融机构、政府实体或其他合法实体敲诈金钱或其他有价之物,在州际和国际贸易中传送含有任何威胁性信息而引起破坏被保护的计算机系统的被坏的,应处以与该罪名相应之罚款,或至多10年之有期徒刑,或两罚并施。①

  总而言之,英美法系对信息网络诈骗犯罪的立法还是比较完善的。尽管英国、美国具有不成文法的传统,但在诈骗犯罪方面却制定了大量的成文法律。这些法律形成了三层保护网络:第一层是直接惩治诈骗犯罪。除普通诈骗犯罪外,对信息网络诈骗犯罪也设定了相对专业的、有针对性的罪名,突出了打击的针对性。第二层是网络安全的维护。除直接惩治诈骗犯罪的法律外,还有为数众多的、融入维护计算机及网络安全的法律当中,加强对网络运营上、公司企业甚至个人网络运营使用的规管,从网络技术、网络使用规则上预防和遏制诈骗犯罪的发生。第三层是高度注重个人资料保护,无论诈骗与否,凡是无法定理由窃取、取得、传播、买卖、使用个人资料的,均可能面临法律的惩治。相关法律、法规互为补充、互相配合,形成了相对立体和完善的预防、惩治诈骗犯罪的网络。

---

① 《计算机欺诈与滥用法》,中国信息安全法律网,http://www.infseclaw.net/news/html/937.html。

第二节 大陆法系部分国家和地区信息网络诈骗立法

大陆法系是在罗马法影响下发展起来的，与英美法系最大的不同，是秉承成文法的传统，在法律形式上更注重法典化、成文化，判例一般不具有与成文法相同的效力。法律条文的内容具有一定的抽象性、概括性、精确性和整体性。欧洲大陆法系国家在打击网络犯罪方面，走在世界的前列。早在1973年，瑞士就制定了世界上第一部涉及计算机犯罪惩治与防范的法律——《数据法》。2011年，欧盟还通过了世界上第一个针对计算机系统、网络或数据犯罪的多边协定——《网络犯罪公约》（Convention on Cybercrime，也译作《计算机犯罪公约》）。尽管我国学界大多否认我国属于大陆法系国家，而以"社会主义法系"概括之，但不可否认的是，在法律传统上，我国与大陆法系国家并无本质区别。从比较研究的角度，两者更具对标价值。

一、德国信息网络诈骗犯罪立法概况

德国现行的刑法典源于1871年5月15日的《德意志帝国刑法典》，其间经过多次修订，如魏玛共和国时期的刑法改革运动，1949年"基本法"的颁布，以及东西德合并后刑法的统一等。仅近30年来，修订的次数就多达数十次，其间颁布了多部刑法改革法以及众多的刑法修改法。在刑法典的修改过程中，诈骗犯罪也经历了一些发展变化。

信息网络视角下诈骗犯罪的刑法规制

现行《德国刑法典》第22章规定了诈骗和背信犯罪。在立法模式上，德国采用分立式的做法，在第263条规定普通诈骗罪之外，还另外设立了特别的诈骗罪，如第264条的补助金诈骗、第264条a的投资诈骗、第265条的保险滥用、第265条a的骗取给付、第265条b的信贷诈骗等。[①]依照该法第263条，诈骗罪在主观上须有"意图为自己或他人获得不法财产利益"的故意，在客观上实施了"以欺诈、歪曲或隐瞒事实的方法"，并且"使他人陷于错误之中"，进而在这种错误认识主导下处分财产，"因而损害财产的"，在量刑上一般处5年以下自由刑或罚金刑，情节特别严重的，处6个月以上10年以下自由刑。这是《德国刑法典》对诈骗罪的一般性规定。

2001年11月23日，欧盟通过了世界上第一个针对计算机系统、网络或数据犯罪的多边协定《网络犯罪公约》（以下简称《公约》）。《公约》共分为四章48条，其中第2条～第13条分别规定了4类9种网络犯罪。[②]《公约》是开放性的，并不局限于欧盟，截至目前已有30多个国家加入了《公约》。作为缔约国，《公约》于2009年在德国生效。为打击日益猖獗的网络犯罪，2005年，欧盟理事会通过了《关于攻击信息系统的理事会框架决议》（以下简称《决议》），《决议》第2条～第4条规定了非法侵入信息系统、非法干扰信息系统、非法干扰信息系统数据三类网络犯罪。《公约》和《决议》要

[①] 徐久生、庄敬华译：《德国刑法典》，中国方正出版社2004年版，第128～132页。

[②] 第一类是侵犯计算机资料和系统可信性、完整性和可用性的犯罪，包括非法侵入计算机系统、非法拦截资料、资料干扰、系统干扰和设备滥用；第二类是与计算机相关的犯罪，包括与计算机相关的伪造、与计算机相关的诈骗；第三类是与内容相关的犯罪，包括与儿童色情相关的犯罪；第四类是侵犯著作权及其邻接权犯罪。

第二章　域外信息网络诈骗立法概况

求缔约国采取立法和其他必要措施，在国内法中对有关网络犯罪作出规定，并加强网络犯罪的国际合作。为此，德国与其他缔约国也先后启动了国内法律的修改和完善进程。

而事实上，在打击网络犯罪的《公约》和《决议》通过之前，《德国刑法典》已经将部分类型的网络犯罪前瞻性地规定在法律之中，具体包括2类4个罪名。第一类是侵犯计算机数据和信息系统安全的犯罪。具体包括第202a条探知资料①、第303a条变更资料②和第303b条破坏计算机③。第二类是利用计算机实施的网络犯罪，也即第263a条计算机诈骗。该条规定：（1）意图使自己或第三人获得不法财产利益，以对他人的计算机程序作不正确的调整，通过使用不正确的或不完全的数据、非法使用数据或其他手段对他人的计算机程序作非法影响，致他人的财产因此遭受损失的，处5年以下自由刑或罚金刑。（2）相应适用第263条第2款～第7款的规定。也就是说，计算机诈骗情节严重的，可处6个月以上10年以下自由刑，即使未遂

---

① 《德国刑法典》第202a条（探知资料）规定：（1）非法为自己或他人探知不属于自己的为防止被他人非法获得而作了特殊安全处理的资料的，处3年以下自由刑或罚金刑。（2）第1款所述资料，仅指以电子的、磁性的或其他不能直接提取的方法储存或传送的资料。徐久生、庄敬华译：《德国刑法典》，中国方正出版社2004年版，第105页。
② 《德国刑法典》第303a条（变更资料）规定：（1）非法消除、扣压、使其不能使用或变更资料的（第202a条第2款），处2年以下自由刑或罚金刑。（2）犯本罪未遂的，亦应处罚。徐久生、庄敬华译：《德国刑法典》，中国方正出版社2004年版，第146页。
③ 《德国刑法典》第303b条（破坏计算机）规定：（1）为下列行为之一，非法干扰对其他经营体、其他企业或官方具有重要意义的资料处理程序的，处5年以下自由刑或罚金刑：实施第303a条第1款之行为的；对资料处理设施或资料载体加以毁坏、损坏，使其不能使用、消除或变更的。（2）犯本罪未遂的，亦应处罚。

信息网络视角下诈骗犯罪的刑法规制

也应定罪处罚。总体而言,在法律适用上,计算机诈骗罪参照了诈骗罪的部分法律规定。由于《德国刑法典》对计算机诈骗罪的立法并没有对犯罪的手段或方式进行列举性规定,实际上已经涵盖了《公约》规定的计算机伪造、计算机诈骗等相关内容,无须进行修改,已经达到了《公约》的要求。即便如此,2007年8月7日德国联邦议会依然决议通过了《为打击计算机犯罪的〈刑法〉第41修正案》(以下简称《修正案》)。

《修正案》主要对以下三个方面进行了修改:一是对《德国刑法典》第十五章"侵害人身和隐私的犯罪"中的第202a条(探知资料)进行修改,使其符合《公约》第2条(非法侵入)和《决议》第2条(非法侵入信息系统)的相关规定。二是在《德国刑法典》第202a条后增加了两条,分别作为第202b条(拦截数据)和第202c条(预备窃取和拦截数据),使其符合《公约》第3条(非法拦截)和第6条(设备滥用)的规定,在此基础上还对涉及这三条的第205条(告诉)作了相应修改。三是对第二十七章"损坏财物的犯罪"中的第303a条(变更数据)和第303b条(破坏计算机)进行修改,使《公约》第4条(干扰数据)和《决议》第4条(非法干扰信息系统数据)在刑法典中得到移植,并对涉及这两条的第303c条(告诉)进行了修改。[①]

虽然《修正案》以打击网络信息安全侵犯计算机数据和信息系统安全的犯罪为核心,但对遏制信息网络诈骗也具有积极的意义。因为,随着信息网络运用的普及,利用网络安全漏洞非法获取各种数据并精准实施诈骗,已经成为信息网络诈骗犯罪的重要方式

---

① 皮勇:《论欧洲刑事法一体化背景下的德国网络犯罪立法》,载《中外法学》2011年第5期。

第二章 域外信息网络诈骗立法概况

之一。在一些领域,甚至形成"产业化",出现了极具专业化的恶意软件服务、黑客攻击服务、非法获取信息服务甚至网络洗钱服务等。相关网络犯罪不仅严重威胁着网络安全,也与信息网络诈骗活动构成上游或下游犯罪,形成较为完整的犯罪链条。如果刑法对此类犯罪予以忽略而仅仅惩治诈骗犯罪本身,无疑是不够的。《德国刑法典》的修正,加大了对此类犯罪活动的打击,使得网络犯罪活动的惩治形成一张较为完整的网络,其相关做法具有借鉴意义。

二、日本信息网络诈骗犯罪立法概况

随着信息网络的普及和运用,日本也面临网络犯罪高发的情形。据新加坡《联合早报》报道,仅2017年上半年,日本就发生了7万余起网络犯罪案。这些网络违法犯罪主要包括三种类型,即非法接入、以电脑或电磁记录为对象的犯罪及制造病毒罪以及利用网络的犯罪。其中,利用网络实施的诈骗犯罪呈高发趋势。据统计,在日本2017年下半年的清理网络行动中,日本警方通过使用网络犯罪对策中心新开发的软件展开搜查行动,发现的诈骗购物网高达19834个。网上的诈骗集团不但通过设陷阱骗了日本个人用户,还向日本大机构发假邮件。其中,日本第一大航空公司日航被骗走近4亿日元(约合人民币2318万元)。[1]面对日益猖獗的网络犯罪,日本多管齐下、积极应对,在立法上也采取了许多有借鉴意义的措施。

《日本刑法典》对诈骗犯罪同样采用分立式的立法模式。依照《日本刑法典》的规定,诈骗犯罪是指"欺骗他人,使其交付财物,或者得到财产性利益,或者使他人得到财产或财产性利益,从而使

---

[1]《日本网络诈骗集团猖獗 半年7万起网络犯罪案》,大众网,http://www.dzwww.com/xinwen/guojixinwen/201712/t20171222_16817457.html。

信息网络视角下诈骗犯罪的刑法规制

自己或者他人获得财产的不法利益的行为,以及其他与此类似的犯罪行为"①。它所包括的罪名除普通诈骗罪②以外,还有利益诈骗罪③、准诈骗罪④、使用电子电脑诈骗罪等。其中,"使用电子电脑诈骗罪"是1987年为打击使用计算机诈骗而获得财产性利益的行为而增加的。

在日本,诈骗犯罪的保护法益是个人财产,其侵犯的对象包括财物和财产性利益。日本刑法对财物与财产性利益有着比较严格的区分。关于什么是财物,日本学界有多种不同学说,如有体物说和可以管理之物说等,其中有体物说是通说,包括动产和不动产,电气在刑法上也视为财物;所谓财产性利益,是指财物以外的一切财产性利益,银行上账户上的资金、存储于金融卡中的电子货币等,在不提现的情况下,都只能算财产性利益而不是财物。尽管日本法学界有观点认为,交易中的诚实信用等社会法益,以及国家、地方公共团体等国家利益也是诈骗犯罪保护的法益,但此类观点并未成为主流。否定者认为,诈骗犯罪的本质,是违背诚实信用的原则,采用诈骗手段非法取得他人财产,因此,刑法保护的法益,应当是个人财产,而不是诚实信用本身。否则,将会导致违背诚实信用原

---

① [日]大谷实:《刑法各论》,黎宏译,中国人民大学出版社2018年版,第233页。
② 《日本刑法典》第246条第1款规定:欺骗他人,使其交付财物的,处10年以下有期徒刑。第250条规定:本罪"未遂犯,处罚之"。
③ 《日本刑法典》第246条第2款规定:欺骗他人,获得财产不法利益,或使他人获得该利益的,处10年以下有期徒刑。第250条规定:本罪"未遂犯,处罚之"。
④ 《日本刑法典》第248条规定:利用未成年人的知识浅薄或他人的心神耗弱,使其交付财物,获得财产性不法利益,或者使他人得到的,处10年以下有期徒刑。第250条规定:本罪"未遂犯,处罚之"。

第二章　域外信息网络诈骗立法概况

则骗取非财产性利益，如将采用欺骗手段与他人结婚等行为纳入诈骗罪的范畴，显然是不合理的。至于针对国家利益的欺骗行为，除非其同时侵犯了财产性利益，否则也不构成诈骗罪。①

日本刑法理论认为，诈骗是利用他人的错误而实施的犯罪，其指向只能是人，人以外的其他对象，包括机器，即使其具有一定的识别功能，也不能成为诈骗的对象。换句话说，以机器为对象实施的诈骗行为是不构成诈骗罪的。例如，用金属片从自动售货机中套出商品的行为，是盗窃罪而不是诈骗罪。②又如，拾到他人的银行卡后，利用该银行卡从自动柜员机中取出现金的行为也应同样处理。③从20世纪80年代开始，随着日本经济和计算机、互联网技术的高速发展，支付方式发生了极大的变化，出现了网络支付、预付卡支付等电子支付方式，这给司法实践造成了很大干扰，也对原有的刑法理论提出了挑战。这种挑战主要集中在两个方面：一是现金卡、信用卡、预付卡等电磁记录的属性问题。1987年以前日本司法实践通常认为，磁条"有可能通过读取机而再生磁条信息"，其"具有私有文书性"④，因此应以《刑法》第159条规定的伪造私文书罪定罪量刑。然而，这一做法遭到了学界的质疑。因为，在不借助机器的情况下，磁条是无法被普通人所识别的，这与普通文书所具有的可读性、可视性相去甚远。二是机器能否被欺骗问题。诚如

---

① [日]大谷实：《刑法各论》，黎宏译，中国人民大学出版社2018年版，第234页。
② 日本最判昭29、10、12刑集8、10、1591。[日]大谷实：《刑法各论》，黎宏译，中国人民大学出版社2018年版，第237页。
③ 东京高判昭55、3、3判时975、132。[日]大谷实：《刑法各论》，黎宏译，中国人民大学出版社2018年版，第237页。
④ 大判地昭和57·9·9判时1067号第159页。[日]西田典之：《日本刑法各论》，刘明祥、王昭武译，中国人民大学出版社2007年版，第295页。

信息网络视角下诈骗犯罪的刑法规制

前文所述，计算机的本质是机器，不可能具有人的意识，而只能依照物理指令以及人工编制的程序及预先设定的性能作出机械反应，以机器为对象的"诈骗"自然不能以诈骗罪或诈骗利益罪来处理。然而，随着计算机的普及运用，尤其是支付方式的变更，一些犯罪在实践中难以受到惩处。以银行为例，在各种交易领域内，其在取得、丧失、变更财产权时，往往不经过人手，而是基于电磁记录自动处理，并且这种形态在不断增加。滥用这种交易形态而获取他人财产上不法利益的行为，由于不存在诈骗罪构成要件中欺骗他人的情形，也没有盗窃罪构成要件中所要求的财产占有转移，因此存在处罚的空当。[①]例如，没有权限的人通过银行计算机虚增银行存款的，受"骗"的是计算机，而不是诈骗罪构成要件中的人，属于无人受骗的情况，因此不能认定为利益诈骗罪。[②]

为应对实践中出现的新问题，1987年《日本刑法》进行了修订，增设了非法制作电磁记录罪[③]、非法提供电磁记录罪[④]、损害电

---

① [日]大谷实：《刑法各论》，黎宏译，中国人民大学出版社2018年版，第258页。
② [日]西田典之：《日本刑法各论》，刘明祥、王昭武译，中国人民大学出版社2007年版，第164页。
③ 《日本刑法》规定：为使他人错误处理事务，非法制作供该处理事务用的有关权利、义务或事实证明的电磁记录的，处5年以下有期徒刑或50万日元以下罚金（第161条之二第1款）。前款之罪与应当由公务机关或公务员所制作的电磁记录有关的时候，处10年以下有期徒刑或100万以下罚金。[日]大谷实：黎宏译，《刑法各论》，中国人民大学出版社2018年版，第438页。
④ 《日本刑法》规定：出于使他人错误处理事务的目的，将非法制作的有关权利、义务以及事实证明的电磁记录，提供给他人进行处理事务之用的和非法制作该电磁记录的人，按照同一的法定刑处理（《刑法》第161条之二第3款）。未遂犯，处罚之（同条第4款）。[日]大谷实：《刑法各论》，黎宏译，中国人民大学出版社2018年版，第441页。

第二章 域外信息网络诈骗立法概况

子计算机妨害业务罪①，这就为日本司法机关打击非法制作现金卡、预付卡等电磁记录的行为提供了明确的法律依据。此外，1987年《日本刑法》修改还增加了电子计算机诈骗罪。这一罪名，是指往他人处理事务用的计算机中输入虚假信息或不当指令，使人丧失、取得财产权或作出与变更财产权有关的不真实的电磁记录，或者将丧失、取得或变更财产权有关的虚假的电磁记录供他人处理事务时使用，以获取财产性利益，或者使他人获取该利益的犯罪。②电子计算机诈骗罪所保护的法益是财产性利益。触犯电子计算机诈骗罪的，处10年以下有期徒刑（《日本刑法》第246条）；未遂犯，也应予以处罚（《日本刑法》第250条）。

然而，1987年修改的《日本刑法》只处罚诈骗行为本身，并未对窃取电磁记录信息的行为规定相应的处罚措施。随着以信用卡、增值卡等电磁记录为构成要素的支付用卡的迅速普及，使用电子机器秘密窃取卡上的电磁记录信息，然后大量制作其复制品购入商品的行为不断出现，而相关罪名已经显得滞后，因为"窃取电磁记录信息自身历来是不可罚的"③，这就导致持有伪造或变造的磁卡以及窃取磁卡中的各种信息的行为长期处于刑事规制的范围之外，这一现象饱受日本法学界诟病。为此，2001年日本再次修改《刑法》，

---

① 《日本刑法》第234条规定的损坏电子计算机妨害业务罪主要包括两种形式：一是有形损坏，如砸烂计算机等；二是无形损坏，如通过非正常开关损坏计算机的电磁记录、输入不正当指令或利用病毒使计算机不能正常运行等。秦新承：《支付方式演进对诈骗犯罪的影响研究》，上海社会科学院出版社2012年版，第102页。
② [日]大谷实：《刑法各论》，黎宏译，中国人民大学出版社2018年版，第258页。
③ [日]大谷实：《刑法各论》，黎宏译，中国人民大学出版社2018年版，第452页。

信息网络视角下诈骗犯罪的刑法规制

又增加了《刑法》第八章之二的三个罪名,即非法制作支付用卡电磁记录罪[①]、非法持有电磁记录卡罪[②]、准备非法制作支付用卡电磁记录罪[③]。

随着科技的发展,一种新型犯罪在日本网络诈骗犯罪中所占的比重越来越大,那就是计算机病毒犯罪。在日本的司法实践中,出现了不少利用病毒获取、骗取他人银行账户信息、支付磁条信息或个人信息并进行诈骗的案例。鉴于此类案件的危害性,日本司法机关通常以违反知识产权、蓄意破坏计算机系统等罪名进行惩处。然而,在理论上,这些罪名却值得推敲。因为,计算机病毒往往是行

[①] 所谓非法制作支付用卡电磁记录罪,是指出于扰乱他人处理财产事物的目的,非法制作处理事务用的信用卡以及其他供支付价款和费用的磁卡的电磁记录的行为。本罪处10年以下有期徒刑或者100万日元以下罚金。非法制作储蓄金支取卡记录、将非法制作的电磁记录用于为他人处理财产上的事务,或出于扰乱他人处理财产事务的目的,将印有非法制作的信用卡电磁记录的磁卡,进行转让、借与或者走私入境的,也视同本罪。[日]大谷实:《刑法各论》,黎宏译,中国人民大学出版社2018年版,第453~454页。

[②] 所谓非法持有电磁记录卡罪,是指出于误导他人财产事务处理的目的而持有不正当制作的处理事务用的信用卡以及其他供支付价款和费用的磁卡的电磁记录的行为。本罪处5年以下有期徒刑或者5万日元以下罚金(《日本刑法》第163条之三)。[日]大谷实:《刑法各论》,黎宏译,中国人民大学出版社2018年版,第457页。

[③] 所谓准备非法制作支付用卡电磁记录罪,是指出于扰乱他人处理财产事务的目的,取得处理事务用的信用卡以及其他供支付价款和费用的磁卡的电磁记录信息的行为。本罪处3年以下有期徒刑或者50万日元以下罚金。知情而提供信息的,同样处理(《日本刑法》第163条之四第1款)。未遂犯,处罚之(《日本刑法》第163条之五)。出于前款的目的,将非法取得的电磁记录加以保管的,和前款同样处理(《日本刑法》第163条之四第3款)。出于第1款的目的,准备器械或者原料的,和前款同样处理(《日本刑法》第163条之四第3款)。

第二章 域外信息网络诈骗立法概况

为人自己或自己的团队研究并编写的，不存在侵犯他人知识产权的情形。而行为人主观上是否存在蓄意破坏计算机系统的故意，更是难以证明。为此，2011年日本再次对《刑法》作出修改，在第168条之后增设了两个条文，增加了两个罪名，即：（1）不正制造、提供非法指令的电磁记录罪（《日本刑法》第168条之二）。其明确规定，没有正当理由，在使用计算机时，违反计算机本身的执行目的而制造、提供病毒的，处3年以下有期徒刑或50万日元以下罚款。（2）不正获取、保管非法指令的电磁记录罪（《日本刑法》第168条之三）。其明确规定，没有正当理由，获取或者保管病毒，擅自在他人的计算机上执行程序的，处2年以下有期徒刑或30万日元以下罚金。依照日本法务省相关解释，单纯开发病毒或拥有病毒并不构成犯罪，必须同时具备无正当理由和擅自在他人计算机上执行程序的目的两点才可定罪。而所谓无正当理由，证明责任显然不在司法机关。行为人必须提供自己制造或持有病毒行为的正当性理由，否则将可能面临司法机关的追责。这实际上是一种举证的倒置。[①]法律之所以作出这样的规定，是因为计算机病毒虽然可以用来检测软件的完善程度或系统的安全程度等，但终究不是常规的计算机程序，如使用不当，不仅可能破坏计算机系统，还可能造成他人财产损失。因此，病毒程序的编写者对病毒的持有和使用必须有正当的理由。而这种正当理由，不可能也不应由他人来证明，必须由病毒的制造者来提供或说明。因为，计算机病毒具有专业性、隐蔽性和破坏性的特征，司法机关难以对一个程序是否属于计算机病毒、持有该程序是否合理、该程序是否具有破坏性等专业性问题作出判断，

---

① 转引自秦新承：《支付方式演进对诈骗犯罪的影响研究》，上海社会科学院出版社2012年版，第92页。

适当改变举证责任,并不意味着有罪推定,而是对特殊情形的特殊处理。正如我国《刑法》上的巨额财产来源不明罪一样,司法机关无法掌握一个公民所有的合法收入来源,因此只能由当事人自己证明财产的合法性,司法机关在此基础上一一排除。

三、我国台湾地区信息网络诈骗犯罪立法概况

我国台湾地区现行的法律体系直接承袭了国民党在大陆执政时期的"六法"体系[①],现行"刑法"源于民国二十四年(1935年)国民政府颁布的《刑法典》。尽管该法先后历经二十多次修改,但基本内容和基本框架大致得到了保留。其中,诈骗犯罪被规定于第十二章"诈欺与背信及重利罪"中,包括诈欺取财罪、诈欺得利罪、收费设备诈骗罪、自动付款设备诈骗罪、电脑诈骗罪、准诈欺罪等6个诈欺类罪名。此外,背信罪、重利罪也属于诈骗犯罪的范畴。因此,诈骗犯罪共有8个罪名。

我国台湾地区的诈欺犯罪,主要是指行为人出于获利意图,以诈欺为手段,而骗取他人之物或财产利益,并造成他人财产损失的财产罪。诈欺罪"刑法"条款所保护的法益只有财产法益。[②]与日本相类似的是,台湾学界也有不少学者主张诈欺罪所保护的法益除财产外,还应包括维护诚实信用原则等,以确保日常生活的真实无诈,但这些观点并未得到采纳。司法实践中,一些行为(如骗婚等),虽然有诈欺的内容,但只要无损财产法益,就不被认为是

[①] 所谓"六法",是指"宪法"、"民法典"、"刑法典"、"行政法典"、"民事诉讼法典"、"刑事诉讼法典"等六大法典。这六大法典构成了台湾地区工的基本法制框架。

[②] 林山田:《刑法各论(上册)》,元照出版有限公司(台湾)2006年五版二修,第447页。

第二章 域外信息网络诈骗立法概况

"刑法"上的诈欺犯罪。依照这一定义,我国台湾地区诈欺类犯罪的犯罪结构大致可归结如下:第一,行为人必须实行诈欺行为;第二,诈欺行为造成了他人陷于错误;第三,被骗者由于错误而处分财产(被骗者与处分者必须同属一人);第四,由此造成了被骗者或第三人在财产利益上的损失(处分财产利益者与财产的受损人不一定是同一人),行为人或第三人获得了他人之物或财产的利益。[①]

诈欺取财罪、诈欺得利罪是我国台湾地区诈骗犯罪的基础性罪名。由于我国台湾地区刑事立法并未如大陆立法一样,针对不同领域诈骗的特点和表现方式对诈骗犯罪作进一步细化,所以这两个罪名事实上可以用来处罚大陆的信用卡诈骗、合同诈骗、集资诈骗等10余类诈骗行为。[②]对于"意图为自己或他人不法之所有,以诈术使人将本人或第三人之物交付者",构成本罪,依法应处5年以下有期徒刑、拘役或科或并科1000元以下罚金。这里的诈术,是指虚构、歪曲或掩盖事实等手段。它可以是以语言、文字等方式明示,也可以通过可推知的举动向他人默示传达错误信息,如将残次对象更换可信赖的包装博取他人信任等。诈术可以是积极作为的,也可以是消极不作为的,但前提是行为人有告知义务而不告知。例如,行为人将古董商店的临摹书画当成真品购买,店员明知书画有假而不告知,以真品销售该书画,这种情形就构成本罪。诈欺取财罪的另一个重要构成要件是被害人陷于错误认识,并作出财产处分的行为。这里的财产,是我国台湾地区最早采用的法律的财产概念,与经济利益或经济价值无关,但随着诈骗犯罪的泛滥,在学界的推动下,

---

[①] 林山田:《刑法各论(上册)》,元照出版有限公司(台湾)2006年五版二修,第448页。
[②] 秦新承:《支付方式演进对诈骗犯罪的影响研究》,上海社会科学院出版社2012年版,第118页。

信息网络视角下诈骗犯罪的刑法规制

可以折算为财产的利益也纳入了诈欺取财罪的保护范围。例如，在骗取他人合法劳务而拒绝支付酬劳的案件中，被骗者所付出的劳务尽管并非能够看得见的财物，但可以折算为具体的金额，因此该案也可依照诈欺取财罪处理。诈欺得利罪的行为与诈欺取财罪的行为完全相同，所不同的仅是后罪的处分财产是以物的交付为限，而前罪则是其他财产利益，即财物以外的一切无法律原因的财产利益，包括有形的财产利益和无形的财产利益。①此外，两罪的财产处分，并不要求处分者是财产所有人，因此，财产处分的结果，通常情况下造成的是自己的财产损失，但许多情况下也可以造成他人的财产损失。例如，诉讼欺诈行为，我国台湾地区并没有对此设立专门的罪名，而是以诉讼取财罪进行处理。当然，台湾学界对诈欺取财罪、诈欺得利罪分设的做法持有不同的观点，不少学者认为，法律依照诈欺所得的是实体财物还是抽象利益区分不同罪名实无必要，容易造成用法上的困扰，并建议将诈欺取财罪、诈欺得利罪合并为诈欺罪。

我国台湾地区沿袭大陆法系国家或地区的传统，认为诈骗犯罪只能针对人来进行，机器是不能成为诈骗对象的。而自20世纪末以来，这一理论却备受挑战。随着科技的进步，网络及智能支付设备（如信用卡、自动售货设备、自动取款机等）在我国台湾地区广泛使用，由此也诞生了许多基于网络环境下人工智能运用的新的支付方式。利用技术手段或设备的漏洞，如伪造信用卡、输入虚假电磁

---

① 例如，被告共同以诈术向质权人将质物（汽车）骗回另售他人且已经过户，导致质权人丧失其质物之占有而不能请求返还，质权归于消灭，使取回之原质物价值增高，即属取得财产上之不法利益，应共同成立诈欺得利罪。林山田：《刑法各论（上册）》，元照出版有限公司（台湾）2006年五版二修，第339页。

第二章　域外信息网络诈骗立法概况

信息等,"骗取"钱财的行为也日益升级。而这些基于人工智能的设备并不是法律意义的人,是无法成为诈骗对象的。为此,从1997年开始,台湾当局逐步对"刑法"进行了修改,增设了收费设备诈物罪[①]、收费设备诈利罪[②]、自动付款设备诈款罪[③]、自动付款设备诈利罪[④]、电脑诈骗取财罪[⑤]、电脑诈骗得利罪[⑥]等罪名。这些罪名将"诈骗机器"的情形从诈欺取财(得利)罪中分离出来,以其行为特征类似诈骗为由将其归入诈欺类犯罪中。这不仅能在理论上自圆其说,也为打击此类犯罪提供了法律依据。

尽管"刑法"的修改在一定程度上弥补了法律的漏洞,但面

[①] 所谓收费设备诈物罪,是指意图为自己或第三人不法之所有,以不正当方法由收费设备取得他人之物的行为。如以前项方法取得财产上之不法利益或使第三人得之者,则构成收费设备诈利罪。两罪在处罚上均可依法处1年以下有期徒刑、拘役或3000元以下罚金。林山田:《刑法各论(上册)》,元照出版有限公司(台湾)2006年五版二修,第468页。

[②] 所谓收费设备诈利罪,是指意图为自己或第三人不法之所有,以不正当方法由收费设备取得财产上之不法利益或使第三人得之者。本罪处1年以下有期徒刑、拘役或3000元以下罚款。同上注,第468页。

[③] 所谓自动付款设备诈款罪,是指意图为自己或第三人不法之所有,以不正当方法由自动付款设备取得他人之物的行为。本罪处3年以下有期徒刑、拘役或10000元以下罚金。同上注,第469页。

[④] 所谓自动付款设备诈利罪,是指意图为自己或第三人不法之所有,以不正当方法从自动付款设备取得财产上之不法利益或使第三人得之的行为。本罪处3年以下有期徒刑、拘役或10000元以下罚金。同上注,第471页。

[⑤] 所谓电脑诈骗取财罪,是指以不正当方法将虚伪资料或不正指令输入电脑或其他相关设备,制作财产权之得丧、变更记录,而取得他人财产的行为。本罪处7年以下有期徒刑。同上注,第472页。

[⑥] 所谓电脑诈骗得利罪,是指以不正当方法将虚伪资料或不正指令输入电脑或其他相关设备,制作财产权之得丧、变更记录,而取得他人财产上之不法利益或使第三人得之的行为。本罪处7年以下有期徒刑。同上注,第472页。

信息网络视角下诈骗犯罪的刑法规制

对日益猖獗的电信诈骗、网络诈骗活动还是显得滞后。2000年，我国台湾地区联合信用卡中心对所属36家会员银行进行的一项调查表明，信用卡欺诈造成银行损失金额连年升高，1997年为2.2亿元，到1999年已增长为6.9亿元。1999年我国台湾地区信用卡欺诈金额至少接近12亿元，2000年则突破20亿元，并攀上25亿元的新纪录。①据统计，我国台湾地区信用卡盗刷率高达3‰，远远高于全球不足1‰的平均水平。②在这种形势下，台湾当局不得不于2001年6月20日再次修改"刑法"，弥补法律漏洞，借此扩大惩治范围，加大对伪造信用卡等犯罪的打击力度。此次"刑法"的修改，在伪造有价证券一章中增加了"刑法"第201条之一，即关于伪造、变造信用卡、金融卡、储值卡或其他相类犯罪的规定。③该规定并不仅仅局限于信用卡，而是将相同性质的金融卡、储值卡以及其他作为签账、提款、转账或支付工具之电磁记录物也纳入其中。不仅如此，除伪造、变造行为外，"意图供行使之用，而收受或交付他人者"，也纳入处罚的范畴。在此次修法中，台湾当局还修改了"刑法"第204条关于预备伪造、变造有价证券罪的规定，将"意图供伪造、变造有价证券、邮票、印花税票、信用卡、金融卡、储值卡或其他相类作为签账、提款、转账或支付工具之电磁记录物之用，而制造、交付或收

---

① 《台湾信用卡欺诈骗领猖獗 今年被盗刷金额将攀升至25亿元》，人民网港澳台频道，http://www.people.com.cn/GB/channel1/14/20001107/302670.html。
② 刘志鹏：《台湾信用卡犯罪活动猖獗》，载《中国信用卡》2002年第11期。
③ 具体条文为："意图供行使之用，而伪造、变造信用卡、金融卡、储值卡或其他相类作为签账、提款、转账或支付工具之电磁记录物者，处一年以上七年以下有期徒刑，得并科三万元以下罚金（第1项）。行使前项伪造、变造信用卡、金融卡、储值卡或其他相类作为签账、提款、转账或支付工具之电磁记录物，或意图供行使之用，而收受或交付他人者，处五年以下有期徒刑，得并科三万元以下罚金（第2项）。"

第二章 域外信息网络诈骗立法概况

受各项器械、原料或电磁记录"等预备行为也予以刑事规制。

我国台湾地区对信息网络诈骗犯罪中较为重要的"电磁记录"的规定,也体现了一个认识不断深化的过程。在1997年对"刑法"的第七次修正中,电磁记录与电能、热能及其他能量相并列,以动产论。然而,这一修改很快在司法实践中出现问题。首先,"刑法"上对电磁记录的规定出现不周延的现象。因为,依照我国台湾地区"刑法"第220条,电磁记录属于准文书,具有文书的属性,而第323条却将其性质定为动产,两者之间出现了矛盾之处。其次,电磁记录本身是一种实体信号,具有可复制性。这一性质使得其与热能、电能具有本质区别,因为热能、电能使用后便消耗殆尽。

为此,2003年台湾当局在"刑法"的第15次修改中,新增了第三十六章"妨害电脑使用罪",将盗窃电磁记录等犯罪纳入这一章节予以规定。这一章节共包括6个条文,规定了第358条"入侵电脑或其相关设备罪"[①]、第359条"破坏电磁记录罪"[②]、第360条"干扰电脑或其相关设备罪"[③]、第362条"制作犯罪电脑程序罪"[④]等。

[①] 入侵电脑或其相关设备罪,是指无故输入他人账号密码、破解使用电脑之保护措施或利用电脑系统之漏洞,而入侵他人之电脑或其相关设备的行为。本罪处3年以下有期徒刑、拘役或科或并科10万元以下罚金。
[②] 破坏电磁记录罪,是指无故取得、删除或变更他人电脑或其相关设备之电磁记录,致使损害公众或他人的行为。本罪处5年以下有期徒刑、拘役或科或并科20万元以下罚金。
[③] 干扰电脑或其相关设备罪,是指无故以电脑程序或其他电磁方式干扰他人电脑或其相关设备,致使损害公众或他人的行为。本罪处3年以下有期徒刑、拘役或科或并科10万元以下罚金。
[④] 制作犯罪电脑程序罪,是指制作专供犯本章之罪之电脑程序,而供自己或他人犯本章之罪,致使损害公众或他人的行为。本罪处5年以下有期徒刑、拘役或科或并科20万元以下罚金。

信息网络视角下诈骗犯罪的刑法规制

对于公务机关之电脑或其相关设备犯前三条之罪者,加重其刑至二分之一。前三项罪名须告诉乃论。尤为值得注意的是,相关规定所保护的仅仅是电磁记录,而不是电磁记录所承载的内容。以游戏网站发行的虚拟装备为例,这些虚拟装备本身是电磁记录,盗窃虚拟装备可以本章有关罪名处理,但虚拟装备背后所体现的财产内容则不属于电磁记录,是不受保护的。

尽管我国台湾地区诈骗犯罪的立法有许多值得大陆借鉴的地方,但也还有许多需要完善的地方。例如,诈欺类犯罪沿袭诈欺取财罪、诈欺得利罪的做法,将取财和得利分设罪名,是否有必要,在台湾学界争议很大。不少学者认为,这一做法过于僵化,极易造成司法适用中的混淆,未来"刑法"的修改有必要取消取财和得利的区别,将有关罪名合并。再如,相关立法对诈欺犯罪的惩处过轻,导致诈骗犯罪泛滥。这些犯罪分子不仅在台湾当地肆虐,还遍布世界各地,通过信息网络、电信等虚拟新媒介实施诈骗。随着中国大陆公安机关加大国际司法协助力度,不少隐匿境外的台湾诈骗分子被引渡回中国大陆受审。2017年2月17日,西班牙内阁部长会议决定,应中国大陆请求,将200余名台湾诈骗犯引渡给中国大陆。[①]2018年4月4日,78名台湾电信网络诈骗犯罪嫌疑人被大陆公安机关从菲律宾押解回国,该案涉及全国数百起案件,涉案金额达上亿元人民币。[②]由于台湾诈骗犯罪活动的猖獗,美国国务院海外安全顾问委

---

① 《西班牙将向大陆引渡200余名台湾电信诈骗犯》,观察者网,http://www.guancha.cn/europe/2017_02_19_394959.shtml,访问日期:2018年2月15日。
② 《78名台湾电信网络诈骗犯罪嫌疑人从菲律宾被押解回国》,《中国日报》中文网,http://cnews.chinadaily.com.cn/2018-04/11/content_36011818.htm,访问日期:2018年2月15日。

员会发布的"2017年台湾犯罪与安全报告"明确指出,在台湾诈骗"经常发生"(recurring concern)。[①]又如,收费设备诈骗犯罪、自动付款设备诈骗犯罪、计算机诈骗犯罪等,均未对未遂犯予以处罚,"刑法"上对此三类犯罪未遂的,只能宣告无罪,这对诈骗犯罪的惩治无疑是极为不利的。我国台湾地区刑法学者对此也颇多争议,相关问题有待未来进一步修法解决。

四、我国澳门特别行政区信息网络诈骗犯罪立法概况

依照《中华人民共和国澳门特别行政区基本法》的规定,我国澳门特别行政区成立后,原有法律保持基本不变,因此澳门刑法与葡萄牙刑法有着千丝万缕的联系。澳门刑法关于诈骗犯罪的规定,主要包括以下几个方面:

(一)《刑法典》关于诈骗的规定

依照《澳门刑法典》第三章"一般侵犯财产罪"第121条第1款规定,"意图为自己或第三人不正当得利,以诡计使人在某些事实方面产生错误或受欺骗,而令该人作出造成其本人或另一人之财产有所损失之行为者,处最高三年徒刑或科罚金"。第2款规定"犯罪未遂,处罚之"。

虽然相关表述与内地刑法有一些差异,但基本含义是一样的。其犯罪特征主要是:(1)侵犯的法益是财产权。澳门刑法将侵犯

---

① 《台湾诈骗犯扬名国际,美国国务院发报告标注"此地诈骗多发"》, 海外网,新浪网转载,http://mil.news.sina.com.cn/2018-01-17/doc-ifyqtycw9073015.shtml,访问日期:2018年2月26日。

信息网络视角下诈骗犯罪的刑法规制

财产的犯罪分为侵犯所有权罪、一般侵犯财产罪，诈骗罪归属一般侵犯财产罪，侵犯的法益是财产权。这一点，与内地并无本质区别。（2）客观方面，表现为两大特征。其一，以诡计使人在某些事实方面产生错误或受欺骗。这里的诡计，是指行为人以狡诈的计谋诱骗被害人，从而使被害人对某些事实产生错误认识。其二，被害人基于上当受骗而产生错误认识，做出造成其本人或另一人之财产有所损失之行为。这就是说，如果被害人不是因为上当受骗，就不会产生错误认识，就不会做出造成其本人或另一人财产有所损失之行为。[①]（3）主观方面为故意。值得注意的是，故意的内容与内地刑法有所区别。《澳门刑法典》对诈骗罪的主观方面使用了"意图为自己或第三人不正当得利"的表述，而对盗窃罪主观方面的表述则是"存有将他人之动产据为己有或转归另一人所有之不正当意图"。"不当得利"与"据为己有"是有很大区别的。这表明，澳门刑法，在诈骗罪的主观方面，并不要求具有非法占有他人财产的故意内容。

澳门刑法奉行轻刑化的方向。一般情形下，诈骗罪处最高三年徒刑或科罚金。如因诈骗而造成财产损失属巨额，行为人处最高五年徒刑，或科最高六百日罚金。如属下列情况，则处二年至十年徒刑：（1）财产损失属相当巨额者；（2）行为人以诈骗为生活方式；（3）受损失之人在经济上陷于困境。

当然，《澳门刑法典》关于诈骗的规定，并非仅有诈骗罪一个

---

① 赵秉志、赵国强主编：《中国内地与澳门刑法总则之比较研究》，澳门基金会2000年出版，第153页。

第二章 域外信息网络诈骗立法概况

罪名，还包括第212条"有关保险及为获得食物之诈骗"[①]、第214条"签发空头支票"[②]、第250条"使用虚假证明"等。《澳门刑法典》关于诈骗罪的相关规定，为澳门审理打击网络诈骗犯罪提供了基本的法律依据。

（二）单行刑法关于信息网络诈骗的相关规定

除刑法典外，澳门还颁布了许多单行刑法。一些单行刑法对信息网络诈骗犯罪作了相关规定。其中，尤为重要的是第11/2009号法律《打击计算机犯罪法》。该法明确规定了信息网络诈骗的相关罪名。该法规定的信息网络诈骗犯罪罪名主要有两个。一是计算机伪造。该法第10条规定，"意图使人在法律关系中受欺骗而输入、更改、删除或消除可作为证据方法的计算机数据资料，又或以其他方式介入该等数据资料的计算机处理程序，使该等数据资料伪造成在

---

① 第212条（有关保险及为获得食物之诈骗）：（1）借作出下列行为，收取或使另一人收取全部或部分保险金额者，处最高三年徒刑或科罚金：a）使风险已被承保之某一结果发生，或明显使风险已被承保之由事故所造成之结果更为严重；b）使风险已被承保之本人或他人身体完整性之损害发生，或使风险已被承保之由事故对身体完整性所造成之损害之后果更为严重。（2）犯罪未遂，处罚之。（3）如造成之财产损失：a）属巨额者，行为人处最高五年徒刑，或科最高六百日罚金；b）属相当巨额者，行为人处二年至十年徒刑。（4）意图不予支付，作出下列行为，而拒绝偿还所负之债务者，处最高六个月徒刑，或科最高六十日罚金：a）在以供应食物或饮料作商业或工业活动之场所内，享用所供应之食物或饮料；b）使用酒店或相类场所之房间或服务；c）使用交通工具或进入任何公众处所，而已知悉系须付代价者。

② 第214条（签发空头支票）：（1）签发支票者，如该支票系依据法律之规定及法律所定之期限被提示付款，但因欠缺存款余额而不获全部支付者，处最高三年徒刑或科罚金。（2）如属下列情况，则处最高五年徒刑，或科最高六百日罚金：a）所签发之金额属相当巨额者；b）被害人在经济上陷于困境；c）行为人惯常签发空头支票。（3）第198条第4款之规定，相应适用之。

信息网络视角下诈骗犯罪的刑法规制

视觉上与真实文件有相同的效果,又或将该等伪造的数据资料用于上述目的,行为人处最高三年徒刑或科罚金";"二、意图造成他人有所损失或为自己或第三人获得不正当利益,而使用借上款所指行为而获取的计算机数据资料所制作的文件者,处相同刑罚","犯罪未遂,处罚之";"如第一款及第二款所指的事实属下列任一情况,行为人处一年至五年徒刑:(一)由公务员在执行其职务时实施;(二)涉及被法律定为具特别价值的文件;(三)涉及合格电子签名或已签署合格电子签名的文件"。二是计算机诈骗。该法第11条规定,"意图为自己或第三人不正当得利,而作出下列任一行为,造成他人财产有所损失者,处最高三年徒刑或科罚金:(一)输入、更改、删除或消除计算机数据资料;(二)介入计算机数据资料处理的结果;(三)不正确设定计算机程序;(四)干预计算机系统的运作","犯罪未遂,处罚之","如所造成的财产损失:(一)属巨额,行为人处一年至五年徒刑;(二)属相当巨额,行为人处二年至十年徒刑。","四、如属第一款及第二款所定情况,非经告诉不得进行刑事程序"。

但值得注意的是,与信息网络诈骗有关的罪名不仅仅局限于此。一些利用网络实施的诈骗犯罪,还可能触犯其他罪名。如澳门第8/96/M号法律《不法赌博》第5条即规定了欺诈性赌博的罪名。依照规定,凡欺诈经营或进行赌博,或通过错误、欺骗或使用任何设施以确保幸运者,处一至五年徒刑及罚金;筹码的涂改或伪造及其使用,均处一至五年徒刑或罚金。

(三)规制信息网络诈骗的关联违法犯罪

这方面的法律较多,分别从不同侧面对信息网络诈骗犯罪的关联性违法犯罪予以规制,形成较为完备的法律体系。例如,第

第二章 域外信息网络诈骗立法概况

11/2009号法律《打击计算机犯罪法》对信息网络违法犯罪的规制作了系统的规定,"存有任何不正当意图,而未经许可进入整个或部分计算机系统者",构成该法第4条规定的不当进入计算机系统罪;"存有任何不正当意图,而未经许可获取、使用或向他人提供载于计算机系统内或计算机数据资料储存载体内的计算机数据资料,即使是正当进入该计算机系统或计算机数据资料储存载体,但并非该等计算机数据资料的接收者",构成该法第5条规定的不当获取、使用或提供计算机数据资料罪;"未经许可而借技术方法截取计算机系统内的非公开传送的计算机数据资料、计算机系统所接收或发送的非公开传送的计算机数据资料,包括由传送该等计算机数据资料的计算机系统所发射的电磁",构成该法规定的不当截取计算机数据资料罪等。此外,还规定了损害计算机数据资料罪、干扰计算机系统罪、用作实施犯罪的计算机装置或计算机数据资料罪等。

2020年,澳门特别行政区通过第4/2020号法律,对11/2009号法律《打击计算机犯罪法》作出修改。该法在第11/2009号法律内增加第9-A条、第9-B条及第12-A条等条文,进一步完善了有关惩治计算机犯罪的法律、法规。该法规定,"不符合法定条件或违反主管当局的规定,使用计算机程序和计算机装置,与其他工具或器械组合,以仿真流动电信服务站者",构成使用计算机装置以仿真流动电信服务站罪,处最高三年徒刑或科罚金。这一规定,对于使用伪基站进行信息网络诈骗的犯罪类型,构成了有力的遏制。该法第9-B条还规定了不正当揭露计算机安全严重漏洞罪,明确规定"存有任何不正当意图,向他人透露在执行职务时或基于职务原因而获悉的计算机安全严重漏洞,即使属暂时性的漏洞,而足以造成有实施本法律规定的犯罪的危险者,处最高三年徒刑或科罚金"。

信息网络视角下诈骗犯罪的刑法规制

　　此外，澳门特别行政区对信息网络诈骗犯罪的关联犯罪进行遏制的法律还包括第8/2005号法律《个人数据保护法》等。该法从个人信息保护的角度，有力遏制了因滥用个人资料助长信息网络诈骗的问题。第13/2019号法律《网络安全法》，则从保护关键基础设施营运者的信息网络、计算机系统及计算机数据资料的角度，为防范信息网络诈骗犯罪构筑了一道防火墙。

　　总体而言，澳门特别行政区关于信息网络诈骗犯罪规制的法律分布比较分散，但体系严密，其规制的范围不仅仅局限于信息网络诈骗本身，还包括范围广泛的相关违法犯罪。相关立法体例值得内地借鉴。

　　总体看，随着信息网络的广泛运用，信息网络诈骗对大陆法系诈骗犯罪理论构成了挑战，并催生了新的立法。相关国家和地区在诈骗犯罪基础理论方面也顺应形势发展作出了调整。例如，突破了机器不能被诈骗的理论限制，将信息网络诈骗行为作为一种类似诈骗的犯罪列入欺诈类犯罪的规制范畴。又如，刑事立法催生了新的法益，如货币信用、网络管理秩序等。与英美法系国家相类似的是，由于信息网络诈骗往往与网络安全、个人数据保护等问题捆绑在一起，大陆法系国家或地区对信息网络诈骗犯罪的预防和打击也并非单一，而是多措并举，呈立体的格局。如日本将无理由编写或提供病毒程序单独规定为犯罪，我国台湾地区将自动收费设备、自动付款设备犯罪和计算机诈骗列入刑法规制范畴等。相关做法值得我们未来立法借鉴。对此，本书将在后续章节讨论，此处不赘。

第三章　信息网络诈骗罪的犯罪构成

依照我国《刑法》，电信诈骗罪或网络诈骗罪并非独立的罪名，在司法实践中，电信诈骗和网络诈骗依照普通诈骗罪定罪量刑，如符合其他诈骗罪犯罪构成的，则依照特别规定优于普通规定的原则，按其他类型的诈骗罪定罪处罚。尽管这一做法在法理上也可自圆其说，在现行法律框架下并不影响对诈骗犯罪的惩处，但从犯罪构成理论上严格审视，却并非无懈可击。事实上，信息网络背景下的诈骗犯罪所具有的特征，与普通诈骗犯罪构成有不少迥然相异的地方，尤其对诈骗犯罪的犯罪客体、犯罪客观方面影响尤甚。为此，学界也有不少学者主张应因时势发展的需要，将此类犯罪独立出来，设立独立的电信诈骗罪、网络诈骗罪。本章拟对此作出评析。

我国犯罪构成通说"四要件犯罪构成"理论借鉴自苏联刑法理论，至今已超过半个世纪，一度被誉为我国"刑法理论王冠上的宝石"。但改革开放之后，在以德日为代表的大陆法系和英美法系的影响下，我国刑法理论界出现了废除传统四要件犯罪构成理论，进而全面移植德日三阶层犯罪论体系的主张。例如，陈兴良教授就认为，中国四要件的犯罪构成理论是平面耦合式犯罪构成模式，[①]在这种模式之下，四个要件之间并非截然可分，而是相互依存，"一荣俱荣，一损俱损"，四要件是平面的、静态的，没有反映定罪的思维逻辑过程，它对简单犯罪的认定不存在问题，但要解决疑难复杂案件就会暴

---

① 陈兴良：《犯罪构成的体系性思考》，载《法制与社会发展》2000年第3期。

信息网络视角下诈骗犯罪的刑法规制

露出巨大的缺陷。因此，陈兴良教授主张运用大陆法系的该当性、违法性和有责性要件来建立犯罪论体系，①或采取折中的办法，按"罪体－罪责－罪量"建立不同于四要件和三阶层理论的犯罪构成论体系。②张明楷教授则提出了二阶层犯罪构成体系，认为犯罪构成由客观（违法）构成要件与主观（责任）构成要件构成。客观构成要件是表面行为具有法益侵害性的要件，可称为违法构成要件，讨论的是违法性阻却事由；主观构成要件是表明行为具有非难可能性的要件，可称为责任构成要件，讨论的是有责性阻却事由。③

当然，尽管学界对四要件犯罪构成理论存在颇多争议，但目前占主流地位的，依然是主张维持现有的犯罪构成理论，并在此基础上进行完善。在维持论的学者看来，学界对四要件犯罪构成理论的批评并不客观。首先，主客观相统一的四要件理论并非肇始于苏联，而是德国刑事黑格尔学派在对刑事康德学派主客观二分法的刑法理论进行批评的基础上产生的，④并且经过多年的发展已经中国化，因此将四要件理论贴上照搬苏联的标签是不恰当的。其次，批评四要件理论是静态的、平面式的结构体系，并不客观。虽然三阶层理论比四要件理论更具逻辑性，但在实践中却未必严格按照层层剥茧式的递进关系进行分析。⑤事实上，所谓平面式或阶梯式是相

---

① 陈兴良：《刑法学》，复旦大学出版社2003年版。
② 陈兴良：《规范刑法学》，中国人民大学出版社2008年版。
③ 张明楷：《刑法学》（第3版），法律出版社2007年版，第98页。
④ 龙长海：《犯罪构成理论问题研究》，法律出版社2015年版。
⑤ 以未达到刑事责任年龄的少年杀人为例，人们分析往往直接从责任层面着手，马上得出其不构成犯罪的结论，而不是机械地先分析构成要件的该当性，然后再分析违法性，最后再去分析责任。赵国强：《四要件犯罪构成理论与三要素犯罪论体系》，载赵国强著：《澳门刑法研究（续）》，澳门刑事法研究会2014年版，第251页。

第三章 信息网络诈骗罪的犯罪构成

对的,两者并没有本质区别。最后,中国现阶段出现的一些冤假错案,与执法环境、办案人员的证据意识、刑讯逼供、案外干涉等因素有关,与实践中使用哪种犯罪构成体系无关。[①]学界关于犯罪构成的理论争议并非本书讨论的重点,笔者也不具备挑战现有主流犯罪构成理论的能力,因此,本章将按通说对信息网络诈骗罪的犯罪构成问题作一下分析。

第一节 信息网络诈骗罪的犯罪客体

从我国和境外诈骗犯罪立法的发展变化中不难发现一个共同的规律:诈骗犯罪并非一成不变,而是随着时代的发展呈现出不同的特点。生产力和科学技术的发展,在为人们生活提供各种便利的同时,也为诈骗提供了新的手段和方式。而这种新手段和新方式的使用,往往对法律所保护的利益和社会关系造成新的侵犯和破坏,于是,诈骗和反诈骗便成为一个螺旋上升的博弈与反博弈过程。换言之,诈骗犯罪的转型升级催生了新的需要刑法保护的利益或价值。一些学者将这种法律所保护的价值或利益以法益的概念概括,而一些学者则认为,刑法所保护的法益,本质就是犯罪客体。[②]所谓犯罪客体,是指我国《刑法》所保护的、为犯罪行为所侵害的社会关系。尽管犯罪客体与大陆法系法益的概念有一定的相似之处,但也存在较大的区别。法益强调的是法律所保护的利益,而犯罪客体强调

[①] 龙长海:《犯罪构成理论问题研究》,法律出版社2015年版,第262页。
[②] 有学者认为,"犯罪客体实际上是保护客体,即刑法上所保护的法益"。张明楷:《刑法学》,法律出版社2003年版,第134页。

信息网络视角下诈骗犯罪的刑法规制

的是社会关系,法益显然较为具体,而犯罪客体则更为抽象和宏观。下文将对此进一步阐述,此处不赘述。

依照我国刑法理论通说,诈骗罪侵犯的直接客体是公私财产所有权。虽有诈骗行为,但侵犯的客体不属于公私财产所有权的,如拐卖妇女儿童,不属于诈骗犯罪。事实上,各国早期刑事立法所惩治的诈骗犯罪,也多局限于此。然而,随着诈骗犯罪手段的不断更新,诈骗犯罪所侵犯的客体也发生了很大变化,一些新罪名从诈骗犯罪中剥离出来,其中较为典型的便是伪造货币罪。事实上,绝大多数伪造货币犯罪,都是通过虚构事实、隐瞒真相的方法,使他人陷入错误认识,将假币错认为真币,从而"自愿"将财物交付他人占有。无论在形式上,还是在性质上,伪造货币犯罪与诈骗犯罪都没有本质区别。两者的不同,仅在于普通诈骗犯罪只侵犯公私财物的所有权,而伪造货币犯罪,除了侵犯上述客体外,还破坏了货币的公共信用和金融管理秩序。为此,货币产生之后,许多国家便将伪造货币的行为从诈欺犯罪中独立出来。如隋朝末年"行五铢白钱,天下盗起,私铸钱行。千钱初重二斤,其后愈轻,不及一斤"[①],为此,唐朝立国之后,加大了对伪造货币的惩处力度,《唐律疏议·杂律》便规定"诸私铸钱者,流三千里"。由于伪造货币犯罪的罪名从诈骗罪中剥离较早,也属于一种古老的犯罪类型,并且公私财产所有权与货币信用和国家货币流通管理秩序相比,显得微不足道,这也导致了我国刑法学者在研究这一罪名时,几乎忽略了伪造货币罪与诈骗罪的共性,或说伪造货币罪所具有的诈骗罪的特征。

随着支付方式日益多元,尤其是金融票证支付方式的产生,

[①]《新唐书·食货志四》。

第三章　信息网络诈骗罪的犯罪构成

诈骗犯罪所侵犯的客体也日益多元。以信用卡诈骗罪为例，这一罪名是随着信用卡这一支付方式的出现而出现的。19世纪80年代，在第二次工业革命的推动下，英国工商业迅猛发展，因应企业主对资金需求的不断加大，英国服装业出现能满足短期赊借的所谓"信用卡"，但这个时候的信用卡并不具有授信额度，不能长期拖欠，需随用随付。以现代眼光看来，只能说具有信用卡的某些特征，可视为信用卡的起源或雏形。20世纪50年代，美国纽约出现了一家名为大来俱乐部（Diners Club）的机构，其创立者弗兰克·麦克纳马拉脑洞大开，在对会员条件作出严格限定的基础上，为俱乐部这些具有较高信用值的会员提供卡片，这些卡片具有两方面功能：一是证明会员的身份；二是证明会员的支付能力。持有卡片的会员，可以在不支付现金的情况下，凭卡片到弗兰克·麦克纳马拉会员指定的27家餐厅记账消费。这就是最早的信用卡。1952年，美国加利福尼亚州的富兰克林国民银行作为金融机构首先发行了银行信用卡，成为第一家发行信用卡的银行。[①]信用卡以便捷、高效、信用的特点，受到人们的广泛欢迎，各银行纷纷效仿推出自己的信用卡，信用卡这一金融支付方式迅速在全球范围内普及。然而，信用卡可在授信额度内先消费后还款的特点，也被一些犯罪分子瞄上，进而出现伪造、盗刷、透支等诈骗行为，各国纷纷将信用卡诈骗行为纳入诈欺犯罪予以打击。20世纪80年代，信用卡随着改革开放在我国逐渐普及后，信用卡诈骗行为也日益严重。尤其是我国建立社会主义市场经济体制后，立法者意识到，此类犯罪与传统的诈骗犯罪存在重大区别，传统诈骗犯罪侵犯的客体较为单一，即公私财产的所有权，

[①]《信用卡》，百度百科，https://baike.baidu.com/item/%E4%BF%A1%E7%94%A8%E5%8D%A1/220968?fr=aladdin，访问日期：2018年4月5日。

信息网络视角下诈骗犯罪的刑法规制

而利用信用卡进行诈骗除了侵犯上述客体外,还严重扰乱了信用卡的管理秩序,其犯罪客体是复杂客体。于是,在1997年《刑法》修订时,立法者将信用卡诈骗与其他侵犯金融管理秩序的诈骗类犯罪(如集资诈骗、票据诈骗、贷款诈骗等)一起纳入破坏社会主义市场经济秩序罪。毋庸讳言,《刑法》的这一做法,体现了我国对金融诈骗犯罪客体重要性的一种价值判断。尽管同一行为侵犯了两种不同的犯罪客体,但公私财产权与国家金融管理秩序比起来似乎微不足道,后者毫无疑问是主要客体。①

在信息网络的大背景下,利用信息网络进行的诈骗犯罪所侵犯的客体更是呈现多元化的特征,这些客体是传统的诈骗罪甚至金融诈骗罪难以包容的。以下试举一例说明。

案例1:陈某通过大数据分析掌握了大量2015年高考考生的信息,并通过电子邮件群发虚构的军校招生简章及相关链接。不少考生接获电子邮件后,打开链接网页,发现是某著名军校的官方网页,网页内容与真实的官方网页几乎无异,既有学校简介、领导致辞、校内新闻,还有大量的教学动态、科研成果等,唯一的差别是增加了"招生"的漂浮视窗。许多学生被虚假网页欺骗,按招生简章指引,一步步通过网络支付了报考费等,上述费用几经网络流转后进入陈某个人账户。

在这个案件中,陈某以非法占有为目的,通过隐瞒真相、虚构事实骗取他人财物,符合诈骗犯罪的构成要件。但由于网络因素的介入,其侵犯的客体不仅仅是公私财产的所有权,至少还包括四个方面的内容:一是通过大数据分析,非法获取公民个人信息,侵

---

① 赵秉志:《金融诈骗罪的概念及构成特征》,载《国家检察官学院学报》2001年第9期。

第三章 信息网络诈骗罪的犯罪构成

犯了公民的个人信息权;二是虚构和伪造军队院校的网页,严重破坏了互联网管理秩序;三是假冒部队院校招生,严重破坏了部队院校声誉和招生秩序;四是为逃避司法机关打击,干扰侦查机关的判断,所获得的赃款在网络上几经流转,试图消除资金去向痕迹,把赃款洗白,侵犯了金融管理秩序。与上述案件相类似的是,从近年来司法机关办理的案件来看,信息网络诈骗犯罪侵犯的客体也明显呈多元化特征。与传统诈骗犯罪相比,除侵犯公私财物所有权这一特征相同外,信息网络诈骗犯罪至少有以下四个方面的客体或者说法益是传统诈骗罪所不具备的。

一是信息网络管理秩序。具体包括电信管理秩序、互联网管理秩序等。信息网络诈骗最为突出的一个特征是依托信息网络平台进行,包括擅自设置、使用无线电台(站)或者擅自使用无线电频率,干扰无线电通信秩序(如伪基站等);用网络电话+改号软件的方式进行诈骗,破坏电信管理秩序;用钓鱼软件和病毒等方式侵入他人计算机或实施诈骗,侵犯互联网管理秩序等。

二是金融管理秩序。随着互联网技术的发展,我国已经进入"互联网+金融"的模式。这种模式借助先进的互联网技术和信息通信技术,整合金融功能和网络功能,以大数据和云计算为基础不断形成金融业态和服务体系。其包括金融市场体系、金融监管体系、金融服务体系等,具有普惠性、开放性、移动性和创新性等特点,迥异于传统金融的运作模式,如网络银行、第三方支付、P2P贷款、众筹以及在这个基础上衍生出的比特币等数字货币。但无论网络金融如何发展,依然是由传统的金融所派生,本质并无不同。网络诈骗,利用的就是互联网金融便捷、快速、身份验证的电子化等特征,不可避免地对金融秩序造成扰乱和破坏。

三是正常的经营秩序。互联网背景下,电子商务日益挤压实体

信息网络视角下诈骗犯罪的刑法规制

商务平台甚至呈现取而代之的趋势。网络诈骗的泛滥,一方面使消费者对网络产生疑虑,另一方面也使企业不得不投入大量成本,堵塞漏洞、增强防骗警示、保护资金安全等,以防范和减少诈骗的发生和影响,保障交易安全。事实上,人们对这些企业防骗技术、监管水平的期望值也在不断提高。一个显而易见的事实是,信息网络诈骗已经对相关企业的正常经营造成了严重影响。①

四是个人信息安全。在互联网时代,信息网络诈骗由漫无目的的"撒网"转向"精准化",而"精准化"的实现,与网络服务中个人身份识别的滥用和数据保护的宽松是息息相关的。腾讯安全团队发布的调研报告显示,个人信息泄露有五大途径:内鬼泄露、黑客攻击、病毒及木马窃取、网络钓鱼、密码暴力破解。②2017年,专注智能安全的极棒实验室(GeekPwn Lab)发布的《APP个人隐私研究报告》显示,大多数APP可以通过读取通讯录、读取短信、读取位置、读取通话记录等,从各种零碎的数据中分析出个人的性别、姓名、年龄、爱好、朋友圈等,甚至还可以搜集涉及健康数据、地理位置数据在内的很多敏感信息。③在一些网络,这些用户个人敏感信息被打包出售,售价仅10~40元。此类信息除被用于一般商业用途

---

① 秦新承:《支付方式演进对诈骗犯罪的影响研究》,上海社会科学院出版社2012年版,第134页。
② 转引自《个人信息"裸奔"40元每条,这五大途径出卖了我们》,搜狐财经频道,http://www.sohu.com/a/129392351_507882。
③ 2011年8月初,一则名为《我是如何推理出王珞丹住址的》的帖子蹿红网络。清华大学水利水电工程系学生罗霄宇通过照片背景分析、地图分区、微博语境分析以及google earth卫星图片,在短短40分钟之内,就推断出王珞丹以前的家庭住址。事实上,此类碎片信息的汇总分析,最终往往可以精准得出一个人较为详细的个人资料。腾讯网,http://view.news.qq.com/original/intouchtoday/n3632.html。

第三章 信息网络诈骗罪的犯罪构成

外,也被广泛运用于信息网络诈骗。在精准化的网络诈骗犯罪中,往往也伴随着对公民个人信息的侵犯。

当然,信息网络诈骗犯罪所侵犯的客体或法益,并不局限于此。而上述犯罪客体或法益,有的已经纳入《刑法》的保护范畴,而有的尚游离于刑事规制的范畴之外,如经营秩序。这些有待立法的进一步完善。

尽管学界有一些对四要件论持异议的学者主张取消犯罪客体这一要件,但不可否认的是,这一主张至少在目前是不切合实际的。从我国《刑法》的立法体系来看,罪名的分类和编排是按照侵犯客体的不同来布局的。从某种程度上看,犯罪客体是《刑法》篇章结构布局的基础性要素。对于侵犯了双重客体或多重客体的罪名,《刑法》则依照这些客体的主次,将相关罪名列入主要客体所属的同类罪名中。因此,对被侵犯客体的重要性进行比较或分析,也成了新设立罪名在《刑法》中归类、编排的重要依据。

从信息网络诈骗犯罪所侵犯的客体来看,无论是危害性还是影响面,网络管理秩序无疑都是占第一位的。首先,信息网络诈骗无论是否骗取了钱财,对网络秩序的侵害都是现实的。例如,江某通过伪基站向不特定人群发了短信,即使没有人上当受骗,这一行为对电信管理秩序的侵害也已经形成;陈某在网络开设了虚假银行网站引诱他人使用,以窃取个人信息用于诈骗,即使最终没有人因此受骗,也已经侵犯了互联网秩序。换言之,即使诈骗钱财的行为未遂,破坏信息网络管理秩序的行为也已经既遂。其次,在网络诈骗犯罪中,信息网络的使用扩大了诈骗犯罪的后续影响。例如,单一的诈骗只是针对特定的对象,而网络的使用则使范围扩大到不特定的群体。此外,信息网络诈骗行为往往伴随着信息数据的搜集,即使在某个信息网络诈骗犯罪中,犯罪对象并未上当,但其在网络泄露的信息,则可能被用于其他犯罪中。比较典型的是,在一些网络诈骗犯罪中,被害人并未上当并按诈骗犯罪分子的要求转账,但因手机感染了木马,银行卡信息泄露,被他人从网上盗转。在此类犯罪中,信息网络诈骗犯罪并未实际取得钱财,但却为后续的盗窃犯罪创造了条件。最后,信息网络管理秩序的破坏,严重威胁信息网络空间安全。一些以诈骗为目的的木马软件、网络病毒的使用,使计算机安全系数大大降低,并出现安全后门和安全漏洞,个人隐私、商业秘密可能因此泄露,个别病毒的扩散甚至可能威胁到国家安全。

第二节 信息网络诈骗罪的客观方面

所谓犯罪客观方面,是指《刑法》规定的具有社会危害性应受刑罚处罚的行为,以及由此行为造成或可能造成的危害社会的结果。[①]众所周知,我国刑法理论与俄罗斯刑法理论有着千丝万缕的关系。在俄罗斯刑法理论中,客观方面实质上是整个犯罪构成的基础,并且是《俄罗斯联邦刑法典》分则条款罪状的主要内容,因此,客观方面的要件成为刑事诉讼中证明对象的根据所在。[②]事实上,在俄罗斯刑事理论中,侵犯同一客体的犯罪,最本质的区别就在于行为的形式、实施犯罪的方式、发生后果以及客观方面的其他

---

① 邹瑜:《法学大辞典》,中国政法大学出版社1991年版。
② 庞冬梅:《俄罗斯犯罪构成理论研究》,中国人民大学出版社2013年版,第184页。

第三章　信息网络诈骗罪的犯罪构成

要件。例如，同样是侵犯公私财物所有权的犯罪，盗窃在于使用了秘密窃取的手段，抢劫在于使用了暴力的手段，而诈骗则在于使用了欺骗的手段。

一、关于诈骗罪客观方面的不同观点

我国刑法学者对诈骗罪客观方面存在不同认识，主要有以下几种观点：

一是三要素说。持此学说者受德国、瑞士刑法理论影响较深，他们认为，诈骗犯罪只需具备三个要素即可成立，即欺诈行为、使受骗人陷于错误认识、被害人遭受财产损害。如《德国刑法典》第263条即规定：意图为自己或第三人获得不法财产利益，以欺诈、歪曲或隐瞒事实的方法，使他人陷于错误之中，因而损害其财产的，处5年以下自由刑或罚金刑。[①]至于受骗人是否交付财物、向谁交付财物以及财物是否为诈骗者所取得等，尽管也是重要的考虑因素，但并非必要构成要件，在具体入罪时可在所不问。

二是四要素说。持此观点者认为，诈骗犯罪的客观方面表现为行为人使用诈骗的方法，使受骗人陷于错误的认识，从而"自愿地"将自己所有或所占有的财物交给犯罪分子或其授意的第三人的行为。依照这一定义，诈骗犯罪无疑包括四个方面的要素，即诈骗行为、错误认识、"自愿"交付财物、损失或取得财物。与三要素说相比，四要素说更强调行为人对财物的处分必须是基于错误认识而"自愿地"交付。持此说者甚至认为，这一特征是诈骗罪的本质特征，也是诈骗罪区别于其他犯罪（如敲诈勒索

[①] 徐久生、庄敬华译：《德国刑法典》，中国方正出版社2004年版，第128页。

信息网络视角下诈骗犯罪的刑法规制

罪）的重要标志。[①]

三是五要素说。持此观点者认为，诈骗犯罪的基本构造为：行为人以不法占有为目的实施欺诈行为—使对方产生错误认识—对方基于错误认识处分财产—行为人取得财产或使第三方取得财产—被害人受到财产上的损失。[②]与三要素说、四要素说相比，此观点更强调财产处分的结果是行为人或第三方得利，这一观点可以较为稳妥地将三角诈骗纳入诈骗罪的规制范畴。

然而，客观而言，三要素说、四要素说或五要素说尽管在要素上有所侧重，但并无本质区别。换言之，持三要素说者并不排斥四要素说或五要素说所增加的要素，而只是将其视为不成文的、无须在法律规定中刻意强调的要素而已。例如，在持三要素说者看来，欺诈行为使他人陷入错误认识的结果，理所当然会造成他人"自愿"处分财物的情况出现，这是一种无须特别规定、理所当然的要素。因为，如果受骗人不作出处分行为，不可能出现该说的第三要素即财产遭受损害的情形。因此，当涉及罪与非罪的界限时，持此说者也会以行为人是否有处分行为来辅助判断。

案例2：江某假扮道士在路上偶遇刘某，遂上前搭讪，声称刘某不日将有血光之灾，并愿施法术予以驱除。刘某信以为真，按江某所说，在银行取了大量现金，用塑胶袋装好，请江某施法。但为保障钱财安全，刘某始终将塑胶袋紧紧抱在怀里，无论江某如何哄骗、恐吓，始终不肯松手。江某无计可施，只得趁刘某不备，将钱

[①] 王晨：《诈骗犯罪的定罪与量刑》，人民法院出版社1999年版，第28~32页；赵秉志主编：《侵犯财产罪研究》，中国法制出版社1998年版，第227页等。

[②] 刘明祥：《财产罪比较研究》，中国政法大学出版社2001年版，第209页。

第三章　信息网络诈骗罪的犯罪构成

抢夺后逃跑。

在上述案例中，完全具备三要素说所主张的欺诈行为、使受骗人陷于错误认识、被害人遭受财产损害三个要素。但问题是，被害人遭受财产损害这一结果，并非被害人陷于错误认识所造成，两者之间并无刑法上的因果关系。直接造成财产损失的是抢夺行为，而不是被害人作出错误处分的结果。在具体分析相关案例时，持三要素说者会依照相关刑法理论对此作出判断，并不排斥被害人作出财产处分这一要素。从这个角度而言，目前学界所谓的三要素说、四要素说、五要素说尽管有助于厘清诈骗犯罪的各个要素，但其区分并无实质上的学术意义。从表述的详尽、全面性来看，五要素说显然更具代表性。也正因此，在司法实践中，五要素说成为通说。

二、五要素说的解析

如果进一步解析的话，五要素说还可包含以下内容。

（一）关于诈骗行为

我国《刑法》并未对诈骗行为作出细致规定，但理论界普遍认为，诈骗行为包含两种类型，即虚构事实和隐瞒真相。所谓虚构事实，是指以语言、文字或某种举动故意捏造根本不存在的事实或者故意夸大事实，使人把根本不存在的事实误以为真。[1]所谓隐瞒真相，是指故意掩盖客观存在的事实，从而使受害人上当受骗。[2]虚构事实、隐瞒真相是既有区别又有联系的两个概念，在多数情况下，两者是一个问题的两个方面，在虚构事实的同时，往往伴随着隐瞒真相；而隐瞒真相的目的，也是为了使被害人陷入错误认识，相信

---

[1] 王晨：《诈骗犯罪的定罪与量刑》，人民法院出版社1999年版，第28页。
[2] 王晨：《诈骗犯罪的定罪与量刑》，人民法院出版社1999年版，第29页。

信息网络视角下诈骗犯罪的刑法规制

并不存在的虚假事实。

作为一种典型的交流型犯罪，诈骗犯罪建基于双方的一种意思交流和沟通。无论是虚构事实还是隐瞒真相，诈骗人都旨在向对方传达一种被掩饰或修饰了的不符合客观事实的错误信息。而基于对诈骗人的信任——这种信任可以来自诈骗人外在表现所体现出的迷惑性观感，也可以来自前期交往中形成的信赖，或在诈骗人表达信息的引导下形成的价值判断——被害人足以陷入错误的认识，进而对财产作出符合诈骗人所期待的处分行为。在这个过程中，双方的信赖无疑是双方顺畅交流的基础。[①]正是基于这种信赖，被害人基于自己对社会生活所形成的经验判断，对被虚构或隐瞒的不符合客观事实的错误信息作出了符合正常社会交往经验和规则的判断。[②]诈骗犯罪中所指的事实，不能狭义理解为自然事实，还包括行为人或他人已经实施了的行为、行为人的身份、行为人的能力，等等。事实不限于客观的外在事实，还包括主观的心理事实。后者指行为人就本人或者第三者的意思作虚假表示，从而使对方陷入或者维持错误认识。事实包括过去的事实、现在的事实和将来的事实，它们均可以构成诈骗罪。[③]除此之外，欺骗还可以就价值进行欺骗。

从程度上看，虚构事实、隐瞒真相既可以是所有事实纯属虚

[①] 赵书鸿：《论诈骗罪中作出事实说明的欺诈》，载《中国法学》2012年第4期，第115页。

[②] 例如，餐厅服务员对来店里消费的顾客必须有一种基本的信任，只要到店里点菜吃饭，就理所当然判断其有能力对消费作出等价支付；租车公司对来店里租车的顾客，只要履行了身份确认、抵押、签字等手续，就足以信赖其将会支付租车费用，并在合同终止时将汽车交回公司。

[③] 张明楷：《论诈骗罪的诈骗行为》，载《甘肃政法学院学报》2005年第5期，第2~5页。

第三章 信息网络诈骗罪的犯罪构成

构、所有真相全部被隐瞒,也可以是虚构部分事实,保留部分真相。事实上,实践中后者的情形更多,也更有迷惑性。值得注意的是,并非所有虚构事实、隐瞒真相都是诈骗行为。以某些广告为例,尽管它们具有夸张的成分,也隐瞒了部分产品瑕疵,但只要未对消费者构成足够的误导,使消费者产生错误认识而处分财产,就不能认为是诈骗行为。之所以并非所有的虚构事实、隐瞒真相都构成诈骗罪,是因为欺骗行为有情节之分、危害有轻重之别。例如,主观上想骗钱和主观上想赚钱性质显然是不同的;用小部分虚假事实衬托大部分的真实事实,和用完全虚构的事实性质也是不同的;虚构事实、隐瞒真相仅局限于让当事人陷入误解,而无诱导他人处分财物的意思,和足以使他人陷入错误认识而处分财产的诈骗行为,性质也完全不同。换言之,程度不同,也反映了诈骗从量变到质变的过程,只有达到刑法评价所要求的程度,才是刑法意义上的诈骗犯罪。

学界通说认为,诈骗行为包括明示诈骗和默示诈骗两种类型。明示诈骗认定并不困难,认定有难度的是默示诈骗。所谓默示诈骗,是指以默示的方式,包括行为、举动、穿着等非明示的途径,使他人陷入认识错误而实施的诈骗。何种行为可称得上默示的表示,难以一概而论,往往取决于具体的交易内容。"交易的内容,(客观地看)由当事人的交易目的决定。这样理解时,尽管交易内容属于被害人交易目的的对象,但在行为人就被害人难以认识的事实不作任何特别表示时,应当认为行为人默示地表示为符合被害人目的的事实。其结局引起了错误时,均为作为犯。"[1]例如,行为人到餐馆后,未告知餐馆自己身无分文的实际情况,便点了价格不菲

---

[1] [日]林干人:《刑法各论》,东京大学出版会1999年版,第233页。

的饭菜和名酒,饱餐一顿后试图逃离,被店主发现后抓获。在这一案件中,按交易规则,就餐前饭店是不可能对前来就餐的顾客逐一进行财产审核的,而是默认为其具有支付能力。在这种情况下,就餐者利用餐馆信息不对称的实际情况隐瞒了事实,不作特别说明,就达到了诈骗的目的。在这一案件中,诈骗行为的外在表现是点菜消费的积极行为,而行为人隐瞒了自己的实际支付能力,在性质上属于默示的积极诈骗。①

对于不作为是否构成诈骗犯罪,学界存在不同的认识。对此,德国刑法理论界曾经存在全面否定说、部分否定说和肯定说三种主张。全面否定说认为,诈骗行为不可能由不作为构成。例如,梅尔(H. Mayer)认为,不作为能够成立诈骗罪是难以想象的,承认不作为的诈骗不仅有违立法意旨而且存在使诈骗罪的构成要件无限扩大的危险,导致构成要件的类型性功能遭到破坏,违反罪刑法定原则。②部分否定说则只承认特定的部分不作为可以成立欺骗。其中鲍克曼(Bockelmann)的观点具有一定的代表性。在讨论中,他以是否存在保证人的义务为中心作为切入点来展开。他认为,不作为的实行,只有在行为人就结果的实现可能担责的场合才可以考虑,其他的考虑方法则不允许。因为,在行为人以其态度引起某种结果属于《刑法》特别规定的构成要件时,只有能够将结果的发生归属于行为人时,才能认定构成要件符合性。因此,只有通过不阻止他人

---

① 英国的一个著名案例为,D通过穿戴有牛津大学标记的帽子和长袍而使V误认为D是牛津大学的学生,从而取得财物的,也成立诈骗罪。See Rex v. Barnard,173 Eng. Rep. 342 [1837] (Eng.).转引自张明楷:《论诈骗罪的诈骗行为》,载《甘肃政法学院学报》2005年第5期,第2~5页。
② 张小旭:《论不作为诈骗行为的界限》,载《西南科技大学学报(哲学社会科学版)》2013年第2期,第28页。

第三章　信息网络诈骗罪的犯罪构成

陷入认识错误时，才成立不作为的欺骗。如果他人已经陷入认识错误而不履行说明义务，使其继续维持认识错误的，则不成立不作为的欺骗。如果处罚单纯使他人维持错误的不作为，就会导致不当处罚对他人错误进行经济利用的一切行为。概言之，不作为不可能引起已经发生的结果，而且也不可能避免已经发生的结果。所以，在他人已经陷入错误认识的情况下，具有说明义务的人不履行说明义务，使他人继续维持认识错误的，不成立诈骗罪。[①]肯定说认为，诈骗罪中的欺骗行为完全可能由不作为构成。德国刑法理论的通说与判例、日本的刑法理论和相关判例、我国台湾地区的刑法理论和判例[②]等，都持此说。对此，笔者是持肯定态度的。尤其在信息网络的大背景下，不作为诈骗犯罪的特征更加明显。下文将对此进一步阐述，此处不作展开。

（二）关于被害人（或受骗人）的认识错误

通说认为，被害人（或受骗人）陷入认识错误，是诈骗罪的必备环节。因为，由于欺骗行为导致被害人（或受骗人）陷入认识错误，是其对财产作出的错误处分，进而造成财产损失的基础和前提。其中，欺骗行为与财产损失之间具有刑法上的因果关系，而被害人（或受骗人）陷入认识错误，则是这对因果关系之间不可或缺的中间环节。换言之，即使行为人实施了欺骗行为，被害人并未陷入认识错误，而是由于其他原因而作出错误的财产处分，进而导致财产损失的，不构成诈骗罪。

[①] 张明楷：《论诈骗罪的诈骗行为》，载《甘肃政法学院学报》2005年第5期，第7～8页。
[②] 林山田所编著《刑法各罪论》认为："行为人施用诈术除了积极的作为之外，通说上均认为消极的不作为，亦可能施诈。"林山田：《刑法各罪论》（上册），台湾大学法律学院图书部2004年版，第448页。

信息网络视角下诈骗犯罪的刑法规制

案例3：A向B发了一条诈骗短信，B接到后识破了其中的骗局，并未按要求向其转账，也未删除短信，而是将发件人标注为骗子了事。一个月后，B在向一名绰号为骗子的客户转货款时，本想打开手机按客户短信提供的账号转款，不想因操作错误，打开了A的诈骗短信，错把诈骗短信上的账号当作客户的账号。几天后因客户来电声称没有收到货款，B才发现错误。

在上述案件中，尽管A实施了诈骗行为，但B并未上当，也未因此陷入认识错误。B发生错误转账行为的原因，是其错误操作打开了其他短信。因此，造成财产损失的原因，是由于B的错误操作，而非诈骗行为。在这一过程中，诈骗行为与财产损失之间并没有刑法上的因果关系。因此，如A拒绝还款，在刑法上也只能以侵占罪来评价，而不宜以诈骗罪来定性。

事实上，许多国家的刑法典，对被害人因诈骗行为而陷入认识错误是有明文规定的。例如，《德国刑法典》第263条对诈骗罪的罪状规定为"意图为自己或第三人获得不法财产利益，以欺诈、歪曲或隐瞒事实的方法，使他人陷于错误之中，因而损害其财产的"①。又如，《法国刑法典》第313条也规定："使用假名、假身份证，或者滥用真实身份，或者采取诈欺伎俩，欺骗自然人或者法人，致使其上当受骗，损害其利益或者第三人利益，交付一笔资金、有价证券或任何其他财物，或者提供服务或同意完成或解除某项义务之行为，是诈骗罪。"②

"被害人（或受骗人）陷入认识错误"这一命题隐藏了另一层意思，即被害人（或受骗人）是具有独立意识的、具有一定判断能

---

① 徐久生、庄敬华译：《德国刑法典》，中国方正出版社2004年版，第128页。
② 刘明祥：《财产罪比较研究》，中国政法大学出版社2001年版，第218～219页。

力的自然人，否则不可能出现认识错误一说。如果诈骗对象是不具有判断能力的无民事行为能力人，以盗窃罪论处。[1]诈骗对象也不能是机器，因为按通说，机器是不可能具有人的独立意识，更不具有判断能力，不可能因此产生认识错误。因此，在实践中，如2008年发生的著名的利用柜员机故障支取巨额资金的许霆案，也是以盗窃罪定性的。当然，随着人工智能的发展，机器是否一定不可诈骗，在学界也还存在一定的争议，这一点将是下文论述的问题。

（三）被害人（或受骗人）基于认识错误"自愿"处分财产

被害人（或受骗人）陷于错误的结果，应当是对财产作出处分行为，这是认定诈骗罪成立与否的重要条件。这里有三个关键词需要作进一步的论述。

第一个关键词：处分。我国民国时期立法，对此一度使用了交付的表述，如1928年、1935年民国时期的《刑法》，使用的就是交付一词。《日本刑法》第246条使用的也是交付一词。[2]在我国学界，许多论述并未对交付和处分作出严格区分，往往在不同的语境中混用。然而，在实践中，交付与处分含义还是有区别的。处分字面含义是处理、安排之意，在法律上是指对物进行物理性质的改造，毁损或转让其权利，根据不同方式，可以分为事实上的处分与法律上的

---

[1] 例如，2012年8月15日，无业青年廖某正在街上四处闲逛，当行至某社区楼下时，看到独自玩耍的六岁男孩李某的脖颈上戴着一条明晃晃的金项链（价值7000元人民币）。廖某顿时心生贪念，上前去与李某聊天，对他进行言语诱惑，并以一包巧克力换得李某的项链。案发后，廖某被起诉至法院。此案在司法实践中以盗窃罪论处。章玉娟：《骗取无民事行为能力人财物的行为定何罪》，中国法院网，https://www.chinacourt.org/article/detail/2013/07/id/1039019.shtml，访问日期：2018年8月16日。

[2] 张志勇：《诈骗罪研究》，中国检察出版社2008年版，第60页。

处分。①交付有两种含义，一是动产物权的公示方式，二是物或金钱的给付。②如果严格依此概念，显然处分一词比交付一词更为贴切。因为，随着时代的发展，诈骗的对象已经不再局限于金钱与动产物权，在许多情况下表现为除金钱与物权之外的财产性利益，如有价证券等财物或者期权、债权等。对这些财产性利益的处理和安排，显然不适合以交付一词概括，从这个意义上而言，以处分一词概括显然更为贴切。事实上，在大陆法系国家，处分行为是认定诈骗犯罪极为重要的一环，如德、日、韩等国认为，"在对象是财物的场合，处分行为的有无，成为区分诈骗罪与盗窃罪的关键；在对象为财产性利益的场合，处分行为要素成为区分诈骗罪有无的标准"③。

　　第二个关键词："自愿"。"自愿"一词之所以打双引号，是因为所谓的"自愿"是建立在认识错误的基础之上的，并非真正的自愿。换言之，认识错误是"自愿"处分的因，对财物的"自愿"处分是认识错误的果。"自愿"一词，对区分诈骗犯罪的罪与非罪、此罪与彼罪、既遂与未遂具有重要的意义。例如，某团伙在红绿灯路口物色慢速行驶的汽车，由甲进行碰瓷，假装被车撞倒受伤，乙、丙、丁三人假扮路人上前主持公道，要求车主给予赔偿。这一案件具有虚构事实、隐瞒真相的表面特征，符合诈骗的犯罪构成。但车主处分财物的心理态度，则决定了案件定性的不同。如车主陷入认识错误，误以为自己真的撞了人而"自愿"给予赔偿，则该团

---

① 中国社会科学院法学研究所《法律词典》编委会编：《法律词典》，法律出版社2003年版，第158页。
② 中国社会科学院法学研究所《法律词典》编委会编：《法律词典》，法律出版社2003年版，第753页。
③ 张明楷：《论诈骗罪中的财产处分行为》，载《武大刑事法论坛》（第一卷），中国人民公安大学出版社2005年版，第3~6页。

第三章 信息网络诈骗罪的犯罪构成

伙构成诈骗罪；如车主认识到自己被碰瓷，但由于缺乏证据、孤立无援等原因，迫于压力不得不对财产作出处分，花钱买平安，则该团伙构成敲诈勒索罪；如车主认识到对方是碰瓷，但对方衣衫褴褛、伤痕累累的情形勾起了他的怜悯之心，于是教育一番，主动掏钱给对方疗伤，则这种处分行为完全属于自愿的赠予，金额不能计入诈骗的数额，该团伙虽有诈骗行为，但属未遂。

值得注意的是，"自愿"一词隐含的另一层意思是，行为人对处分行为是有认识的，他能够意识到自己的行为将导致财产或财产性利益的转移。这里，不要求行为人对处分财产的种类、数量、性质、价值等有完全的认识，只要有概括的认识即可。换言之，只要行为人能够认识到自己处分了财产即可。例如，A拥有一幅明代山水画，但不知其价值，B为获得该画作，请人冒充文物鉴定专家，将该山水画鉴定为现代人临摹的赝品，A信以为真，将价值连城的山水画以现代普通画作的价格卖给B。在这个案例中，A对山水画的性质和价值缺乏清晰认识，在误导之下作出错误处分，B的行为构成诈骗。当然，所谓概括认识，要求行为人对自己处分的财产有一定的认识，而不是毫无认识。例如，甲在超市购买了一双鞋子，趁人不备将一块高级手表装到盒子里，收银员并未意识到手表的存在，只按鞋子的价格收了款项。在这个案件中，收银员的处分意识只局限于鞋子，对所处分的手表是缺乏认识的，因此也不存在"自愿"处分手表的问题。在这个案件中，甲拿手表是一种盗窃行为，而不宜认定为诈骗。张明楷教授对此曾作出过归类，认为："在受骗者没有认识到财产的真实价值（价格）但认识到处分了该财产时，应认为具有处分意识；在受骗者没有认识到财产的数量（或财物的数量）但认识到处分了一定的财产时，也宜认定为具有处分意识；在受骗者没有意识到财产的种类而将财产转移给行为人时，不宜认定具有处分意识；在受骗者没有意识到财产的性质而将财产转移给行为人时，也不宜认定具有处分意识。"①

第三个关键词：被害人（或受骗人）。通常情况下，诈骗犯罪的被害人就是受骗人，是财产的处分人，而在三角诈骗的情形中，被害人与受骗人可能出现不一致的情形。但无论两者是否一致，受骗人必须是具有财产处分权的人，并且因受骗而处分了财产——不管这财产是否自己所有。如果财产处分者并非受骗人，而是受骗人之外的第三人，则不构成诈骗。

（四）行为人取得财产或使第三方取得财物

在这里，有必要对财物作一个界定。在学界，存在两种不同的观点。一种观点认为，所谓财物是有范围的，"限于各种具体的公私财物"②。另一种观点则认为，"凡是有价值或有效用的财物，甚至财产性利益，都可作为诈骗罪的对象"③。尽管两种观点截然对立，但学界并未对此展开充分的讨论。在实践中，后一观点更为学界和实务界所接受。因为，与德国、日本、韩国等国家刑事立法将财物与财产性利益严格区别的做法不同，依照我国《刑法》，财物与财产一词是混用的，并无实质区别。《刑法》第 92 条规定的财

---

① 张明楷：《论诈骗罪中的财产处分行为》，载《武大刑事法论坛》（第一卷），中国人民公安大学出版社2005年版，第3~6页。
② 杨春洗、杨敦先主编：《中国刑法论》，北京大学出版社1998年第2版，第504页。
③ 高铭暄、马克昌主编：《刑法学》（下编），中国法制出版社1999年版，第906页。

第三章　信息网络诈骗罪的犯罪构成

产,既包括公民的合法收入、储蓄、房屋和其他生活资料等有形财产,也包括依法归个人所有的股份、股票、债券和其他财产等财产性利益。因此,尽管《刑法》第266条在条文表述上,将诈骗的侵犯对象界定为财物,并不意味着可以套用德国、日本、韩国等国家的做法,将财物狭义理解为各种具体的公私财物。将财物一词拓展到财产性利益,也并未突破我国《刑法》的相关规定、违反罪行法定原则。[①]动产、不动产、有价证券等财物或者期权、债权等其他具有经济价值的利益,都可以成为诈骗犯罪侵犯的对象。

基于这一理解,依照学界的通说,在诈骗犯罪中,行为人实施诈骗的目的是取得他人的财产。诈骗罪既遂与未遂的区别,很大程度上取决于行为人是否取得他人的财产、被害人是否遭受损失。这里的取得包含两种类型:一是积极取得。即通过他人积极的处分行为,使财产转移占有,行为人或第三人取得他人财产所有权,财产出现积极的增加。二是消极取得。行为人通过虚构事实、隐瞒真相,使他人陷入认识错误,从而免除或者减少行为人或第三人的债务,包括应当缴纳的财产等。在这种情况下,尽管行为人或第三方的财产并未直接出现数额上的增加,但因为债务的免除,应当支出的费用无须支出,这是一种间接的增加和取得。后者实际上也就是取得财产性利益。

(五) 被害人遭受财产损失

如何认定财产损失,这是学界存在争议的一个问题。争议主要集中在两个方面,一是被害人遭受财产损失是诈骗犯罪的必要要件

[①] 张明楷:《财产性利益是诈骗的物件》,载《法律科学》2005年第3期,第75~78页。

信息网络视角下诈骗犯罪的刑法规制

还是选择要件,换言之,认定诈骗犯罪是否一定必须要求被害人造成财产损失。二是财产损失的内容。如果行为人在诈骗财物的同时支付了一定的对价,是否构成诈骗。对于上述两个问题,学界存在不同的认识。

关于第一个问题,域外立法存在两种不同的模式,一种是将被害人遭受财产损失在刑法典中予以明文规定,如《德国刑法典》、《瑞士刑法典》等;另一种则没有将被害人财产损失的问题在刑法典中予以明文规定,如日本、韩国。正因为此,关于被害人遭受损失是否是诈骗犯罪的必要要件,中外学界存在不同的认识。例如,在日本,对此存在两种截然不同的观点,一种观点认为,诈骗罪的本质是通过欺骗他人诈取财物或财产性利益,而且仅此就够了,所以,不要求对被害人造成财产损失。① 另一种观点认为,既然诈骗罪是财产犯罪,只有使被害人遭受财产损失的犯罪才属于财产犯罪,所以,理所当然要求诈骗罪足以使被害人遭受财产损失。其中,有的学者将财产损失作为独立的构成要件要素,即除转移财产包含受骗者处分财产、行为人或第三者取得财产之外,还必须判断是否造成了财产损失。②

在我国,《刑法》只规定了诈骗公私财物这一简单罪状,至于对被害人造成财产损失是否诈骗罪的构成要件,更多是理论上的

---

① [日]牧野英一:《刑法各论》(下卷),有斐阁1951年版,第684页;[日]木村龟二:《刑法各论》,法文社1959年版,第125页。转引自张明楷:《论诈骗罪中的财产损失》,载《中国法学》2005年第5期,第119页。
② [日]前田雅英:《刑法各论讲义》,东京大学出版会1999年第3版,第240页。转引自张明楷:《论诈骗罪中的财产损失》,载《中国法学》2005年第5期,第119页。

第三章 信息网络诈骗罪的犯罪构成

争论而不是立法上的原则性问题。事实上，由于我国《刑法》在立法上将诈骗罪置于第五章"侵犯财产罪"的篇目中，并且按数额较大、数额巨大、数额特别巨大分别设置了不同的刑罚，已经隐含了对被害人造成财产损失这一意涵。因为，侵害与被侵害是一个问题的两个方面，一方实施诈骗获得数额较大的财物，也意味着另一方遭受数额较大的财物损失。当然，这种损失不能理解为现实的损失。因为，依照《刑法》总则，犯罪形态存在既遂和未遂之分，在未遂的情况下，诈骗行为原本将引起损失的后果，只是因为行为人意志以外的原因而未能实现。正如张明楷教授指出："犯罪的本质是法益侵害，诈骗罪也不例外，如果欺骗行为不可能造成被害人的财产损失，就不能成立诈骗罪。所以，应当认为，诈骗罪的成立要求财产损失。"[1]

关于第二个问题，各国立法同样存在不同的模式，我国学界也存在不同的观点。从域外立法模式看，财产犯罪通常可以分为对个别财产的犯罪[2]和对整体财产的犯罪[3]。一般认为，盗窃罪、抢劫罪属于对个别财产的犯罪，背信罪是对整体财产的犯罪。至于诈骗罪是对个别财产的犯罪还是对整体财产的犯罪，则取决于各国刑法的规定及其解释。[4]德国、瑞士等国刑法将诈骗罪规定为对整体财产的

---

[1] 张明楷：《论诈骗罪中的财产损失》，载《中国法学》2005年第5期，第119页。
[2] 就对个别财产的犯罪而言，只要存在个别的财产丧失就认定为财产损失，至于被害人在丧失财产的同时，是否取得了财产或是否存在整体的财产损失，则不是认定犯罪所要考虑的问题。
[3] 就对整体财产的犯罪而言，应当将财产的丧失与取得作为整体进行综合评价，如果没有损失，则否认犯罪的成立。
[4] 张明楷：《论诈骗罪中的财产损失》，载《中国法学》2005年第5期，第119页。

信息网络视角下诈骗犯罪的刑法规制

犯罪;①而日本刑法则没有要求诈骗行为导致财产损失,所以,一般认为诈骗罪属于对个别财产的犯罪。当然,两国学界对此依然存在争议。以德国为例,尽管整体财产说为立法所确认,或属于主流观点,但实践中依然存在人的财产说与动的财产说此类个别财产说的观点。在日本,个别财产说也存在形式个别财产说、实质个别财产说、折中说等不同的观点。其中,实质个别财产说与整体财产说极为接近,并无实质区别。

我国立法上,将诈骗罪、盗窃罪、抢劫罪的侵犯财产罪归为一类犯罪,并无对整体财产犯罪、个别财产犯罪的区别,因此,在理论上也不宜有所区分。在司法实践中,则更多类似于实质个别财产说。依照实质个别财产说的观点,单纯的交付财产并不等于财产损失,需要从实质上判断是否存在法益侵害。至于个别财产的丧失能否评价为财产损失或法益侵害,则不能仅就被害人交付的财物和其得到的财物之间的客观金钱价值进行比较,而应当联系受骗者或被害人的交易目的等进行判断,这实际上是一种主客观相统一的判断标准。事实上,在我国司法实践中,关于财产损失的做法有两个方面是值得注意的。一是强调实际损失。例如,1991年4月,最高人民法院研究室在《关于申付强诈骗案如何认定诈骗数额问题的电话答复》中回复河南省高级法院称:"在具体认定诈骗犯罪数额时,应把案发前已被追回的被骗款额扣除,按最后实际诈骗所得数额计算。但在处罚时,对于这种情况应当作为从重情节予以考虑。"二

---

① 德国的判例原则上认为,财产主体所具有的金钱价值的总额因为处分行为而减少时,就存在财产损失。因此,一般来说,如果行为人实施欺骗行为,使被害人交付财产,而行为人提供的反对给付少于被害人交付财物的金钱价值时,就存在财产损失。但在具体认定时,要以行为当时被害人的个别财产关系为根据个别化原则。张明楷:《论诈骗罪中的财产损失》,载《中国法学》2005年第5期,第129页。

第三章 信息网络诈骗罪的犯罪构成

是应结合主客观因素对损失进行判断。在一些情况下，即使表面上被害人所处分的财产额与行为人支付的对价相等，也不能简单进行抵扣而认为不存在损失。例如，某甲与所谓的专家共4人承包了一家医院泌尿科门诊，并将前来就诊的患者诊断成前列腺炎，还要求患者使用进口高档药物进行治疗。后经鉴定，前来就诊的451人中，有421人根本没有所谓的前列腺炎，完全是在受到欺骗的情况下接受上万元一个疗程的治疗。在这个过程中，使用的药品和治疗方案在价格上并不存在虚假或滥收费用的问题，与患者支付的对价是大致相当的。但问题是，所谓疾病完全是子虚乌有，患者完全不需要接受上述治疗。在交换经济下，财产法益是作为经济的利用、收受、交换的手段而受到保护的，受骗者在交付财产时，不仅要实现其经济利益，还要达成其经济以外的社会目的。所以，只要没有达成目的，受骗者交付财产就没有意义，此时便产生了财产损失。从这个角度而言，某甲当然成立诈骗罪。因此，这要求我们在司法实践中，尤其要防止一种错误的倾向，即在认定犯罪数额过程中，简单割裂主客观要素，将为实施犯罪而付出的成本从总数额中予以抵扣。

三、信息网络对诈骗罪客观方面的影响

信息网络的普及，对诈骗罪客观方面也产生了较为明显的影响，对诈骗罪的司法认定也提出了一些新的问题。尤其是信息网络虚拟化、超越空间和时间、非接触式的特征，使得诈骗手段、方式、后果等日趋复杂，对传统的五要素论也提出了挑战。

一是某些诈骗行为不具有虚构事实、隐瞒真相的特征，或者这一特征极为模糊。传统的诈骗行为强调虚构事实、隐瞒真相的特征，是因为传统的诈骗行为是一种接触式的行为方式，诈骗行为人与受骗人往往处于同一时间、同一空间，双方的交流是直接的、

面对面的。在这种情况之下,诈骗行为人必须通过虚假的外部行为(包括采用各种方式虚构事实、隐瞒真相掩盖真实的目的)来获取对方的信任,进而达到诈骗的目的。而信息网络环境下,信息交流是一种非接触式的行为,许多情况下,行为人无须直接面对受骗人。尽管绝大多数情况下,虚构事实、隐瞒真相同样是网络诈骗的重要特征,但值得注意的是,从司法实践看,许多新的网络诈骗犯罪中,上述特征已经呈现日趋淡化的趋势。

案例4:姜某大学毕业后,一直租住唐某的房子,因唐某住在国外,不便月结,便约定房租半年结一次。2016年5月,姜某在通过手机银行给房东唐某转账时,忽然接到一条来自互联网邮箱的信息:"请将钱汇至工商银行账号×××××,户名李某某。"因为姜某与唐某日常联系通常使用微信,对唐某的国内手机号码并不熟悉,加之唐某的妻子正巧姓李,在这特殊节点收到该信息,姜某误以为该条信息为房东唐某所发,便将半年的房租2万余元转到该账户。事后才发现上当受骗。

对上述案件有两种不同的观点。一种观点认为,从该信息内容看,并不存在明显虚构事实、隐瞒真相的特征。通常情况下,任何人接到陌生号码发来的要求汇钱到陌生账号的信息,都会选择忽略。因为,该信息在行文上具有一种"指令性"的特征,并没有"骗"的内容。任何人都不可能按一条来源不明的信息的指令,就随意处分自己的财产。姜某处分自己的财产,是因为在特殊的时间点(正准备交房租)、特殊的情况(不掌握房东邮箱和国内联系方式)、特殊的巧合(房东妻子姓李)下产生了错误的判断,并不是因"骗"而起。因此,该案不宜以诈骗罪定性。另一种观点则认为,该案应定性为诈骗。因为,诈骗行为人群发无数条信息,要求

第三章 信息网络诈骗罪的犯罪构成

他人将钱汇至指定账户,主观上有明显侵犯他人财产的故意。尽管信息内容并无明显的虚构事实或隐瞒真相的特征,但并不意味着这种行为不属于"骗"。因为,在极特殊的情况下,该条信息也可以使人产生误解。虽然这种概率较低,但在信息网络环境下,成功率与信息量成正比,在更大规模大量群发信息的情况下,可以提高成功率,不排除有更多的处于特殊情形下的人会因此上当受骗,错误处分财产。因此,可以把这种行为视为虚构事实、隐瞒真相之外的另一种足以使人产生错误判断的行为。笔者赞同第二种观点。当然,在理论上虚构事实,隐瞒真相,既包括明示的虚构隐瞒,也包括默示的虚构隐瞒,后者并不体现在语言上,而是通过行为甚至衣着等让人产生误解。因此,从表面上看,虽然信息内容并不存在虚构事实、隐瞒真相的特征,但具体到个案,这一特征还是有一定程度体现的,只是较为模糊而已。以上述案件为例,诈骗行为人隐瞒了自己并非房东的事实。当然,由于诈骗行为人对受骗人缺乏基本认知,也不可能有针对性地隐瞒某些特定的内容,因此,说其刻意隐瞒自己并非房东还是有些勉强(也许在另一场合便成为隐瞒自己并非借款人),但这也不失为将此类行为归入诈骗的一种理解。

案例5:2014年农历八月十五夜晚,陈某赏月结束后,正准备上床睡觉时,忽然床头固定电话响了一声便不再响。陈某一看来电显示,是一个陌生号码。陈某以为和此前所接的十几个电话一样,是远方朋友问候中秋节快乐的电话,便回拨回去。结果话筒另一边传来一阵悦耳的彩铃声,却一直没人接听。疑惑不已的陈某连续拨打了几次都是如此,只好挂断电话。月底支付话费时,才发现竟然多出了上千元的境外声讯电话费。

在上述案例中,诈骗行为只是向用户拨打了一个响一声电话。

信息网络视角下诈骗犯罪的刑法规制

这个行为并没有特别明显的虚构事实、隐瞒真相的特征。因为,通常情况下,用户可能回拨电话,也可能不回拨电话。诈骗行为人对此持放任的、间接故意的心态,并不积极追求结果的发生。这一特点与一般的诈骗行为是存在重大区别的。受骗人之所以上当,并非诈骗行为人用并不存在的事实或隐瞒了什么真相进行蛊惑,而是利用了一种日常人际交往的礼仪,判断受骗人会基于礼貌回拨电话。由于受骗人并不了解来电显示的电话号码实际上是一种声讯点播指令,而直接回拨会导致电话被接到境外声讯台出现吸费现象。在这一过程中,受骗人误将声讯台提供的音乐认定为不需支付费用的、电话尚未被接听时的彩铃,从而多次拨打,进而造成了损失。此类诈骗犯罪同时也具有秘密窃取的特征,实践中容易与盗窃罪混淆,下文也将作专门的分析。

二是在一些诈骗犯罪中,受骗人对事实缺乏认知的前提,也不具备陷入认识错误的基础。在传统的诈骗犯罪中,受骗人之所以对财产作出错误处分,是因为诈骗行为人实施了诈骗行为,导致受骗人陷入认识错误。所谓认识错误,是指行为人的认识与客观事实不一致,具体包括对事实的内容、性质、后果等产生了错误的判断等。其中,事实是指现在或过去的具体历程或状态并且有可被验证为真或伪之性质者。换言之,对于事实,应当具有可以提供行为人判断为真或伪的内容,具有可判断性。如果不具有可判断性,受害人或受骗人就不存在判断错误进而产生认识错误的结果。从这个意义而言,可判断性是认识错误的基础。例如,某甲在没有任何交流的情况下,将一张白纸递给乙,由于白纸并不存在任何含义,不具有判断真假的价值,在这种情况下,我们不能将递白纸这一行为认定为"诈骗"。而当白纸上书写了虚假的信息,意图引诱乙相信纸上所表述的内容时,这张纸所记载的内容就具有了可判断的基础,

第三章　信息网络诈骗罪的犯罪构成

具有可判断性，甲的行为便因此成立诈骗。

在信息网络环境下，一些诈骗方式呈隐蔽化的趋势，部分诈骗方式甚至是行为人所无法直接识别的，这种诈骗方式尤其体现在二维码诈骗等诈骗类型中。支付二维码是以某种特定的几何图形按照预定的编码规则，在平面上生成黑白相间的图形，通过代码把"0"、"1"数据信息转换成对照的几何图形，在使用时，利用摄像头或扫码设备自动读取并识别，最终转换成对应的文字、数据信息。与条码相比，二维码的优点是比较明显的。例如，它所容纳的信息量是普通条码的数十倍，而读取的误码率只有千万分之一，远远低于普通条码的2%；它所编码的范围更广，可以容纳音像、指纹等信息类型；更重要的是，它还可以引入加密措施，确保解码内容不被他人获得等。[①]但值得注意的是，尽管二维码可以储存大量的数据信息，但并不能为人的肉眼所识别，而必须借助专业的扫描工具和分析判断软件，才能实现读取和判断。在此类案件中，由于二维码的不可识别性，很多情况下受骗人只是按要求进行相应操作，并不存在陷入认识错误的情形。例如，董某在为某超市装修之际，偷偷将付款台的二维码换成自己的，在长达一个月的时间里，顾客按收银员的要求扫描二维码进行微信支付，但钱并未进入该超市的账户而是进入了董某的私人账户。在这一案例中，顾客只是按照收银员的要求进行微信支付，不仅客观上不具备识别二维码的条件，主观上也无法意识到购物款将会进入其他人的账户。因此，此案中不存在典型的受骗人。当然，本案由于手段的隐蔽性，在实践中也有观点认为应以盗窃罪论处。但问题是，本案中，对财物的转移是

---

① 《二维码》，百度百科，https://baike.baidu.com/item/%E4%BA%8C%E7%BB%B4%E7%A0%81/2385673?fr=aladdin。

信息网络视角下诈骗犯罪的刑法规制

顾客通过移动支付主动作出,通过秘密的方式主动从超市账户中窃取的特征并不明显。此类案件,实践中不少法院也是按照诈骗罪判处的。两者的区别,本书第四章将作进一步分析。

  三是一些网络诈骗犯罪对处分意识必要说提出了挑战。内地法学界对诈骗犯罪中处分行为的主观面是否需要处分意识存在一定争议,但主流观点认为,处分行为仅限于有意识的处分行为,即处分意识必要说,当行为人没有意识到自己的行为具有处分意义时,不成立诈骗罪。其依据主要来自四个方面:第一,处分行为的有无是区分盗窃和诈骗的关键因素;第二,如果不要求有处分意识,要么会否认不作为与容忍类型的处分行为,要么会无限扩大处分行为的范围;第三,刑法上的犯罪类型与犯罪学上的犯罪类型以及一般人心目中的犯罪类型并不完全相同;第四,在行为不可能成立盗窃罪的场合,承认无意识的处分,会不当扩大诈骗罪的处罚范围。[①]然而,在信息网络的环境下,无论是支付方式还是财产的转移方式都发生了颠覆性的变化。在传统的处分方式中,往往伴随着有形纸币、物品、财物占有的转移,或者通过银行等机构进行全程留痕的具备完整手续的转移。在这种情形下,被害人对财产的转移不大可能处于一种无意识状态。例如,行为人将被骗的金银首饰用于作法术交与伪装为僧侣的骗子,其对金银首饰占有的转移必然是有认知的;行为人被骗在银行填写转账单,将存款转移给骗子,在这个过程中转账必须进行一系列财产转移的确认手续,他对财产的转移也必然是有认知的。而在信息网络环境下,财产不以实体形式存在,而被虚

[①] 张明楷:《论诈骗罪中的财产处分行为》,载《武大刑事法论坛》(第一卷),中国人民公安大学出版社2005年版,第23~26页。

第三章　信息网络诈骗罪的犯罪构成

拟为以计算机数据载体存在的数据或图形、命令，对财产的处分往往只需要输入数据化的命令即可实现。以电话转账为例，全程输入的命令均以"1~9"以及"*"、"#"这些符号的形式存在，如果没有电话的语音提示，单单看输入的数据，是无法理解其确切含义的。这就为信息网络提供了新的空间，即通过虚构事实、隐瞒真相的方式，欺骗他人作出错误操作，使其在不知情的情况下对财产作出处分。在这种情况下，行为人对自己的处分行为无论在性质上还是在后果上都缺乏必要的认知，属于典型的无处分意识的情形。

案例6：某甲接到自称公安机关反洗钱重案组的诈骗电话，称其账户涉嫌被用于洗钱犯罪。甲为自证清白，答应依照"警方"的指令，对账户进行"冻结"操作，阻止洗钱资金进出。甲按指令拨打电子银行号码，并根据骗子的指令按了一连串的数据，操作成功挂断电话后，到银行一查询，才发现账户内所有的存款已经被转走。查询操作记录，才发现原来所谓的冻结指令，其实是将钱转到诈骗账户的指令。

对于上述案件，有两种不同的观点。一种观点认为应属于盗窃罪。因为行为人虽然有诈骗行为，但受骗人未因诈骗行为而"自愿"处分财产，其操作指令时并没有意识到自己转移了财产，完全处于不知情的状态，并不符合诈骗罪的特征。事实上，本案受骗人的操作完全是在诈骗分子的指令下完成的，在性质上可视为诈骗分子进行系统操作的特殊工具，帮助其实现秘密情形下窃取他人财产的目的，因此该案构成盗窃罪。另一种观点则认为，本案应构成诈骗罪。因为行为人主观上以非法占有为目的，客观上实施了隐瞒真相、虚构事实的诈骗行为，受骗人因此陷入认识错误并导致财产损失。陷入错误认识而作出的行为，与诈骗行为有刑法上的因果关

信息网络视角下诈骗犯罪的刑法规制

系,因此应认定为诈骗罪。笔者支持第二种观点。笔者认为,上述案例之所以不构成盗窃罪,主要有三个理由。其一,本案行为人直接实施的是虚构实施、隐瞒真相的诈骗行为,而不是秘密窃取行为。换言之,诈骗人是以公开进行的方式要求受骗人作出某种操作,受骗人对这种操作也是知悉的、认可的,只是这种操作是建基于认识错误而已。这种公开的诈骗行为,与被害人完全不知情的秘密窃取行为是有本质区别的。其二,受骗人财产的损失,是因自己上当受骗作出错误操作而导致的,并不是行为人秘密窃取的结果。其三,如以受骗人是否意识到自己转账行为的性质来判断案件究竟属于诈骗还是盗窃,将混淆两罪的界限,导致许多诈骗罪与盗窃罪竞合。因为,在许多诈骗犯罪中,受骗人将财产交付给诈骗分子,并没有转移所有权的意图,如果诈骗分子趁短暂占有财产之机偷梁换柱,学界通说认为,此种情形属于骗中有盗的行为,并不改变其诈骗的性质。如果按受骗人是否意识到自己将财产交付他人行为的性质来判断,此类案件中,其显然没有意识到短暂的交付会导致所有权的丧失,因而得出此类案件应以盗窃罪论处的错误结论。

四是以电子数据形式存在的货币的出现使得被害人财产损失的理论变得复杂。随着信息网络的发展,货币的形态也出现了多样化的趋势,尤其是出现了以电子数据形式存在的货币表现形式。在笔者看来,电子数据形式存在的货币可以分为三种类型。第一种类型是电子货币。电子货币也称数据货币,是法定货币的另一种存在和流通形式。它与流通的纸币和硬币并无本质不同,只是以电子数据或是数据的方式存在。从价值上看,电子货币与法定货币是等值的,换言之,一个一元人民币的数字货币与一元的人民币纸币是等同的。从功能上看,电子货币与法定货币一样,都有价值尺度、流通手段、贮藏手段、支付手段、世界货币等功能。典型的

第三章　信息网络诈骗罪的犯罪构成

电子货币有电子银行存款、支付宝零钱、微信零钱等。这些电子货币可以通过各种支付平台的操作进行转账、取现、收付等，其性质或功能与法定货币无异。第二种类型是虚拟货币。虚拟货币，是指网络企业发行的、不采用法定币名称与单位的电子信息价值单位。在我国，最早发行虚拟货币的公司是腾讯，2002年该公司首创并发行Q币后，其做法得到众多网络公司的效仿，后来又出现了新浪爱问积分、U币、百度币等。虚拟货币最早源于网络游戏，玩家可以通过现金购买、做任务、闯关获得奖励等形式取得虚拟货币。而虚拟货币不仅可以用于购买虚拟游戏中的武器装备，还可以与其他玩家进行网上虚拟物品的交换，甚至折成现金取现。与电子货币不同的是，虚拟货币只能在特定的平台上使用，用于购买特定虚拟产品或服务，不与法定货币挂钩，一般是由平台来定价，说它是多少就是多少。第三种类型是比特币。2009年，日本人中本聪提出比特币（BitCoin）的设计思路，是当前区块链技术应用最好的一个典范。从本质上看，它是一种虚拟电子化数据货币。与大多数货币不同的是，比特币没有特定货币发行机构，依据特定演算法，通过大量计算产生，在互联网上众多节点构成的分散式数据库来确认并记录所有的交易行为，并利用密码学设计、确保货币流通各个环节的真实、安全和有效。[①]在使用范围上，比特币在全世界都有兑换或使用的平台，属于一种世界通用的数字货币。任何人只要拥有一台下载有比特币运算工具的、具有一定计算能力的计算机，就可以通过俗称挖矿（计算）的方式破解某个具体方程组得到特解，进而取得

---

① 《比特币》，百度百科，https://baike.baidu.com/item/%E6%AF%94%E7%89%B9%E5%B8%81/4143690?fr=aladdin。

信息网络视角下诈骗犯罪的刑法规制

比特币。[①]在价值上，比特币是波动的。它的P2P的去中心化特性与演算法本身可以确保无法通过大量制造比特币来人为操控币值。而且，其总数量非常有限，具有极强的稀缺性。该货币系统曾在4年内只有不超过1050万个，之后的总数量将被永久限制在2100万个。因此，比特币的价值是由市场定价的，随着市场需求的不同，其波动也非常巨大。全球最大的三个兑换平台分别是Mt.Gox、Bitstamp和BTCChina。与比特币相类似的还有莱特币、可哥币等。

上述以电子数据形式存在的货币的出现，对传统的诈骗犯罪理论提出了挑战。电子数据形式存在的货币尤其是虚拟货币和比特币，严格意义上讲并不属于货币的范畴，因为其发行主体并非法定的货币发行主体，其价值也难以用法定货币直接衡量。以2016年一度盛行网络的虚拟货币阅多多为例，该虚拟货币以积分形式存在，既可通过现金购买，也可以通过在平台上签到、完成特定文章的阅读任务、转发有关文章并点赞等形式来取得。相关积分可以转化为微信文章的阅读量。其本质只是一种依托于阅读上的服务。由于阅读数往往与微信文章、微博文章流量挂钩，可以通过流量变现，因此也衍生了需方市场与供方市场，双方可以通过该平台进行交易。在交易过程中，相关积分也被赋予了一定的价值，双方可以按平台规定的兑换比例折换成现金取现。取现的比例，是随着市场需求量的不同而波动的，与平台运营情况挂钩，难以直接用货币衡量。再以比特币为例，我国并未承认比特币的合法地位，也不存在合法交易的平台，在实践中比特币只是以数据的形式存在。不可否认的是，尽管比特币并未获得国家层面的认可，但互联网是无国界的，官方层面

[①] 如果以人民币作比喻的话，比特币就是人民币的序列号，你通过运算工具，最终取得了或知道了某张钞票上的序列号，你就拥有了这张钞票。

的管制并不妨碍比特币的持有人通过互联网在国外的交易平台上进行交易，合法获得他国法定货币。因此，在信息网络诈骗环境下，如果沿用传统的诈骗犯罪构成理论，无论是从表现形式（不与法定货币挂钩的电子数据）、发行机构（非法定机构发行）、货币的取得（做任务或电子运算方式）还是价值（无固定价值）等多维层面来看，虚拟货币、比特币都难以纳入财产的范畴。但实际上，虚拟货币和比特币又具有一定的价值，在特定情形下可以转化为合法财产，因此诈骗虚拟货币和比特币的行为具有危害性，实践中不应将其排除在诈骗犯罪之外，否则可能造成法律评价上的不公。

第三节　信息网络诈骗单独设立罪名之辨析

诚如前文所述，在信息网络背景下，新的诈骗类型对传统的诈骗犯罪理论提出了挑战。然而，面对新的诈骗犯罪类型，是否应当设立独立的罪名，学界存在不同的认识。

一、信息网络诈骗犯罪单立罪名可行性分析

对于信息网络诈骗犯罪是否需要单立罪名，内地学界主要有两种不同的观点。第一种观点认为，虽然信息网络诈骗犯罪呈现许多新的特点，但《刑法》现有罪名足以对信息网络诈骗犯罪进行规制，从法律的稳定性出发，无须单独设立罪名。此观点在学界占主流，并影响到了立法和司法。目前，我国《刑法》并未将信息网络诈骗单独规定为一种独立的罪名，只在司法实践中颁布了一系列的司法解释，如"两高一部"的《关于办理电信网络诈骗等刑事案件

信息网络视角下诈骗犯罪的刑法规制

适用法律若干问题的意见》等,其立足现有法律规定,针对信息网络诈骗犯罪的新特征,对现有法律框架下的灵活适用作出解释。这一做法,体现了我国法学界在观念上依然是"借助诈骗罪的概念来认识电信网络诈骗,认为电信网络诈骗实质上是传统诈骗罪在信息网络世界的蔓延,是诈骗罪的一种新型方式"[1],试图立足现有的规定、利用现有罪名对此类犯罪进行规制的现状。第二种观点认为,现有法律难以对信息网络诈骗犯罪作出准确评价,有必要单立罪名。持该观点的学者认为,利用信息网络手段进行诈骗的犯罪,在本质上都是利用信息网络独立于现实世界的虚拟性进行的犯罪,其性质并无更大区别。由于现行理论偏于保守,并未单独设立罪名,进而导致在现行《刑法》的规定下,这些性质并无本质区别的犯罪却归入不同的犯罪类型。从实践来看,可用来评价信息网络诈骗犯罪的罪名包括诈骗罪、信用卡诈骗罪、盗窃罪、招摇撞骗罪、敲诈勒索罪等。由于网络运作原理的不同,网络诈骗犯罪罪与非罪、此罪与彼罪的界限也争论颇多,这在一定程度上影响了司法的判断。甚至在实践中,对信息网络诈骗也没有一个统一的称谓,电信诈骗、网络诈骗、短信诈骗和虚假信息诈骗等,都被用来指代利用信

---

[1] 如杨鸿、苏剑邦(2014)认为电信网络诈骗宜定义为"以非法占有为目的,利用电话、电脑网络所依托的电信技术的信息传播功能,向社会不特定的人群发布虚假信息,骗取公私财物数额较大的行为";胡向阳、刘祥伟、彭魏(2010)认为电信网络诈骗宜定义为"以非法占有为目的,虚构事实或隐瞒真相,利用现代通信技术手段发送欺诈信息,骗取数额较大的公私财物,应当承担刑事责任的行为";葛磊(2012)认为电信网络诈骗宜定义为"以非法占有财物为目的,使用电信设备或通过电脑信息网络广播电视,在信息空间中传播虚假信息,使受害人由此陷入错误认识而自愿处分财物的行为"。转引自高尚宇:《电信网络诈骗独立成罪问题探析》,载《财经法学》2018年第1期,第136页。

第三章　信息网络诈骗罪的犯罪构成

息网络实施诈骗的行为。为加大对信息网络诈骗犯罪的打击力度，有必要将信息网络诈骗犯罪从现有罪名中独立出来，规定为单独的罪名，并在此基础上，加大对与信息网络诈骗相关联的其他犯罪的惩治力度，包括完善相关立法，打击妨害信用卡管理罪、侵犯公民个人信息罪、扰乱无线电通信秩序罪和掩饰隐瞒犯罪所得罪等。笔者认同第二种观点，理由如下：

第一，信息网络诈骗已经突破了传统的诈骗犯罪理论，无法为传统的诈骗犯罪罪名所涵盖。诚如前文所述，虽然利用信息网络实施诈骗的行为，在本质上依然属于"骗"的范畴，但从犯罪构成上分析，其许多方面已经突破了传统的诈骗犯罪理论。从客体上看，信息网络诈骗虽然也有侵财的特征，但更重要的是侵犯了信息网络管理秩序、金融管理秩序和正常的经营秩序。从客观方面看，信息网络诈骗行为隐蔽多元，只要其足以让受骗人产生错误判断即可，并不要求必须具有虚构事实、隐瞒真相的特征；对于信息网络诈骗行为外部表现，可能是受骗人无法判断的事实，受骗人未必具备判断的基础，只要其沿着诈骗行为所预设的路径作出下一步操作即可，未必要求其陷入认识错误。正因如此，在许多情况下，信息网络诈骗并不要求受骗人具有处分意识，只要其因认识错误并沿着信息网络诈骗人所设定的路径作出错误处分操作即可。此外，被害人财产损失也未必是传统财物概念，还可以是以电子数据形式存在的虚拟货币等。在笔者看来，信息网络诈骗罪与传统诈骗罪，并不是一种包含与被包含的关系，因为传统的诈骗犯罪类型无法包含信息网络环境下的新型诈骗。严格来讲，两者应该是一种"交叉"的关系。在许多情况下，两者具有共同特征，但在许多情形下，两者则情形迥异。电信网络诈骗在实施过程中固然会采取骗的手段，但不应要求财物的取得必须直接基于骗这种行为，只要行为人通过信息

信息网络视角下诈骗犯罪的刑法规制

网络实施了散布诈骗信息的骗,无论其财物的取得是否直接基于这种骗,都应该被视为电信网络诈骗。从有效打击信息网络诈骗犯罪的角度出发,有必要适度扩大罪名的覆盖面,单独设立信息网络诈骗罪。

第二,域外有关立法为信息网络诈骗犯罪单立罪名提供了借鉴。这方面,美国在2003年1月颁布的《反垃圾邮件法》是一个较为典型的立法先例。该法认为:"目前,未经请求的商业电子邮件从2001年所有电子邮件流量的7%上升到了50%以上,这一数量还在继续上升。这些信息一方面或更多方面是欺诈性或不可靠的。"为此,该法在"禁止掠夺性和诽谤性的商业电子邮件"部分规定:为欺骗他人而在24小时内传递2500封以上的电子邮件,在任何30天内传递25000封以上的电子邮件,或者在任何一年内传递250000封以上的电子邮件的,或者在一年内,通过违法发送电子邮件而给一人或多人带来累计超过5000美元损失或给自己带来累计超过5000美元收益的,可判处三年以下有期徒刑或罚金,两种处罚方式可同时运用。[1]韩国在2011年9月颁布实施的《关于返还电信金融诈骗损失资金的特别法》中规定,对以电信金融诈骗为目的实施的引诱他人在信息处理装置上输入信息、命令的行为又或利用取得的他人信息诱导他人在电脑等信息处理设备上输入信息、命令的行为,处以10年以下的惩役或1亿韩元以下的罚金。[2]这些规定,实质上是将电信网络诈骗行为与普通诈骗行为区别开来,在实践中独立作为一罪看

---

[1] 欧树军译,赵晓力校:《美国2003年反垃圾邮件法》,载《网络法律评论》2004年第2期,第259~268页。
[2] 转引自高尚宇:《电信网络诈骗独立成罪问题探析》,载《财经法学》2018年第1期,第143页。

第三章　信息网络诈骗罪的犯罪构成

待。所谓"他山之石可以攻玉",这一做法或许可以成为我国立法的一个借鉴。

第三,我国相关司法解释为信息网络诈骗犯罪单立罪名奠定了基础。尽管我国《刑法》并未规定单独的信息网络诈骗罪,但在司法解释中,却有了质的突破,其中尤为重要的一点,是突破了现有立法中诈骗罪纯正数额犯的立法体例。关于数额犯的定义,目前主要有法条说[①]、对象说[②]、既遂说[③]以及构成要件说[④]等,其中,构成要件说是我国目前关于数额犯概念的通说。根据数额是否构成要件系中唯一的程度要素为标准,数额犯又可分为纯正数额犯和非纯正数额犯两类。纯正数额犯,是指以数额作为某种行为成立犯罪的唯一程度要素的犯罪;不纯正数额犯,是指以数额作为某种行为成立犯罪的选择性程度要素的犯罪。在不纯正数额犯构成要件中,数额仅仅是选择性要件。换言之,在不纯正数额犯的情形下,数额作为程度要素并非唯一。在达到法定数额的情形下固然可以构成犯

[①] 法条说认为,数额犯是指法条中直接规定构成犯罪及不同处罚的各种具体数额或"以数额较大"作为构成犯罪要件内容的犯罪。周骏如:《论数额数量犯罪的立法模式》,载《法学》1997年第1期。

[②] 对象说认为,凡是涉及犯罪物件数额的犯罪称为数额犯。刘华:《论我国刑法上的数额及数量》,《刑事法评论》(第2卷),中国政法大学出版社1998年版,第574页。

[③] 既遂说认为,数额犯是以法定的犯罪数额的发生作为犯罪的成立或犯罪既遂标准的一种犯罪类型。童伟华:《数额犯若干问题研究》,载《华侨大学学报(人文社科版)》2001年第4期。

[④] 构成要件说认为,以一定的数额作为构成犯罪要件的称为数额犯,如果达不到数额较大的程度就不认为是犯罪。该说以通说的犯罪构成为视角,对数额犯进行了高度概括,有利于人们正确认识和理解数额犯的范围和特征。陈兴良:《刑法哲学》,中国政法大学出版社1997年版,第579页。

信息网络视角下诈骗犯罪的刑法规制

罪,但在达不到该数额,且具有其他法定选择要件的情形下,也能独立构成该罪。①以此为标准,我国《刑法》规定的普通诈骗罪显然属于纯正的数额犯。理由如下:

首先,从语言逻辑的角度看,数额是诈骗罪唯一的入罪标准。我国《刑法》第266条规定:"诈骗公私财物,数额较大的,处三年以下有期徒刑、拘役或者管制,并处或者单处罚金;数额巨大或者有其他严重情节的,处三年以上十年以下有期徒刑,并处罚金;数额特别巨大或者有其他特别严重情节的,处十年以上有期徒刑或者无期徒刑,并处罚金或者没收财产。本法另有规定的,依照规定。"这一规定分为三个层次:入罪标准、重罪标准、极罪标准。第一层次的入罪标准只有唯一选项——"数额较大",而没有其他选择。这表明,"数额较大"是构成诈骗犯罪的唯一前提。只有满足这一前提,才可以考虑重罪、极罪的问题。也就是说,尽管对第二层次重罪标准、第三层次极罪标准分别作出了"数额巨大或者有其他严重情节"、"数额特别巨大或者有其他特别严重情节"的选择性规定,但在逻辑上是受第一层次相关规定所统率的。换一种表达方式,"或者"后面的选择性要素应该是:(1)数额较大而未达到数额巨大标准,但具有其他严重情节的;(2)数额较大或巨大,尚未达到数额特别巨大标准,但具有其他特别严重情节的。显然,从立法的逻辑上看,诈骗罪的选择性要素虽然影响到量刑,但其必须与数额结合起来判断,对是否构成犯罪是没有独立价值的。从这个意义上看,诈骗罪显然符合纯正数额犯的定义。

其次,从以往相关司法解释看,传统诈骗罪的认定都有数额的要求。在信息网络诈骗犯罪兴起之前,我国最高司法机关对传统

---

① 唐世月:《不纯正数额犯略论》,载《政治与法律》2004年第6期。

第三章 信息网络诈骗罪的犯罪构成

诈骗罪的解释都有数额的要求。例如,1996年最高人民法院《关于审理诈骗案件具体应用法律的若干问题的解释》(以下简称《解释》)对诈骗罪"情节特别严重"作了解释,明确规定"诈骗数额特别巨大是认定诈骗犯罪'情节特别严重'的一个重要内容,但不是唯一情节。诈骗数额在10万元以上,又具有下列情形之一的,也应认定为'情节特别严重'"。在这一解释中,"情节特别严重"必须具备双重要素:一是数额要素(10万元以上,但达不到数额特别巨大的标准),二是情节要素(《解释》规定的九种情形)。在《解释》中,情节要素不具有独立的定罪意义。

然而,随着信息网络环境下诈骗犯罪的日趋严重,最高司法机关相关司法解释突破了《刑法》的相关规定,诈骗犯罪入罪不再以"数额较大"作为唯一的标准。从定罪的角度看,《刑法》所明确规定的"数额较大标准"、学界通说认为诈骗犯罪为纯正数额犯的观点被突破。2011年2月,最高人民法院、最高人民检察院颁布的《关于办理诈骗刑事案件具体应用法律若干问题的解释》第5条第2款、第3款规定:"利用发送短信、拨打电话、互联网等电信技术手段对不特定多数人实施诈骗,诈骗数额难以查证,但具有下列情形之一的,应当认定为刑法第二百六十六条规定的'其他严重情节',以诈骗罪(未遂)定罪处罚:(一)发送诈骗信息五千条以上的;(二)拨打诈骗电话五百人次以上的;(三)诈骗手段恶劣、危害严重的。实施前款规定行为,数量达到前款第(一)、(二)项规定标准十倍以上的,或者诈骗手段特别恶劣、危害特别严重的,应当认定为刑法第二百六十六条规定的'其他特别严重情节',以诈骗罪(未遂)定罪处罚。"依照这一规定:无论诈骗行为是否取得财物,也无论是否以数额巨大的财物为目标,只要行为人实施了"发送诈骗信息5000条以上",或者"拨打诈骗电话500人次以上",或者"诈骗手段恶劣、危害严重的",均可构成诈骗罪。如果达到上述标准10倍以上,可以视为"特别严重情节",按诈骗罪第三层次极罪的未遂标准量刑。

事实上,尽管最高人民法院的这种突破,只是解释的制定者意图规避"司法解释超越立法"所采取的技术性处理。①但不可否认的是,这一做法,客观上在我国司法规范性文件中开启了信息网络诈骗犯罪与普通诈骗犯罪区别对待的先河。司法实践往往是立法的先导,从某种程度上看,这一做法为未来立法修改创设了条件和基础。

二、信息网络诈骗罪概念之界定

(一)信息网络诈骗罪概念的观点评析

从目前学界研究成果看,学者更多将视角投向网络犯罪这一领域,关于信息网络诈骗犯罪的研究成果较少。从CNKI论文检索情况看,对这一领域研究的学者概念表述各不相同,定义为电信诈骗、网络诈骗的均有,也有少部分学者以信息网络诈骗概括。此外,相关概念也各自迥异,互不相同。关于信息网络诈骗的研究,事实上还处于较为初级的阶段。

关于网络诈骗、电信诈骗的观点,主要有以下几种:

第一种观点认为,所谓网络诈骗,是指以非法占有为目的,利用互联网采用虚构事实或者隐瞒真相的方法,骗取数额较大的公私财物的行为。②这一观点着重强调了利用互联网这一特性,突出了网络

---

① 秦新承:《支付方式演进对诈骗犯罪的影响研究》,上海社会科学院出版社2012年版,第176页。
② 郭春涛:《网络诈骗的概念、主要表现及犯罪构成研究》,载《信息网络安全》2011年第4期,第62页。

第三章 信息网络诈骗罪的犯罪构成

诈骗侵犯复杂客体（侵财、侵犯网络秩序等）的特征，但客观方面则延续了传统诈骗犯罪的特征，视野偏于狭窄，并未留意到特殊情形下利用网络实施诈骗可以采用虚构事实或隐瞒真相以外的足以让人陷入误解的其他方式。此外，在数额上依然延续数额较大的传统理论，并不符合最高人民法院相关司法解释的精神，也无法适应当前有力打击网络诈骗犯罪的需要。

第二种观点认为，所谓网络诈骗，是指以非法占有为目的，依靠网络公共平台，以隐瞒事实和真相的方式，对他人钱财进行诱骗而导致损害他人利益的行为。[①]与第一种观点相比，这一观点用网络公共平台的概念替代互联网的概念。因为，尽管互联网诈骗犯罪高发，在广域网、万维网的环境下，也同样可以发生诈骗犯罪。使用网络平台，似乎比互联网更进步一层。但值得注意的是，这一概念除在犯罪手段上延续传统犯罪以隐瞒事实和真相的方式外，在犯罪对象方面也限定为钱财，未将虚拟货币等具有财产性价值但严格意义上并不属于财产的利益类型纳入，因此还是存在缺陷的。

第三种观点认为，"网络诈骗犯罪，是指以非法占有为目的，以计算机互联网、电视网、固定通话网、移动通信信息网络为工具，采用虚构事实、隐瞒真相的手段，实施欺诈活动，骗取数额较大的公私财产的犯罪"。持此说者的一个进步之处，是对网络作了进一步细化解释，将计算机互联网、电信网、广播电视网等均纳入网络的范畴，更适应当前日益复杂的信息网络犯罪形势，是具有积

[①] 徐金水：《网络诈骗犯罪问题研究》，华中师范大学硕士学位论文，2011年。

信息网络视角下诈骗犯罪的刑法规制

极意义的,[①]但总体上仍未走出前两种观点的局限。

第四种观点认为,所谓电信诈骗,是指以非法占有财物为目的,使用电信设备或通过计算机信息网络、广播电视,在信息空间中传播虚假信息,使被害人因此陷入认识错误而自愿处分财物的行为。[②]这一概念的积极意义在于虚假信息的表述,比虚构事实、隐瞒真相更能概括信息网络背景下诈骗犯罪的情形。因为,如前文所述,在网络环境下,诈骗行为人往往是依托电信、网络等信息空间,向不特定的人传递足以让人陷入误解的信息。这些信息未必有明显的虚构事实或隐瞒真相的特征,但其刻意让人陷入误解的外在表现,以虚假一词概括还是比较准确的,因为反过来看,这些信息并非真实的信息。[③]但该概念以电信这一概念对信息空间中传播虚假消息的诈骗行为进行概括,并不完全准确。且该概念强调被害人自愿处分财物,也未必准确,除其未能涵盖受骗人在不具备处分意识下受骗作出处分行为的情形外,也无法涵盖诈骗行为人借助诈骗取得个人信息后盗刷、汇款、转账等行为。此外,在网络三角诈骗的情形中,受骗人也并不等于被害人。

第五种观点认为,所谓电信诈骗,就是违法犯罪者通过短信、

---

① 2001年3月以前,人们通常将信息网络分为公用电话网、广播电视网和电脑网。这三种网络有各自的形成过程、服务物件、发展模式。三种网络的功能有所交叉,又互为补充。三种网络的发展方向是:互相融通,取长补短,逐步实现三网融合。我们所说的互联网通常指的是电脑互联网。在三网融合的情况下,通过电信网、电视网、移动通信网等,均可实现与互联网的连接。
② 葛磊:《电信诈骗罪立法问题研究》,载《河北法学》2012年第2期。
③ 以响一声电话为例,电话铃响起,并无明确的信息表达,也没有明确地要求机主复电的信息传达,机主可以选择回复或不回复。因此,无论从明示还是默示的角度,响一声电话都不符合虚构事实、隐瞒真相的特征。但从本质上看,该电话并非真实的来电,其目的在于侵财,具有虚假性。

第三章　信息网络诈骗罪的犯罪构成

电话和互联网等方式，假冒国家机关、公司、医院、朋友等，编造被骗人退税、中奖、家人意外受伤、朋友急事、有人加害或出售致富信息和投资分红等虚假信息，对受害人实施远端操控，骗取受害人向其转账或汇款，非接触式诈骗受害人钱财。①这一概念的积极意义在于对常见的信息网络诈骗行为进行列举，突出信息网络诈骗非接触式骗取的特征，且不强调被害人自愿处分，而是通过虚假信息对受害人实施远端操控。但这一概念也存在两个明显的问题：其一，未考虑到虚拟货币等财产性利益问题；其二，只考虑到受害人转账汇款，而未考虑到通过木马、钓鱼等诈骗方式。因此，这一概念依然不全面。

（二）信息网络诈骗罪的概念界定

从学界关于电信诈骗、网络诈骗所下的定义看，尽管表述各有不同，但都着重强调这种诈骗是依托电信设备、互联网、广播电视网、移动通信网等平台或载体实施的新型诈骗。因此，为此类诈骗犯罪下定义，首先要考虑如何对这一平台或载体进行相对准确的概括。笔者认为，学界使用的电信诈骗、网络诈骗对此类犯罪进行的概括并不准确。

关于电信的概念，世界各国的定义并不相同。②在我国，学界对

---

① 《电信诈骗的概念》，广东省政府应急办公室，http://www.gdemo.gov.cn/zt/ffdxzp/fzpcs/201806/t20180625_272199.htm，访问日期：2018年12月10日。
② 依照1992年《国际电信联盟组织法、公法和行政规则》的定义，所谓电信，是指"利用有线、无线、光或者其他电磁系统传输/发射或接受符号、信号、文字、图像、声音或其他任何性质的信息"。而WTO《服务贸易总协定》对电信的定义则是"以任何电磁方式传递或接收信号"。法国1990年《电信法》规定："电信是指对符号信号、文字、图像、声音和信息由无线电/光学仪器/微波或其他电磁手段以任何方式进行传递、传播或接收。"《电信》，百度百科，https://baike.baidu.com/item/%E7%94%B5%E4%BF%A1/150753?fr=aladdin，访问日期：2018年12月10日。

信息网络视角下诈骗犯罪的刑法规制

电信的概念表述不一,但从立法的角度理解电信的概念似乎应回到法律的层面。依照2000年9月20日国务院通过的《电信条例》第2条之规定,电信是指"利用有线、无线的电磁系统或者光电系统,传送、发射或者接收语音、文字、数据、图像以及其他任何形式信息的活动"。在实践中,这种活动表现为电信业务经营者提供各种电信业务的行为,如电话服务、电报服务、数据服务、图像服务以及多媒体通信服务等。[①]按此理解,电信的概念与互联网虽然有一定交叉(电信网络可以接入互联网),但两者概念并不相同,所谓电信诈骗并不包括利用互联网进行的诈骗活动。

而所谓网络,是由若干节点和连接这些节点的链路构成,表示诸多对象及其相互联系。[②]网络的概念范围较广,在数学、哲学、经济学等不同学科里含义各不相同。它由通信线路连接,以通信协定、管理软件和作业系统,实现信息传输、接收和共用,实现点、面、体的信息连通,最终实现信息资源的共用和互通。[③]计算机网络按不同的标准,可以划分为不同的类型。例如,按传输方式不同,可划分为有线网络和无线网络;在逻辑功能上,可划分为资源子网和通信子网等。其中,最广为接受的是按地理范围的不同进

[①] 《电信》,百度百科,https://baike.baidu.com/item/%E7%94%B5%E4%BF%A1/150753?fr=aladdin,访问日期:2018年12月10日。

[②] 《网络》,百度百科,https://baike.baidu.com/item/%E7%BD%91%E7%BB%9C/143243?fr=aladdin,访问日期:2018年12月10日。

[③] 《网络》,百度百科,https://baike.baidu.com/item/%E7%BD%91%E7%BB%9C/143243?fr=aladdin,访问日期:2018年12月10日。

第三章 信息网络诈骗罪的犯罪构成

行划分。这种划分标准将计算机网络分为四种类型,即局域网①、城域网②、广域网③和互联网④。通常所说的网络诈骗,更多是指利用互联网实施的诈骗。实践中,不同的网络也在进行互联。网络互联,是指将两个以上的通信网络通过一定的方法,用一种或多种网络通信设备相互连接起来,以构成更大的网络系统。网络互联的目的是实现不同网络中的用户互相通信、共用软件和数据等。⑤当前,我国正推进三网融合工程。电信网、计算机网和有线电视网三大网

---

① 局域网(Local Area Network,LAN),是指在某一区域内由多台计算机互联而成的计算机组。一般是方圆几千米以内。局域网可以实现文件管理、应用软件共用、印表机共用、工作组内的日程安排、电子邮件和传真通信服务等功能。局域网是封闭型的,可以由办公室内的两台计算机组成,也可以由一个公司内的上千台计算机组成。

② 城域网(Metropolitan Area Network,MAN),是指在一个城市范围内所建立的计算机通信网。它属宽频局域网,由于采用具有有源交换元件的局域网技术,网中传输时延较小。它的传输媒介主要采用光缆,传输速率在100兆比特/秒以上。

③ 广域网(Wide Area Network,WAN),又称外网、公网,是连接不同地区局域网或城域网计算机通信的远程网。它通常跨接很大的物理范围,所覆盖的范围从几十公里到几千公里,能连接多个地区、城市和国家,或横跨几个洲并能提供远距离通信,形成国际性的远程网络。

④ 互联网(Internet),又称国际网络,始于1969年美国的阿帕网,是网络与网络之间所串联成的庞大网络。这些网络以一组通用的协定相连,形成逻辑上的单一巨大国际网络。通常internet泛指互联网,而Internet则特指国际网络。这种将计算机网络互相连接在一起的方法可称作"网络互联",在这个基础上发展出的覆盖全世界的全球性互联网络被称为互联网,即互相连接在一起的网络结构。互联网并不等同于万维网,万维网只是一个建基于超文本相互链接而成的全球性系统,且是互联网所能提供的服务之一。

⑤ 《网络互联》,百度百科,https://baike.baidu.com/item/%E7%BD%91%E7%BB%9C%E4%BA%92%E8%81%94/10501073,访问日期:2018年12月10日。

信息网络视角下诈骗犯罪的刑法规制

络通过技术改造,能够提供包括语音、数据、图像等综合多媒体的通信业务。各种网络互联,在方便人们信息交互的同时,也为跨网的诈骗创造了条件。如果按此理解,网络诈骗显然难以涵盖使用电信设备实施的诈骗活动。因此,如果要综合考虑将电信诈骗、网络诈骗以及类似诈骗活动单独设立罪名,有必要考虑一个更为准确的罪名概括方式。笔者认为,信息网络诈骗似乎更为准确。

所谓信息,通常是指对人们有用的一切消息。人通过获得、识别自然界和社会的不同信息来区别不同事物,得以认识和改造世界。从这个意义上而言,信息与物质、能量一起,成为构成这个世界的三大要素。[①]依照詹姆斯·格雷克(James Gleick)的观点,信息不仅被动记录世界,并且主动创造世界。在人类文明发展的过程中,采取了图像、声音、文字等方式记录信息,借助这些信息,人才得以还原历史,整个人类社会才得以完整保存。因此,信息是维系人类文明完整性的重要要素。[②]在人类社会的早期,信息只靠口耳相传,传输速度慢,范围窄;文字出现后,信息有了借以记载的途径,并一定程度得以复制、固定和传播,影响进一步扩大。为便于信息的传播,近代以来邮政、电话、电报等先后得到普及和发展,信息从文字拓展到声音和信号,其传播慢慢打破了时间和地域的限制,进一步扩大。自20世纪70年代以来,依托计算机网络,信息被转化为统一的"0"或"1"的位元流。在日常生活中我们接触到的文字、图片、数据和音频、视频,都可以转换成"0"或"1"进行

[①] 控制论的创始人维纳认为:信息就是信息,不是物质,也不是能量。也就是说,信息与物质、能量是有区别的。同时,三者之间也存在着密切的关系。物质、能量、信息是构成现实世界的三大要素。

[②] [美]詹姆斯·格雷克:《信息简史》,高博译,人民邮电出版社出版2013年版。

第三章 信息网络诈骗罪的犯罪构成

数据化处理，然后通过不同的网络进行传输、储存、交换、修改等。信息和资源交流活动变得更加迅速，信息全球化加快，推动世界新的政治、经济格局的形成，人类文明的发达程度也达到空前的高度，以至于人们习惯将信息革命称为第三次工业革命。在我国，以往的电信网、广播电视网、互联网在向宽频通信网、数据电视网、下一代互联网演进过程中，也实现了三网融合，其技术功能趋于一致，业务范围趋于相同，网络互联互通、资源分享，能为用户提供语音、数据和广播电视等多种服务，形成你中有我、我中有你的格局。[①]这打破了原来三大网络各自为政的格局，进一步促进了信息的互联互通、共建共用。而人工智能的发展，也为人们依托网络处理各自信息提供了前所未有的便捷。人们足不出户就可以依托网络输入各种信息指令，实现网上办公、网络银行、网络购物等，甚至依托网络传感技术，还可以实现网络远端诊疗等。

与此同时，作为信息化的副产品，诈骗犯罪也随之滋生。无论这些诈骗犯罪所利用的是电信设备还是计算机网络，也无论其诈骗手法如何，有一个特征是共同的，那就是利用了信息数据化、网络化传播过程中打破地域限制、可面向不特定多数人、非接触式的特性，将诱导性信息传播给不特定多数人，并诱导其依托网络对所收到的信息作出错误的回馈，如错误转账、提供个人信息（包括身份号码、银行账户等）或者诱导其点击钓鱼网站或木马软件，在受骗人不知情的情况下由人工智能根据受骗人提供的信息作出信息处理，包括自动输入转账指令等。这个过程比较复杂，并且与网络环境下信息技术的运用、信息的传播、信息的处理等密切相关。因

---

① 《三网融合》，百度百科，https://baike.baidu.com/item/%E4%B8%89%E7%BD%91%E8%9E%8D%E5%90%88/415568，访问日期：2018年12月10日。

信息网络视角下诈骗犯罪的刑法规制

此，笔者认为，以信息网络诈骗一词概括信息网络环境下的诈骗犯罪，似乎比网络诈骗、电信诈骗更为贴切。

结合实践中此类诈骗犯罪的不同手法，并汲取当前关于网络诈骗、电信诈骗定义中的各种缺陷，笔者认为，如果立法设立单独的信息网络诈骗罪，其概念可以界定为："以非法占有为目的，利用信息网络和设备向不特定的多数人发送或提供虚假的或诱导性的信息，诱导受骗人作出汇款、转账行为或借此攫取受害人的个人信息，再通过盗刷、汇款、转账等方式，获取财产性利益，情节严重的行为。"

上述概念，主要从犯罪构成的角度强调以下几个要素：

第一，信息网络诈骗罪的主观方面必须以非法占有为目的。这一点与普通诈骗并无多大不同。按照刑法理论通说，犯罪故意具有认识因素和意志因素两方面内容，信息网络诈骗罪也同样如此。在认识因素方面，行为人必须意识到自己的行为会导致他人陷入认识错误，进而处分财产或被诱导性提供可通过网络处分自己财产的个人信息数据或密码，行为人或第三人因此取得财产或财产性利益。行为人认识到自己的行为是一种诈骗行为，是一种会发生危害社会结果的行为。在意志因素方面，行为人明知自己的行为会发生危害社会的后果，依然追求或放任这一结果的发生。值得注意的是，学界对诈骗的主观故意是否包括间接故意存在争议。对此，笔者认为，至少在信息网络诈骗罪中，故意的内容不仅仅是直接故意，还应当包含间接故意。

第二，在犯罪客体方面，信息网络诈骗犯罪利用信息网络设备（包括利用电信设备、网络设备、移动通信设备等）这一特征，决定了信息网络诈骗罪侵犯的客体是复杂客体，既包括财物，也包括网络管理秩序等。

第三章 信息网络诈骗罪的犯罪构成

第三，在犯罪的客观方面，有几个特征是需要注意的。首先，作出汇款转账行为的是受骗人，而不是被害人，因为信息网络诈骗可能存在三角诈骗的情形。其次，犯罪手段主要通过发送虚假的或诱导性的信息来进行。所谓虚假信息，是指隐瞒真相、虚构事实的信息；所谓诱导性信息，是指足以对受骗人造成误导的信息，无论该信息是否具备隐瞒真相、虚构事实的特征。再次，信息网络诈骗，还包括攫取受害人的个人信息后再进行盗刷、汇款、转账等情形。尽管在当前，此类行为在司法裁判中几无例外被归入盗窃的范畴，但这种定性在理论上是禁不起推敲的。下文将对此作专门论述，此处不作展开。最后，犯罪的目的，是获取财产性利益，包括所有可以对财产进行量化的利益（包括货币、实体财物）以及能够在各种网络平台量化为财产的虚拟货币、虚拟商品等。

第四，在犯罪的类型方面，数额固然是信息网络诈骗犯罪所应考量的重要因素，但并非唯一因素。严格来讲，信息网络诈骗罪并非纯正数额犯，而是情节犯。数额较大固然可以成为定罪量刑的标准，但发送诈骗信息的条数、被害人受骗的后果、案件的社会影响面、对互联网管理秩序的破坏程度等也属于定罪量刑的考量因素。

第四章　信息网络诈骗共同犯罪问题

　　共同犯罪问题历来是刑法理论、刑事司法实践中最复杂的问题之一，甚至被视为"刑法上最混乱和黑暗的'绝望之章'"[①]。由于信息网络的特殊性，信息网络诈骗共同犯罪也呈现出许多与普通诈骗犯罪所不同的特征：一是联络的主体往往是匿名的。在许多情况下，各个共同犯罪人相互不认识，并不了解对方的身份、职业、性格、相貌等，相互之间的联系只用网络昵称和代号。二是共同犯罪的意思联络通常较为模糊。虽然信息网络诈骗也存在共同谋划后分工配合实施犯罪的情形，但在许多情况下，却不存在共谋的过程。一般来说，犯罪主体之间并没有当面的交流与详细的沟通，而只是有一个模糊的意思联络。三是在许多情况下，各个环节的诈骗分子只是按"剧本"操作，相互之间并不了解，也不熟悉，甚至不知道自己在诈骗中的地位和发挥的作用。总的来说，信息网络环境下，共同犯罪与新型诈骗交织在一起，更显得庞杂和混乱。这给司法实践中准确打击信息网络诈骗犯罪带来了不小的困扰。本章试结合司法实践，就若干理论问题略述己见。

[①] [日]高桥则夫：《共犯体系和共犯理论》，冯军、毛乃纯译，中国人民大学出版社2010年版，第1页。

第四章 信息网络诈骗共同犯罪问题

第一节 信息网络诈骗共同犯罪的主观方面

根据共同犯罪理论,一般情况下,成立共同犯罪有三个方面的要求:一是人数为两人以上,并且行为人达到法定的刑事责任年龄;二是各共同犯罪人必须有共同的犯罪行为,这些行为与犯罪结果之间存在着因果关系;三是主观方面要求有共同的犯罪故意。①所谓共同犯罪故意,通常包含两层意思:首先,共同犯罪人对该罪必须有故意。其次,共同犯罪人之间存在着意思联络,意识到了在协同共同行为。换言之,行为人有互相通谋的情形。从共同犯罪形成的时间看,包括事前的通谋与事中的通谋。如果是在共同行为既遂以后才知道共同行为人共同行为事实,并表示赞同的,不认为是共犯。而在信息网络的背景下,上述理论却遇到了不小的挑战。

改革开放初期,我国信息网络技术并不发达,计算机、电话等尚未普及,用户量少,使用成本高昂。在这种情况下,信息网络诈骗不仅犯罪对象范围狭窄,犯罪成本高,在取得财物方面也途径单一,大多只能依赖邮政汇款或银行转账,暴露的风险大。而信息网络诈骗犯罪被视为一种高科技犯罪,诈骗分子必须经过缜密的共谋、严密的配合才能得逞,并降低被司法机关打击的风险。因此,早期的信息诈骗犯罪,不仅数量少,在共同犯罪中大多必须经过事先共谋,信息网络诈骗共同犯罪更类似于一般网络诈骗共同犯罪的网络化,套用传统的共同犯罪理论并不存在障碍。

然而,随着信息网络技术的发展,其实现了三个方面的突破:

---

① 马克昌:《犯罪通论》,武汉大学出版社1999年版,第505~510页。

信息网络视角下诈骗犯罪的刑法规制

一是实现了用户的重大突破。截至2017年，我国互联网网民有7.72亿，手机网民达到7.20亿。[①]手机和网络普及寻常百姓家，几乎平均每两个中国人中，就有一个网民，网民数量跃居世界第一。二是支付方式实现了非现金化。网民可以使用手机和网络跨地域、随时随地便捷地完成支付的过程，实现财物的非现金流转。三是财产处分的非人格化。在信息网络背景下，财物的处分无须财物的占有人来进行。任何人，只要掌握网银的登录密码、交易密码以及动态密码，或通过网络预设的其他密码验证方式，就可以便捷地完成网络指令，实现财物的处分。这三个特点，一方面大大拓宽了网络诈骗犯罪的对象范围，另一方面也降低了犯罪的成本，尤其是非人格化处分财产的模式，使犯罪后被查处的风险大大降低。

在犯罪主观方面，网络的普及使信息网络诈骗的共同故意发生了明显的变化：在许多情况下，共谋（包括事先共谋和事中共谋）已经不是必备条件。有时，行为人只需在网络上发布一个提议，便可以得到其他人的回应，无须详细磋商即可形成默契。例如，陈某在浏览网页时，发现一则购买微信号的广告：因特殊业务需要，急需绑定真实个人信息的微信号，价格从优。陈某经常浏览网络，清楚知道使用他人微信号开展"特殊业务"都是为了隐瞒自己的真实身份进行非法活动。陈某添加广告发布者微信后，查看其朋友圈内容，明白其所说的"特殊业务"就是信息网络诈骗。但陈某仍将绑定了自己真实信息的5个微信号以1000元/个的价格售与他人。本案中，陈某并未与对方经过任何的共谋，但在意识联系方面却是一致的，双方都知道微信号将被用于诈骗，但陈某仍为其提供绑定了个

[①] 《2018中国互联网发展报告》，搜狐网，https://www.sohu.com/a/244667064_754297，访问日期：2019年6月2日。

第四章 信息网络诈骗共同犯罪问题

人真实信息的微信号。因此,尽管双方并未经过通谋,但应认为双方都具有诈骗的共同故意。又如,陈某通过网络招聘与林某在QQ上取得联系,林某提供的岗位是专职取款,陈某须按要求持林某提供的银行卡到ATM机上取款,在将款项交给林某后,获得一定比例的跑腿费。陈某心知肚明,知道银行卡里的钱一定来路不明,十有八九是诈骗所得,但为了得到好处,仍积极为其取款。在这个案件中,林某并未明确告诉陈某银行卡的钱是诈骗所得,并要求对方提供帮助,双方同样不存在通谋的过程。但取款这一简单且极其私密的事情,不可能交由陌生人去完成,更不可能为了完成这一过程而支付数量不菲的报酬。因此,任何一个具有正常判断能力的人,都能意识这份工作是在为犯罪提供帮助,双方还是具有共同故意的。也正因为如此,"两高一部"出台的《关于办理电信网络诈骗等刑事案件适用法律若干问题的意见》第四点关于"准确认定共同犯罪与主观故意"部分的第三款,不再拘泥于共谋,而是列举了明知他人实施电信网络诈骗犯罪情形下,八大类别的以共同犯罪论处的情形。[①]这一司法解释通过电信网络诈骗共同犯罪主观故意下犯意联

---

① 明知他人实施电信网络诈骗犯罪,具有下列情形之一的,以共同犯罪论处,但法律和司法解释另有规定的除外:(1)提供信用卡、资金支付结算账户、手机卡、通讯工具的;(2)非法获取、出售、提供公民个人信息的;(3)制作、销售、提供"木马"程序和"钓鱼软件"等恶意程序的;(4)提供"伪基站"设备或相关服务的;(5)提供互联网接入、服务器托管、网络存储、通讯传输等技术支持,或者提供支付结算等帮助的;(6)在提供改号软件、通话线路等技术服务时,发现主叫号码被修改为国内党政机关、司法机关、公共服务部门号码,或者境外用户改为境内号码,仍提供服务的;(7)提供资金、场所、交通、生活保障等帮助的;(8)帮助转移诈骗犯罪所得及其产生的收益,套现、取现的。上述规定的"明知他人实施电信网络诈骗犯罪",应当结合被告人的认知能力,既往经历,行为次数和手段,与他人关系,获利情况,是否曾因电信网络诈骗受过处罚,是否故意规避调查等主客观因素进行综合分析认定。

信息网络视角下诈骗犯罪的刑法规制

络的扩大适用，弥补了传统共同犯罪理论下打击信息网络犯罪的不足，为司法机关遏制日益猖獗的信息网络诈骗犯罪活动提供了依据。

然而，值得注意的是，上述司法解释仍有过于限缩之嫌。依照德日共犯从属性理论，共犯是从属于正犯的，换言之，共犯是对正犯行为进行加工和助力的行为。因此，在刑罚上两者应有所区分，正犯的处罚应比共犯重。按照从属性不同，共犯从属性包括实行从属性、要素从属性和罪名从属性三层含义。①关于要素从属性，理论上有不同的解释，德国刑法学者M. E. 迈耶将其区分为夸张从属性说、极端从属性说、限制从属性说和最小从属性说四种。②我国刑法在立法上与德日并不相同，也未采纳共犯从属性理论，许多规定与这一理论是相抵触的甚至水火不容的。③尽管如此，随着近年来"西

---

① 所谓实行从属性，是指共犯要具有可罚性，正犯必须已着手实行犯罪。所谓要素从属性，是指共犯要具有可罚性，正犯在犯罪成立要件中，必须具备哪些要素的问题。所谓罪名从属性，是指共犯的罪名、处罚条文是否应从属于正犯的罪名、处罚条文的问题。

② 其中，夸张从属性说认为，共犯的可罚性除必须从属于正犯的构成要件该当性、违法性、有责性之外，还必须从属于正犯者的（刑罚加重、减轻、阻却）身份；极端从属性说认为，必须从属于正犯的构成要件该当性、违法性、有责性；限制从属性说认为，必须从属于正犯的构成要件该当性、违法性；最小从属性说认为，只要从属于正犯的构成要件该当性即可。

③ 例如，关于教唆犯，如果依照共犯从属性理论，教唆者为帮助犯，被教唆者为正犯，教唆者的行为必然从属于被教唆者。而从我国《刑法》来看，结论却未必如此。《刑法》第29条第3款明文规定："如果被教唆的人没有犯被教唆的罪，对于教唆犯，可以从轻或者减轻处罚。"这一规定清晰表明，教唆的人行为是否构成犯罪，并不取决于被教唆的人是否按照教唆者的意思实行犯罪。即使被教唆的人没有犯罪，甚至根本不接受教唆的内容，教唆者都有可能构成犯罪。这些规定显然与德日共犯从属性理论是相悖的。

第四章 信息网络诈骗共同犯罪问题

法东渐",我国法学界受共犯从属性理论的影响还是颇深。为便于论述,下文也试从共犯从属性理论的角度作些分析。

从我国实践看,对信息网络诈骗"明知"的内容,法学界与司法实践显然是不同的。法学界大多认为,只要行为人能够意识到他人在实施违法的行为而提供帮助,就可以认定为信息网络诈骗犯罪的帮助犯。并不要求行为人清晰认识到违法行为的性质是诈骗还是盗窃或是其他,也不要求行为人意识到违法的程度是行政违法还是犯罪。这显然更接近限制从属性的观点。而司法实践中则是另一种做法。依照"两高一部"《关于办理电信网络诈骗等刑事案件适用法律若干问题的意见》,必须是"明知他人实施电信网络诈骗犯罪"。这表明,在司法实践中,行为人不仅要清晰了解他人的行为是电信网络诈骗这一行为属性,还必须意识到他人的行为达到犯罪这一程度。这显然是极端从属性的观点。在理论上,极端从属性的观点是存在明显缺陷的,它除违反近代刑法的个人责任原则之外,其基本理念也根本无法贯彻。[1]因为,严格依照该学说,如果教唆一个无刑事责任年龄的人实施刑法所规定的危害行为,因正犯的行为不构成犯罪,教唆犯也不可能构成犯罪的。虽然持极端从属性学说的学者为弥补这一缺陷提出了间接正犯的概念,但依然无法解决理论上的障碍,尤其是在教唆者误以为被教唆者具有刑事责任年龄(而实际上没有)的情况之下,将其认定为间接正犯,无疑有客观归罪的嫌疑。或许,这也正是我国《刑法》摒弃共犯从属性理论,坚持以主客观相一致的原则来判断罪与非罪的原因所在。

因此,"两高一部"的《关于办理电信网络诈骗等刑事案件适

---

[1] 刘明祥:《论我国刑法不采取共犯从属性说及利弊》,载《中国法学》2015年第2期,第282~288页。

信息网络视角下诈骗犯罪的刑法规制

用法律若干问题的意见》将"明知"的内容落足于犯罪，要求帮助者对正犯的犯罪行为有具体的认识，同样是有巨大缺陷的。它将极大地限缩帮助犯的处罚范围，并不符合信息网络诈骗犯罪的特点和打击的需要。首先，在信息网络环境下，诈骗犯罪有两个非常明显的趋势，那就是犯意联系的模糊化和规模的集团化。网络中的联系往往无须明确的意思表示和交流，在更多的情况下，为了防止出现敏感词语引起网警注意，甚至是只要心照不宣即可，禁止成员在网络交流中出现明确的意思交流。在实践中，许多职业取款人无须特别说明，已经可以心照不宣地判断出他人在实施违法甚至犯罪行为，但仍提供信用卡、身份证并协助取款即是例证。由于犯意联系的模糊化，这些职业取款人只能模糊判断他人的行为是违反法律的，而不可能精准地知道他人行为的规模、危害、情节、影响等一定达到犯罪的程度。其次，在分工细化的诈骗集团中，一个诈骗环节接着另一个诈骗环节，每个环节都只是按照原先设定的"剧本"行事，与其他环节并无更多的联系，也不清楚其他环节的行为是否构成犯罪。在这种情况下，行为人大多可以判断自己的行为是非法的，但要求他们"明知他人犯罪"恐怕不太现实。再次，从刑事诉讼证据的角度，"明知"属于主观的内容，大多数情况下并无直接证据载体予以证明，而只能依靠间接证据推导、演绎而得出结论。考虑到对"明知"这一主观内容的证明难度，坚持这一观点也极有可能导致帮助犯概念的虚化。[①]事实上，正如前文所述，信息网络诈骗罪与普通诈骗罪是存在区别的。其中一个非常重要的特征，是信息网络诈骗并非数额犯，而属于行为犯、情节犯。对信息网络诈骗犯罪

[①] 张建、俞小海：《电信诈骗犯罪中帮助取款人的刑事责任分析》，载《法学》2016年第6期，第145页。

第四章 信息网络诈骗共同犯罪问题

行为,无论其是否造成他人财产损失,这种犯罪都是完成的,其社会危害表现为电信网络管理秩序遭到破坏、社会诚信遭到破坏、他人财产安全受到严重威胁。只要其行为足以对上述法益构成严重威胁,即应认定为犯罪。因此,在笔者看来,从更有效打击信息网络诈骗的角度出发,对信息网络诈骗犯罪"明知"的内容也应有更宽泛的理解——只要明知他人的行为是法律禁止,或可能是犯罪,而积极配合、积极帮助,即应构成共犯。

那么如何认定行为人对上述内容"明知"呢?司法实践中一般采用刑事推定的方法,从推定的思路上看,通常采取一般人标准说。所谓一般人,是指具有正常认知能力的公民,也就是说,只要对于具有正常认知能力的社会一般人能够有所认识,就可以推定行为人主观上明知。例如,结合行为人的认知能力、既往经历、行为次数和手段、与他人关系、获利情况、是否曾因电信网络诈骗犯罪受过处罚等情况来综合认定。以信息网络诈骗中的职业取款人的行为认定为例,通常可以从以下几个方面综合进行考虑,判断其是否"明知":(1)是否大量持有非本人名下的银行卡;(2)是否在短时间内进行大量取款,并分别在多台ATM机上进行取款;(3)取款时是否对监控设备进行干扰,如采取遮挡面部、损坏监控设施、伪装等手段;(4)是否在无合理解释的情况下,支取大额款项不选择柜台办理;(5)与委托取款人之间是否存在亲属或者朋友关系;(6)取款行为是否收取超出正常范围的费用;(7)是否从诈骗行为人处获得非正常报酬等。

第二节　信息网络诈骗罪的片面共犯问题

一、片面共犯理论之检讨

片面共犯，即片面的共同犯罪，是指在参与同一犯罪的人中，一方认识到自己是在和他人共同实施符合刑法构成要件的违法行为，而另一方没有认识到有他人和自己共同实施的情形。片面共犯的最主要特征在于共同犯罪人在主观方面是片面合意，即只有一方存在与另一方共同犯罪的故意，因而这种合意是片面的。在片面共犯中，不知情的一方不可能构成共同犯罪，但是对于存在这种片面合意的一方是否与他方成立共同犯罪，学界存在不同观点。持肯定说的学者主要有三方面的理据：其一，实践中参与者有共谋、有交流、有共同故意的犯罪可称为全面共犯，这是共同犯罪的典型形式。而片面共犯是共同犯罪的特殊形式。其二，"全面共犯和片面共犯之间并不是共同故意有无的区别，而是共同故意形式的区别。或者说，全面共犯和片面共犯在共同故意的内容上只有量的区别，而没有质的差别"。其三，"如果否认我国刑法中存在片面共犯，就失去了追究其刑事责任的法律依据"。[①]持否定观点者则认为，共同犯罪中共同故意应该是全面和相互的，而片面共同犯罪之中的共同故意是片面和单向的，这一特征与共同犯罪的含义是相矛盾的，因此，我国刑法不存在片面共犯，实践中存在的所谓片面共犯，一

---

① 陈兴良：《论我国刑法中的片面共犯》，载《法学研究》1985年第1期，第49页。

第四章　信息网络诈骗共同犯罪问题

般应按照间接实行犯来处理。[①]域外对片面共犯同样存在争论：有人否认片面共犯的概念，认为片面共犯不成立共同犯罪；[②]有人肯定片面共犯的概念，认为所有片面共犯都成立共同犯罪；[③]有人只承认片面教唆犯与片面帮助犯；[④]有人仅承认片面帮助犯。[⑤]

当然，无论学界对此如何争论，"一方认识到自己是在和他人共同实施符合刑法构成要件的违法行为，而另一方没有认识到有他人和自己共同实施的情形"，即片面共犯的情形，却是一种客观存在。其行为具备刑事违法性、有责性和可罚性，应纳入刑事规制的范畴，这一点学界并无太大分歧。在信息网络环境下，这一情形表现得尤为明显。例如，某犯罪集团通过小程序发布高息理财产品的虚假广告，转发者可自动生成唯一的身份识别码，如有人通过该身份识别码进入系统，并按要求存入款项的，转发者可获得一定的酬金。唐某在存入金额、无法按时取现后，明知这是一场骗局，为挽回损失，佯装不知情，利用多个微商账号在朋友圈转发该诈骗广告，鼓动咨询者购买相关"理财产品"，受唐某鼓动而上当受骗者多达数百人。在此案中，唐某只是在虚拟空间中通过数据的识别和运算获益，其身份等个人信息在小程序中被数据化，与诈骗集团并无线下联系，诈骗集团中，无论是主犯还是从犯，都与其不相识，也不存在共谋行为。而唐某为了在整个骗局中获得利益，明知他人实施诈骗还积极帮助转发，使受骗者范围进一步扩大。显然，唐某属

---

① 钱毅：《我国刑法不存在片面共犯》，载《法商研究》1990年第4期，第80页。
② [日]曾根威彦：《刑法学基础》，黎宏译，法律出版社2005年版，第149页。
③ [日]大谷实：《刑法总论》，黎宏译，法律出版社2003年版，第314页。
④ [日]野村稔：《刑法总论》，全理其、何力译，法律出版社2001年版，第148页。
⑤ 李光灿、马克昌、罗平：《论共同犯罪》，中国政法大学出版社1987年版，第37页。

信息网络视角下诈骗犯罪的刑法规制

于片面共犯，应予追究刑事责任。

事实上，在信息网络环境下，类似唐某的片面共犯问题并非孤例。而且，由于信息网络具有发散性的特点，甚至可能出现一个片面共犯指向多个对象或多个片面共犯共同指向同一对象的情形。例如，何某是信息网络方面的专家，由于不满工作收入较低的现状，遂萌生通过技术获利的想法。于是，其通过网络检索，发现了6个高仿钓鱼网站。通过使用黑客手段入侵，何某发现这几个钓鱼网站的编码都不完善，系统不稳定，网页有失真情况出现。于是何某对相关编码进行改写、完善，使网页的迷惑性更大、诈骗功能更强，同时，在相关编码中嵌入后门，使自己能从诈骗网站的运作过程中分一杯羹。该帮助的过程显然是单向性的：帮助者积极行动，被帮助者毫不知情。其属于一对多的片面共犯情形。

正因为信息网络环境的复杂性，"两高"《关于办理诈骗刑事案件具体应用法律若干问题的解释》第7条规定："明知他人实施诈骗犯罪，为其提供信用卡、手机卡、通讯工具、通讯传输通道、网络技术支持、费用结算等帮助的，以共同犯罪论处。"这事实上是司法实践对片面共犯理论的承认。尽管如此，并不意味着该司法解释合法合理。实际上，在笔者看来，该司法解释依然有僭越法律之嫌。因为，片面共犯理论虽然有其理论基础和存在的价值，但并不符合我国现行法律的规定。

第一，它可能推导出一人也能构成共同犯罪的结论。《刑法》第25条第1款规定："共同犯罪是指二人以上共同故意犯罪。"该规定清晰表明了共同犯罪的两个最为基本的特征。首先是人数特征：必须是2人以上；其次是主观特征：必须是共同故意，共同过失、一方故意一方过失不构成共同犯罪。依照这一规定，一人单独犯罪是不构成共同犯罪的。但是，如果依照片面共犯的理论，假如实施犯罪的两人中，一人具有单独犯罪的故意，另一人在主观上则属于所谓的单方面或者说片面的共同犯罪的故意，那么只能将后者认定为片面共犯，而前者则只能按共犯来认定。如按此逻辑，则其得出的结论必然是：共同犯罪未必需要两人以上才能构成，在只有一人的情况下，也可以构成共同犯罪（事实上，司法实践中也是这么操作的）。尽管司法实践中此类案例不胜枚举，但严格来说，这与我国《刑法》规定的共同犯罪必须具备"二人以上"的主体要件显然是不相符合的。

第二，它可能推导出没有共同故意也能构成共同犯罪的结论。从法律条文的文义解释看，所谓共同故意，是指故意必须是共同的。值得注意的是，这里使用的词是共同，而不是相同。这意味着，共同犯罪不仅要求犯罪人主观内容是相同的，而且他们对这种相同必须是相互知悉、相互了解的。换言之，他们必须了解到，自己不是一个人在犯罪，而是与他人相互配合、互相借助对方的行为达到犯罪的目的。如果二人之中，双方并没有共同的意思联络，其中的犯罪故意是孤立的、单独的，而另一人则是所谓的片面共同犯罪的故意，双方在主观上完全没有形成共同的犯罪故意，此时这种故意就不能称为共同的。因为，具有共同故意的一方，只是有意识利用了他人的犯罪行为达到自己的犯罪目的而已，从本质上说，这是单方将他人利用为自己犯罪的武器。在这种情况下，只能说犯罪人的犯罪故意的内容是相同的，但故意却不是共同的。

第三，可能陷入客观归罪的误区。大致而言，大陆法系共犯理论可归为两大流派。一是客观主义共犯理论。客观主义共犯理论的特征，是以犯意共同说为基础。在这种理论下，共犯不能仅仅看行为上是否相互分工、相互配合，更重要的是行为人主观上必须建立联系，有共同的犯罪故意（即使是模糊的犯罪故意）。客观主义支

信息网络视角下诈骗犯罪的刑法规制

持者主张,共犯不仅要考虑其行为的共同性,也要考虑主观的共同性。因此,所谓片面共犯是不符合客观主义理论的,因为片面共犯的所谓片面,就是行为人之间缺乏必要的联系,一方有配合对方完成犯罪的所谓共同故意,而另一方则对这种所谓的共同故意毫不知情,双方只在行为上建立共同性,主观上并未建立联系。①二是主观主义共犯理论。这种理论以行为共同说为基础。该说认为,所谓共同故意并不要求双方都具有,只要一方持有配合对方完成犯罪的共同故意,在行动上也实行了配合的行为,持共同故意者就应当构成共犯。②两种理论相比较,客观共犯理论与我国《刑法》的主客观相一致原则更为接近。因为,主观共犯理论更侧重考察行为的共同性,对于主观上是否具有一致性,则在所不问。在笔者看来,这实际上难脱客观归罪之嫌疑。客观归罪的重要特征是,只要行为人的行为产生危害结果,即使主观上没有故意或过失,也应负刑事责任。这是极端客观主义的理论。它是将行为的外在表现及结果事实作为认定犯罪和适用刑罚的唯一标准,至于行为人实施行为及造成结果时的心理态度则不予过问。③片面共犯理论之所以成立,正在于

---

① 日本刑法学者大场茂马、泉二新雄、冈田庄作等都持这种观点。王觐:《中华刑法论·总则》(中册),中国方正出版社2005年版,第592~598页。转引自钱毅:《我国刑法不存在片面共犯》,载《法商研究》1990年第4期,第81页。
② 日本的牧野英一、胜本勘三郎以及民国时期学者王觐、榔朝俊等,都持这种观点。[日]牧野英一:《日本刑法通义》,陈承泽译,中国政法大学出版社2003年版,第393页、第360页。转引自钱毅:《我国刑法不存在片面共犯》,载《法商研究》1990年第4期,第81页。
③ 郭翔:《犯罪学辞典》,上海人民出版社1989年版。转引《客观归罪》,百度百科,https://baike.baidu.com/item/%E5%AE%A2%E8%A7%82%E5%BD%92%E7%BD%AA/22551876?fr=aladdin。

第四章 信息网络诈骗共同犯罪问题

其只注重行为的共同性,而忽略了主观上的共同性。换言之,该理论注重以行为造成的实际结果来确认犯罪性质,而忽视了行为人对结果所持的心理态度,至少是部分行为人对结果所持的心理态度。

二、宜以拓展的间接实行犯评价片面共犯

所谓间接实行犯,也称间接正犯,指的是利用他人作为自己犯罪工具的情况。我国《刑法》并未明文规定间接实行犯的概念,这一概念只存在于理论中。依照学界通说,间接实行犯主要有两个特点:一是利用他人实施犯罪。实践中主要包括利用未成年人、精神病人等无刑事责任能力的人犯罪,利用缺乏犯罪主观故意的人犯罪,利用人的合法行为(如正当防卫、紧急避险,或警察对涉嫌犯罪的人采取暴力等职务行为)进行犯罪等情形。二是行为人自己不直接实施犯罪。行为人主要通过教唆、提供帮助等形式,促使他人实现自己的犯罪目的。依照学界通说,间接实行犯与片面共犯是有区别的。在主观上,间接实行犯与危害行为的实施者之间是可以存在共谋行为的,如教唆无刑事责任年龄的人实施危害行为就属此类;而片面共犯则不存在共谋行为。在行为对象上,间接实行犯所利用的对象虽然实施了《刑法》规定的危害行为,但在许多情况下,依照《刑法》规定,他不因此承担刑事责任;而片面共犯所利用的对象,则应因此而承担刑事责任。笔者认为,在我国现行《刑法》框架下,机械套用大陆法系的概念,并强调两者的区别并无必要。

第一,两者都是利用他人实施《刑法》规定的危害行为,本质并无不同。首先,无论是片面共犯还是间接实行犯,行为人主观上都有实施犯罪的故意,客观上都不直接实行犯罪,而是利用他

信息网络视角下诈骗犯罪的刑法规制

人实施了《刑法》规定的危害行为，侵犯法律所保护的法益。在犯罪的过程中，行为人实际上是将他人作为作案的工具，无论他人是否有犯罪的故意。其次，他人行为所造成的危害后果，与行为人的行为之间，有《刑法》上的因果关系。在客观上，双方的行为互为条件、互相依存、不可或缺，共同造成了危害后果。如果一方的行为与犯罪结果没有因果关系，则不应负刑事责任。例如，甲知道乙有杀害丙的犯罪故意，于是在乙的房间里留下了丙与乙老婆通奸被偷拍的照片和一把匕首，希望激怒乙，使乙对丙实施杀害行为。而事实上，因为照片、匕首放置的地方不当，乙并未发现。乙对丙的愤恨来自双方的债务冲突。某日，乙驾驶汽车将丙撞死后逃逸，后因群众报案而被公安机关抓获归案。在此案中，甲、乙均有杀害丙的犯罪故意，甲还实施了片面的帮助行为，但乙不知情，在独立的犯罪故意支配下实施了独立的犯罪行为，片面的帮助行为与犯罪结果之间并无《刑法》上的因果关系。该案中，乙应以故意杀人既遂论，甲以间接利用他人实施犯罪的方式提供了帮助行为，但由于该行为因意志以外的原因终止于预备阶段（为他人预备工具），与丙的死亡结果并无《刑法》上的因果关系，因此，甲不应为丙的死亡负刑事责任。

第二，两者都属于非完整共同犯罪。所谓非完整共同犯罪，是指两者都具备共同犯罪的表面特征，但无法用共犯理论来评价。无论是片面共犯还是间接实行犯，表面上都是二人以上相互配合、共同完成的。换言之，行为人与他人之间，有共同的危害行为。但由于两者都不具备共同犯罪的完整构成要件，而无法评价为共同犯罪，欠缺的构成要件或是主观要件（行为人对他人的帮助是单向的，与犯罪实行者之间缺乏必要的主观沟通联系）或是适格的主体

第四章 信息网络诈骗共同犯罪问题

要件(行为对象无刑事责任能力)等。也正因为相关构成要件的缺位,无论如何强调此类行为的特殊性,用共犯理论来评价都存在理论上的缺陷。

第三,强调两者区别的意义不大。提出片面共犯概念的一个重要理由,是认为"如果否认我国《刑法》中存在片面共犯,就失去了追究其刑事责任的法律依据"。然而,这种顾虑是不必要的,至少在我国现行《刑法》框架下是不必要的。因为,片面共犯行为人实施的单方帮助行为并非绝对必须与直接实行犯捆绑评价,在许多情况下,对两者分开评价并不影响追究其刑事责任。例如,甲在房间内砍杀乙,丙与乙有仇,希望甲能把乙杀死,便将房间门反锁,乙无法逃生,被甲砍死在房间内。在此案中,固然可以套用片面共犯理论进行评价(甲作为故意杀人犯罪的直接实行者,对全部罪行负责,并不因为丙的帮助行为而减轻罪责;丙在犯罪中所起的作用以及情节较甲为轻,可按从犯的处理原则,比照甲从轻或减轻处罚),但按间接实行犯的处理原则,同样可以达到相同的法律效果,即在犯罪中,丙并未直接实行犯罪,而是制造条件帮助甲完成了犯罪行为。在这个过程中,丙在客观上利用甲实现了犯罪目的,甲在客观上成为丙实现犯罪目的之工具。按照主客观相统一和罪刑相适应的原则,甲、丙都具有杀人的故意,但甲在这种故意支配下直接实施了故意杀人行为,丙也实施了故意杀人行为,只是这种杀人行为具有间接性而已,它突出表现在暗中为故意杀人创造了条件,甲在不知情的情况下成为其杀人的工具。从犯罪行为的危害性、犯罪情节的恶劣程度等综合评价,丙显然较甲为轻,因此,在量刑上较甲为轻。只是,量刑的依据并非共犯理论,而是依照主客观相一致、罪刑相适应等原则罢了。

笔者认为，间接实行犯和片面共犯的概念均为舶来品，非我国《刑法》规定的法律概念。在我国现行《刑法》框架下，不加改造机械套用这些概念，可能会面临水土不服的问题。尤其是在信息网络背景下，这一问题可能因网络的虚拟性而被放大，从而显得更加突出。在笔者看来，在网络环境下，以拓展的间接实行犯来评价片面共犯，是解决片面共犯理论的一个合理选择。

三、信息网络背景下拓展的间接实行犯之制度价值

所谓拓展的间接实行犯，是指在间接实行犯理论的基础上适度拓展，将他人利用为工具实施了《刑法》所规定的危害行为的。与片面共犯理论相比，拓展的间接实行犯有三个方面的特征：一是正视行为人主观上并无意思联系的事实。尽管片面共犯理论有合理的因素，但行为人缺乏意思联系却是不争的事实。共同犯罪，核心在于共同，缺乏这种共同的意思联系，其本质就是单方的。正如相恋要求双方都有爱慕对方的感情一样，不可能存在片面相恋的情形，一方单方面付出的爱，只能是单恋。从这个意义上讲，片面共犯所实施的行为就属于单独的行为，应对其单独作出评价。当然，单独评价并非割裂评价，毕竟完整的犯罪行为是通过没有意思联系的共同行为配合完成的。二是不与直接实行者的行为相捆绑。因为主观上缺乏共同性，拓展的间接实行犯的行为，不与直接实行者的行为捆绑评价。换言之，拓展的间接实行犯否认片面共犯的特殊共犯性质，坚持用主客观相一致的原则评价行为人的行为性质。例如，甲与乙积怨已久，在房间内发生激烈争吵过程中，甲萌生杀人故意，丙与乙也发生过矛盾，于是便偷偷将房门反锁，希望借甲的力量将乙教训一顿，乙无法逃出，被甲用拳头朝头部猛击造成颅脑严重损

第四章　信息网络诈骗共同犯罪问题

伤而死。在此案中,虽然丙有帮助甲实施犯罪的故意,客观上也实施了帮助行为,共同造成乙死亡的后果,但不可否认的是,甲、丙的主观故意是不同的,甲所持的心理态度是故意杀人,而丙的主观故意则是故意伤害。因此,丙的行为不受甲的影响,不能因其客观上帮助甲杀害了乙,便将其定性为故意杀人的片面共犯。三是以同一原则评价片面共犯理论中的特殊情形。片面共犯存在诸多争议,包括片面共犯是否包含片面实行犯[1]、片面教唆犯[2]、片面组织犯等。依照拓展的间接实行犯理论,则秉持同一原则,即主客观相统一的原则,区分行为人的行为在犯罪中的地位和作用,分别定性量刑。由于犯罪结果是主观上不具有共同故意的人共同造成的,因此在这一过程中,必须考虑各自行为对危害后果的形成所起的作用比例。例如,A与B因琐事发生争斗,于是萌生了用毒药毒死B的故意,某日偷偷在B的水杯里面下毒,此事被C发觉了,C与B也有过

---

[1] 关于片面实行犯是否成立,学说上有否定说和肯定说的争论。否定说从犯罪共同说理论出发,根据共同犯罪主观构成要件,指出共同犯罪人都对犯罪结果承担刑事责任的原因就是他们都在共同故意指导下实施了共同的犯罪行为。他们之间要有双向相互沟通的意思联络,而暗中参与到不知情一方行为中的实行犯一方有共同犯罪的故意,另一方却只有单独犯罪的故意,这一方并不知道还有另外一方存在,他们之间没有相互沟通的意思联络,没有共同犯罪的故意,就不会有共同犯罪故意指导下的共同犯罪行为,不符合"部分行为全体负责"的共同犯罪处罚原则。赵秉志:《犯罪总论问题研究》,法律出版社2003年版,第516页。

[2] 关于教唆犯能否成立片面共犯,学术界有着较大分歧。否定说认为片面教唆犯不成立片面共犯,认为"暗中教唆他人犯罪,而被教唆者并不知道有人在教唆自己进行犯罪,这与被教唆者没有犯被教唆的罪的情况是相同的……这种情况不能构成共同犯罪,暗中教唆者应按《刑法》第29条第2款追究刑事责任"。蒲全方:《片面共犯应予否定》,载《法学与实践》1986年第6期,第35页。

信息网络视角下诈骗犯罪的刑法规制

节,也想除去B,C对药理深有研究,发现A投放的毒药分量不够,正常人即使将水喝下去也不会死,于是就偷偷地在水里面又加了同样的毒药,B最终中毒身亡。在上述案件中,如果依照片面共犯理论,尽管A与C都只实施了一部分投毒行为,但是根据共同犯罪的部分行为全部负责原则,片面共犯的实行犯应对整个犯罪事实承担刑事责任,包括对方在该犯罪中的罪责。然而,这一做法显然存在难以自圆其说的地方。因为,既然A和C之间没有意思联系,行为也是各自实施,凭什么C必须对A的投毒行为负全部责任?这在理论上需要极为复杂的依据作支持,而这些依据欠缺令人信服的立论和理由。而事实上,在拓展的间接实行犯理论框架下,上述案件逻辑并不复杂:A是C实现犯罪目的的工具,并且在这一行为中,C的行为是决定性的。

在笔者看来,拓展的间接实行犯将间接实行犯与片面共犯理论融合评价,对网络环境下的片面共犯定罪量刑具有积极意义。主要表现在以下两个方面:

一是契合网络环境下可在物理空间隔离、无意思联系的基础上共同完成犯罪行为的特征。信息网络背景下,许多工作是可以由不同的人完成的。其中较为典型的就是网络的分布处理技术。所谓分布处理,是指通过网络将一件较大的工作分配给网络上多台计算机去共同完成。就是把一个程序分别放到多台计算机上处理,处理好之后再将处理的结果返回到主机上。[①]如百度百科、维基百科、知乎等,其平台是开放式的,对用户而言,都可以参与词条的编辑和知

---

① 《分布处理》,百度百科,https://baike.baidu.com/item/%E5%88%86%E5%B8%83%E5%A4%84%E7%90%86/2016065?fr=aladdin,访问日期:2019年10月15日。

第四章　信息网络诈骗共同犯罪问题

识贡献。不同的计算机用户,分享着彼此的知识、经验和见解,为中文互联网源源不断地提供多种多样的信息。在信息网络环境下,不同用户完成分布处理,编辑百度百科等,既可以彼此事先进行沟通有组织、有意识地完成,也可以由事先没有任何沟通、相互陌生的网友,基于构建某个平台的需要自发配合完成。事实上,包括比特币在内的许多虚拟货币,也是通过区块链技术实现的。对信息网络犯罪而言,物理隔离性、非直接接触性、意思联系的非必要性,为犯罪的实现掺杂了新的内容,也为司法认定增加了许多难度。片面共犯理论在网络环境下,可能受到挑战。例如,2013年2月~5月,陈某在比思论坛上先后上传了58部视频(其中57部属淫秽视频)文件的种子链接,供人点击链接下载,被网警在"清网行动"中发现并立案侦查。起诉后,法院以传播淫秽物品罪判处陈某拘役3个月,缓刑3个月。在上述案件中,淫秽视频种子既非陈某制作,也非陈某上传,陈某只是提供了链接,方便他人通过链接访问和下载。陈某提供链接这一行为,与被链接视频种子文件的制作者、上传者之间并无意思联系,不存在共谋行为。这种单方提供他人种子链接进行传播的行为,从本质上看,是典型的片面帮助行为,在片面共犯理论的语境下以片面共犯论处并无更多争议。然而,如果坚持这种理论,则陈某须与被链接对象联系区分评价,即视频种子文件的制作者、上传者为正犯,陈某为片面共犯。而在信息网络环境下,坚持这种区分制[①]的评价并无必要。在区分制下,"共犯在定罪

[①] 区分制,亦称二元参与体系、正犯共犯分离体系,是指刑罚法规不仅在概念上将犯罪参与人二元区分为正犯与共犯(教唆犯和帮助犯),并且就二者的刑罚给予不同的评价。钱叶六:《中国犯罪参与体系的性质及其特色——一个比较法的分析》,载《法律科学》2013年第6期,第152页。

信息网络视角下诈骗犯罪的刑法规制

量刑上依赖正犯，如果正犯的行为没有达到犯罪程度或无法查证，那就根本没有片面共犯存在的余地"①。而事实上，在信息网络环境下，片面共犯与正犯合并评价是完全没必要的。以上述案例为例，在传播淫秽物品的行为中，实际上包含了两个环节：第一个环节，淫秽视频种子文件的制作及种子文件上传；第二个环节，陈某在论坛上提供链接。第一个环节未必构成犯罪，因为依照"两高"《关于办理利用互联网、移动通讯终端、声讯台制作、复制、出版、贩卖、传播淫秽电子信息刑事案件具体应用法律若干问题的解释》，以牟利为目的，利用互联网、移动通讯终端"制作、复制、出版、贩卖、传播的淫秽电子信息，实际被点击数达到一万次以上的"构成犯罪，如果不以牟利为目的，点击数量为上述标准的两倍，即2万次。如果被链接的对象并未达到上述标准，是不能以传播淫秽物品罪对相关责任人进行定罪处罚的。而陈某上传链接的行为，本质是一种帮助行为，在比思论坛通过提供链接的方式，为被链对象提供了更为广阔的平台。②在这个案件中，如果套用片面共犯理论，前置行为不构成犯罪，显然影响到片面传播行为的定罪量刑。而这样显然不符合罪刑相适应的原则，因为后续行为的后果大大超过前置行为。事实上，在网络环境下，第二个环节，即提供链接的行为，

---

① 王冠：《深度链接行为入罪化问题的最终解决》，载《法学》2013年第9期，第147页。
② 有观点认为，可以将第二个环节视频的传播数归入第一个环节，这一观点值得商榷。因为，按罪刑相一致的原则，视频第二个传播平台的产生并未经过第一个环节的同意，两者也没有共谋，将其归入第一个环节显然有失公平。类似于非法买卖枪支弹药，无须为后续利用枪支故意杀人的行为负责。因为，后者有单独的犯意、单独的犯罪行为，与前置的非法买卖枪支弹药罪仅有逻辑上的联系，但并无主观上的共谋，更谈不上刑法上的必然因果关系。

第四章　信息网络诈骗共同犯罪问题

是基于单独的犯意、单独的犯罪行为、单独的犯罪后果,完全具备单独评价的条件。跳出片面共犯的桎梏,将其视为拓展的间接实行犯,即将第一环节的行为作为实现自己犯罪目的的条件,并按此单独评价,是更为合理的选择。

二是契合网络环境下片面帮助行为的后果、作用往往超过正犯的特征。按片面共犯的传统理论,正犯的社会危害性无论是从实然还是应然的层面都大于片面共犯,因此,对片面共犯的处罚,往往必须遵循一个原则,那就是对正犯的处罚应重于共犯。然而,这一理论在网络空间中并不适用。事实上,网络空间是技术含量极高的领域,在这个领域,对社会危害性起决定性作用的,并非行为人是正犯还是片面共犯,而取决于谁掌握技术的核心。换言之,网络空间是一种以技术为主导的空间。在实践中,片面帮助犯处于第二个环节,往往是利用技术上的优势,在正犯技术水平的基础上进行改良升级。片面帮助犯在技术上优于正犯的特点,决定了片面帮助犯才是技术的主导。因此,与现实空间迥然相异的是,在网络空间中片面共犯所起的作用往往大于正犯。如果机械套用片面共犯理论,网络片面共犯实然的社会危害性与应然的刑法评价之间便呈现出不可调和的矛盾。[①]引入拓展的间接实行犯理论,则坚持主客观相统一的原则,对正犯与共犯不予区分,能够对犯罪起作用的人都是正犯,对各犯罪人根据其犯罪情节分别定罪量刑。这无疑是解决网络环境下片面共犯理论障碍的一个合理选择。

---

① 赵天水:《网络片面共犯处罚路径的探索》,载《科学·经济·社会》2015年第2期,第123页。

第三节　信息网络共同诈骗数额认定问题

依照传统的诈骗犯罪理论，诈骗罪属于数额犯。在我国《刑法》条文中，不少犯罪类型，尤其是侵财性犯罪，是必须以一定的数额作为犯罪构成要件的，这种类型的犯罪被称为数额犯。[①]诈骗类犯罪即属于此类，合同诈骗罪、金融诈骗罪等均有数额较大的要求。而在司法实践中，信息网络诈骗则对诈骗犯罪这一传统的属性提出了挑战。

一、纯正数额犯还是非纯正数额犯

在理论上，数额犯分为两种类型：以数额作为某种行为成立犯罪的唯一程度要素的犯罪被称为纯正的数额犯；反之，以数额作为某种行为成立犯罪的选择性程度要素的犯罪，则属于非纯正数额犯。[②]前者如伪造、变造股票、公司和企业债券罪，须达到数额较大的标准，方可定罪量刑；后者如侵犯著作权罪，依照《刑法》规定，犯罪的入罪门槛有两种情形，一是违法所得数额较大，二是有其他严重情节，两种情形具有选择性，只要符合其中之一，即构成犯罪。

[①] 例如，《刑法》第173条规定："变造货币，数额较大的，处三年以下有期徒刑或者拘役，并处或者单处一万元以上十万元以下罚金……"这里的数额较大，就是变造货币罪的成立条件。如果数额达不到较大的程度，就不认为是犯罪。

[②] 秦新承：《电子支付方式下诈骗罪的非纯正数额犯趋势》，载《政治与法律》2012年第2期；唐世月：《不纯正数额犯略论》，载《政治与法律》2004年第6期。

第四章　信息网络诈骗共同犯罪问题

从现行《刑法》条文来看，无论是普通诈骗罪还是金融诈骗罪或合同诈骗罪，在立法上大致遵循这一规律：尽管在重罪门槛上，规定为数额巨大或者有其他严重情节、数额特别巨大或者有其他特别严重情节这些选择性的条件，但在入罪门槛上，则以数额较大为唯一标准。

这一立法特点，使得诈骗罪在理论上存在一些争议。有观点认为，诈骗犯罪属于非纯正数额犯。理由是：诈骗犯罪的第二个量刑档次为数额巨大或者有其他严重情形，"或者"这一用语表明，数额巨大和有其他严重情形是具有选择性的。只要具备与数额巨大同等危害性的其他严重情形，则可按第二档情节定罪量刑。数额特别巨大这一情形也是依次类推。然而，这一观点是值得商榷的。从条文表达的递进关系看，数额较大是唯一的入罪门槛，它与此后的两个量刑档次在逻辑关系上如下图所示。

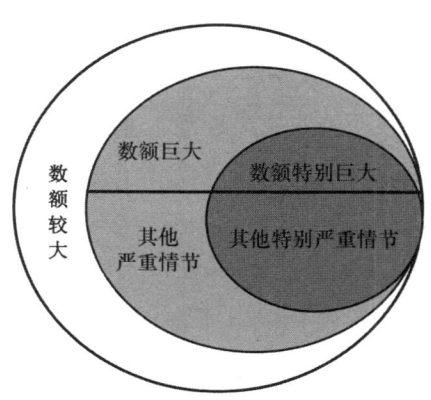

诈骗犯罪入罪情形关系图

从法条表达的文字逻辑上看，数额较大是构成犯罪最基本的，也是唯一的条件。换言之，由于立法者没有设立与数额较大相对应的情节犯，可以断定，诈骗罪中的其他严重情节、其他特别严重情

信息网络视角下诈骗犯罪的刑法规制

节不能独立用于定罪,必须与数额搭配适用。如果不具备数额较大这一基础前提,则不可能讨论第二个层次,即重罪的情形。数额巨大、数额特别巨大是在数额较大基础上的累计加重,而其他严重情节、其他特别严重情节,则必须是在满足数额较大这一要求基础上所具备的其他条件。如果不具备数额较大这一要求,诈骗便不构成犯罪,即使具有其他严重情节,也只能作为治安处罚的量罚情节,而不是刑事处罚的量刑情节来考虑。诈骗犯罪是纯正的数额犯无疑。

然而,在信息网络犯罪的背景下,尤其是便捷、高效的电子支付方式以及网络支付方式的出现,现行《刑法》关于诈骗犯罪法律条文所表达的逻辑结构,以及学界对诈骗犯罪作为纯正数额犯的认知显然遭到了挑战。司法实践中,信息网络诈骗犯罪中常见的情形是,仅从单笔诈骗来看,数额较小;但从诈骗行为的特征来看,则被骗对象众多且分布广泛。一些小额涉众型犯罪,由于被害人分散于全国不同地区,且每个被害人的受骗数额较小,被害人通常极少主动到公安机关报案,因此实践中存在着查证、管辖冲突等问题。司法机关若完全按照诈骗罪的纯数额犯理论,用证明普通诈骗罪的方式、标准和要求证明全案的犯罪数额,需要投入大量司法资源,几乎是不可能完成的任务。①

基于信息网络诈骗的这一特殊性,无论实务界还是理论界,不得不重新审视信息网络环境下诈骗犯罪的入罪问题。2011年"两高"

---

① 实践中,信息网络诈骗的一个特征是:在很多情况下,司法机关只能查证有群发短信、拨打电话等方式诈骗他人钱财的行为,由于受害人分布在各地(甚至有的被害人在国外),究竟有多少人上当受骗、被骗结果是否已经发生、诈骗数额究竟有多少,基本难以查清。由于诈骗罪属于纯正的数额犯,在被骗资金尚未达到数额较大、行为人主观指向亦难以查证的情况下,很难对其定罪处罚。

第四章　信息网络诈骗共同犯罪问题

《关于办理诈骗刑事案件具体应用法律若干问题的解释》第5条第2款、第3款规定："利用发送短信、拨打电话、互联网等电信技术手段对不特定多数人实施诈骗，诈骗数额难以查证，但具有下列情形之一的，应当认定为刑法第二百六十六条规定的'其他严重情节'，以诈骗罪（未遂）定罪处罚：（一）发送诈骗信息五千条以上的；（二）拨打诈骗电话五百人次以上的；（三）诈骗手段恶劣、危害严重的。实施前款规定行为，数量达到前款第（一）、（二）项规定标准十倍以上的，或者诈骗手段特别恶劣、危害特别严重的，应当认定为刑法第二百六十六条规定的'其他特别严重情节'，以诈骗罪（未遂）定罪处罚。"毫无疑问，这一司法解释是对传统诈骗罪理论的突破，它直接改变了诈骗罪纯正数额犯的性质。因为，从定罪的角度看，只要行为人发送诈骗信息5000条以上，或拨打诈骗电话500人次以上，或诈骗手段恶劣、危害严重的，无论是否获得财物，也无论是否以数额巨大财物为目标，都可以直接认定为诈骗罪。

笔者认为，上述司法解释有利于司法机关在无法查清诈骗数额的情况下对电信、网络诈骗进行规制和打击，也有利于解决量刑的失衡问题（毕竟，在行为人尚未获得任何诈骗款或诈骗数额较小的情况下，按照对应档次法定刑的既遂认定未免量刑失重，以未遂论是一个较好的解决方案）。然而，不可否认的是，这一解释在逻辑上是不符合《刑法》条文的规定的，尤其是无须数额较大便可构成犯罪的将诈骗罪变更为非纯正数额犯的规定，实质上只是解释制定者意图规避司法解释超越立法所采取的技术处理，[①]无疑有解释越权

[①] 秦新承：《电子支付方式下诈骗罪的非纯正数额犯趋势》，载《政治与法律》2012年第2期，第47页。

信息网络视角下诈骗犯罪的刑法规制

之嫌。

针对这一问题,有论者认为,应当重新审视诈骗罪作为数额犯的属性,将其重新定位为非纯正数额犯。在笔者看来,这颇有些本末倒置的意味。理由有三:其一,司法解释有越权嫌疑,责在司法解释,而不在刑法。因信息网络环境下的诈骗行为符合非纯正数额犯的特征,便试图将普通诈骗罪更改属性、修改条文,并无必要。其二,离开信息网络环境,诈骗犯罪本身作为纯正数额犯的特性并无改变。其他诈骗类型也一样,如合同诈骗罪,在信息网络环境下,也可能出现非纯正数额犯的情形。如果对普通诈骗罪作出修改,也必然引发其他特殊类型诈骗犯罪是否要更改属性的问题,牵一发而动全身。其三,我们不妨从另一个角度看问题,诈骗犯罪只有在信息网络环境下,才展现出非纯正数额犯的特征,换言之,非纯正数额犯的特征为信息网络诈骗犯罪所特有,在单设信息网络诈骗罪的基础上,[①]将此属性局限于信息网络诈骗罪岂非更合理的选择?

因此,在笔者看来,增设信息网络诈骗罪,并将这一罪名作非纯正数额犯处理,且将其概念界定为:"以非法占有为目的,利用信息网络和设备向不特定的多数人发送虚假的或诱导性的信息,诱导受骗人作出汇款、转账行为或借此攫取受害人的个人信息,再通过盗刷、汇款、转账等方式,获取财产性利益,情节严重的行为。"其中,情节严重包括两种类型:一是数额较大;二是有其他严重情节。如此一来,则数额较大不再是信息网络诈骗犯罪的唯一入罪因素。这既尊重了关于普通诈骗罪的传统理论,又突出了信息网络诈骗罪作为诈骗犯罪特别罪名的特殊之处。

---

① 单独设立信息网络诈骗罪的问题,本书第三章已有论述,此处不再赘述。

第四章　信息网络诈骗共同犯罪问题

二、两种常见信息网络诈骗类型的数额认定

在共同诈骗犯罪的认定中,对于不同作用的犯罪人如何确定犯罪数额作为他们的定罪依据,学术界认识并不一致,主要有以下五种学说:

一是分赃数额说。[①]这种学说主要以个人的违法所得作为定罪处罚的基础。不可否认,在很多情况下,个人分赃可以从某种程度上反映其在共同犯罪中的付出或作用,因此这一学说在表面上看似有一定的公平性。但值得注意的是,分赃并不必然反映犯罪人在共同犯罪中的地位与作用,一些诈骗犯罪中发挥主要作用却不参与分赃的情形也是存在的。因此,这一学说忽略了共同犯罪的整体性,只注重单个共同犯罪人的刑事责任,并不完全合理。

二是参与数额说。[②]这一学说重点考察行为人具体参与的诈骗犯罪所涉的金额,有一定合理性,但同样存在不足。因为在信息网络诈骗共同犯罪中,很多情况下组织者、领导者并不亲自参与、实施具体的诈骗行为。如按参与数额说的观点,很容易得出他们不应承担刑事责任的结论。这显然是违背共同犯罪理论的。因为,组织者、领导者是共同犯罪的核心,他们在整个信息网络诈骗共同犯罪中起着领导、管理的作用,其危害性比一般的参与者更加严重,需对其组织、领导的共同犯罪承担全部责任。

三是分担数额说。[③]这种学说认为,各共同犯罪人对各自应当分

---

① 张志勇、吴声:《诈骗罪专题整理》,中国人民公安大学出版社2007年版,第62页。
② 张志勇、吴声:《诈骗罪专题整理》,中国人民公安大学出版社2007年版,第62~63页。
③ 张志勇、吴声:《诈骗罪专题整理》,中国人民公安大学出版社2007年版,第63页。

信息网络视角下诈骗犯罪的刑法规制

担的数额承担刑事责任。应当分担的数额根据百分比计算得出，即根据共同犯罪人在共同犯罪中的作用来确定应分担数额的百分比，作用越大，百分比自然越高。这一学说在一定程度上克服了分赃数额说的缺陷，但依然不完美，尤其在信息网络诈骗的环境下更容易暴露出局限性。事实上，在信息网络诈骗中，尤其是在通过电信群发诈骗短信的犯罪类型、通过不同网络发布诈骗信息的诈骗犯罪中，被害人究竟是看了哪条短信、看到哪个诈骗网页而受到欺骗，在和不同阶段犯罪嫌疑人沟通的过程中，哪个环节对被害人上当入套起到了关键作用等，是很难查清的。因此，如何具体地确定各共同犯罪人应当分担的数额并将其细化成百分比，在司法实践中很难操作。

四是平均数额说。[①]该说主张不区分各共同犯罪人的作用，以平均数额作为各个共同犯罪人的犯罪数额。这显然是一刀切的不合理做法。因为，只要有共同犯罪的存在，就必然存在主犯、从犯的问题。不加区别就平均对待，无疑是不公平的。它最终将得出组织、领导信息网络诈骗集团进行诈骗的人，在刑事责任上与仅浅度涉及、在网络诈骗中起辅助作用的人相同的结论。这无疑是违背了罪刑相适应的原则，也不符合主客观相统一的原则。

五是折中说。[②]该说主张应在综合考虑各个方面（包括分赃数额、参与数额、在共同犯罪中的地位作用等）的基础上，确定其数额。尽管这一学说吸收了其他各种学说的精髓并进行了改良，较大

[①] 杨君相：《犯罪数额问题研究》，西南政法大学硕士学位论文，2008年，第37页。
[②] 张志勇、吴声：《诈骗罪专题整理》，中国人民公安大学出版社2007年版，第63页。

第四章 信息网络诈骗共同犯罪问题

程度避免了其他学说的短板,但依然存在缺陷。因为,信息网络诈骗存在于虚拟的数据网络空间,不仅取证、固定证据难,在多层级层层递进的诈骗类型中,各种关系厘清更非易事。如果将犯罪人的自身情况、网络联系情况、具体实施诈骗情况、分赃数额、参与数额、分担数额等各种因素全部纳入考量范围,不仅对司法机关而言基本属于不可能的任务,即便能够查清,但要在各种复杂因素综合作用下确定各犯罪人的诈骗数额也绝非易事,因为缺乏量化的标准。

笔者主张,对信息网络诈骗犯罪而言,应着重考虑两要素,也就是,既要考虑犯罪的整体性,将犯罪总额作为数额考虑的第一个因素,也要考虑个人参与的具体数额,以此判断其在犯罪中的地位和作用。需要说明的是,这里的犯罪总额指的并不是行为人诈骗实际所得的数额,而是被害人因诈骗而遭受损失的总额,因为这更有利于体现法律所保护的法益的本质。基于信息网络诈骗犯罪的复杂性,司法实践中应区分不同情形进行处理。具体而言,大致可以分为两种类型进行分析。

(一)平行式信息网络诈骗

所谓平行式信息网络诈骗,是指多个行为人受同一人指使或共同预谋,针对不同的对象分别实施电信网络诈骗行为。各个行为人的犯罪行为基本类似,相互之间没有配合、交叉,这种模式是电信网络诈骗中相对简单的方式。[①]例如,何某发现电信诈骗是一个来钱快的生财之道,遂纠集徐某、梁某、罗某,以所谓的六合彩中奖号码分析公司的名义,约定各自分别用短信群发器向不特定对象发送诈骗短信,行骗时既可按事先商定的脚本,也可以随机应变,按

---

① 魏静华、陆旭:《电信网络诈骗共同犯罪的司法认定》,载《中国检察官》2018年3月号(经典案例),第22页。

信息网络视角下诈骗犯罪的刑法规制

自己认为合适的方式，分别对被害人实施诈骗。上述案例中，何某作为组织者是主犯并无疑义，而徐某、梁某、罗某在犯罪中行为独立、作用相当，在共同对4人诈骗总数额承担责任的基础上，分别按自己参与的数额确定具体应承担的刑事责任，是相对比较合理的选择。当然，由于实践中的复杂性，在平行式信息网络诈骗中，确定行为人数额时应考虑以下因素：

1. 是否存在共谋。在信息网络诈骗犯罪中，如果行为人事先存在共谋，那么即使是实行过程中互不配合，也需要对他人的犯罪行为共同承担刑事责任。与传统诈骗罪不同的是，由于信息网络诈骗行为往往针对不特定多数人，因此，在共谋内容上不应作更为具体的要求。行为人之间无须约定具体诈骗对象，甚至在诈骗脚本上也不要求有共谋，只要事先有共谋，彼此之间存在明确的实施诈骗犯罪的概括故意，各行为人之间就成立共同犯罪。如果各行为人只是共同受策划者、组织者的指使，彼此之间没有共谋，则具体行为人之间是否成立共同犯罪，还要结合其他因素予以判断。

2. 对自己与其他人共同实施诈骗行为是否明知。如果行为人确实不知道有其他行为人的存在，或者对其他行为人的存在仅有概括的认识，则一般只对自己的行为或仅对自己所明确知道的其他行为人的行为承担责任。①

3. 赃款的分配方式。赃款分配方式，是判断行为人事先是否存在共谋的重要依据之一。如果信息网络诈骗犯罪中，行为人在策划者、组织者的指使或指挥下实施诈骗行为，那么在赃款分配时，是按照约定比例，对自己诈骗所获得的赃款数额进行分配，除非有证

---

① 魏静华、陆旭：《电信网络诈骗共同犯罪的司法认定》，载《中国检察官》2018年3月号（经典案例），第22页。

第四章　信息网络诈骗共同犯罪问题

据证明事先共谋的还有其他平行诈骗参与者，否则，一般只需对自己的行为承担责任。如果各行为人虽各行其是，但事后获利共同分配，则证明事前对于分赃方式进行过约定，往往存在共谋，应当共同承担刑事责任。

（二）分工式信息网络诈骗

所谓分工式信息网络诈骗，是指在信息网络诈骗中，各行为人按照事先计划的诈骗方法，分别负责其中某一阶段的行为，分工合作，共同完成诈骗行为。[①]分工式信息网络诈骗环节较多，并不直接要求被害人支付财物，分别由不同的诈骗犯罪分子分阶段、分角色切入，彼此间配合严密，层层递进，迷惑性强。其在当前信息网络诈骗犯罪中占据了较大的比例。在认定其具体数额时，如果套用传统诈骗罪相关理论，可能会出现水土不服的情形。下面以案例论之：

案例：2013年4月，广东某公司员工杨某接到自称来自昆明市建设银行客户服务部的电话，称其在该市办理的信用卡已透支4万余元。杨某大为吃惊，立即表示，自己从未到过昆明，更不可能在该市办理信用卡。建设银行工作人员遂提供了信用卡部电话号码供其查询。杨某拨通信用卡部电话后，被告知该卡办理于2014年10月，办理人提供了身份证影本。信用卡部工作人员"贴心"地询问"你的身份信息是否已经泄露"，并主动帮忙将电话转接到昆明市经侦支队报警。昆明市经侦支队的警察接到报案后，立即表示，杨某的账号已经不安全，并在电话里指令杨某将银行卡上所有存款共计20万元转到安全账号。完成所有操作后，杨某才发现上当受骗。该案

[①] 魏静华、陆旭：《电信网络诈骗共同犯罪疑难问题探析》，载《成都行政学院学报》2018年第2期，第36页。

信息网络视角下诈骗犯罪的刑法规制

侦破后，警察发现，该诈骗团伙分为三个组：第一组扮演银行客户服务部工作人员，第二组扮演银行信用卡部工作人员，第三组扮演经侦支队公安民警。按内部约定，第一组、第二组话务员底薪5000元，成功诈骗一笔，可获得2%的提成；第三组话务员不享有底薪，成功骗取钱款后，可拿到5%的提成。上述三组话务员报酬每月结算一次。没想到三组人员尚未拿到报酬，公安民警已经破获了该案。

上述案例所涉及的争议是：三个组中，后一组是否需要对前一组的行为承担责任？分析这一问题，显然首要必须分析三组人员之间是否存在犯罪的共同故意。如果三组人员事先有共谋，则整个诈骗犯罪就是一个不可割裂的整体，各组均应对前组人员的犯罪行为承担责任。如果三组人员并无事先共谋，也不了解其他人的存在，仅仅是按脚本孤立操作，后者就无须对前者的行为承担责任。当然，这种情形极其罕见。通常而言，各阶段都是相互衔接、相互联系、相互配合、不可分割的整体。在上述案例中，事先有分工，事后有分赃协议，每一组的行为都不是孤立的，都应当对20万元的损失额承担责任。

此外，我们还不难发现，在上述案件中，套用学界关于诈骗犯罪数额的若干学说，均可能出现显失公平的结果。因为，具体实施诈骗的三个组实行的是薪酬制，分别由底薪和提成构成。一方面，他们所约定的薪酬，与被害人实际遭受的损失相比，是远远不能比拟的。换言之，所谓的薪酬与其参与实施电信诈骗行为给被骗者造成损失的数额并不相适应，不能体现其行为的社会危害性大小。另一方面，在该案中，实施诈骗的三组话务员尚未实际取得薪酬，套用犯罪所得、赃款分配等学说，也必将出现水土不服的窘况。

事实上，在分工式信息网络诈骗中，在后参与实行行为的行为

第四章 信息网络诈骗共同犯罪问题

人是否对先前的实行行为承担刑事责任,以及未实施诈骗实行行为的其他参与者能否认定为共同犯罪的问题上,如果事先有共谋,均成立共同犯罪;如果事先没有共谋,但为承继的共同犯罪,一般认为承继的共犯中,后行为人对其所参与的行为与先行行为人成立共同犯罪,但是对与自己行为没有因果关系的先行行为或结果不承担责任,如果先行行为的效果处于持续状态,后行为人利用了这种状态,则需要承担相应的责任。①

在判断后行为人是否需要对先行行为承担刑事责任时,应当考虑以下因素:(1)先行为是否具有持续状态。所谓持续状态,是指后行为是先行为的持续,不能脱离先行为而独立存在。以上述案例为例,信用卡被盗刷、身份证泄露、报案、账户危险应转入安全账户间是环环相扣的,上一环节显然具有持续性。(2)事后是否参与分赃。在上述案例中,第一组、第二组均不涉及要求被害人转账的问题,但三组约定了薪酬及提成的方案,后行为人与先行为人在分配赃款方面是共同的,在占有诈骗所得的赃款方面是共同的。在这种情况下,后行为人一般应对先行为人的诈骗行为共同承担刑事责任。

具体到上述案件的处理,如按两要素论,则只需考察两个问题:第一,犯罪总额或说被害人损失的总额是多少。具体到上述案例中的杨某被骗案,杨某损失总额共20万元。这一数额便是整个诈骗犯罪的总额。该诈骗团伙的组织者、领导者对这20万元承担全部责任,三个组按犯罪中作用的大小对这20万元承担共同责任。第二,各组参与的具体数额。在犯罪过程中,三个组都参与了这20万

---

① 赵琳:《电信诈骗犯罪的实践难题及解决》,辽宁大学硕士学位论文,2014年,第11页。

信息网络视角下诈骗犯罪的刑法规制

元的诈骗,只是在诈骗过程中各自作用不同罢了。其中,第三个环节直接涉及对被害人财物的划转,无疑是最关键的环节,对该组话务员的量刑应较第一组、第二组为重。当然,在具体量刑时,还应结合相关情节再作具体分析。笔者认为,这是一种较为科学的分析方法,也符合主客观相一致的原则。

第五章　信息网络诈骗犯罪的既未遂

诈骗犯罪是否存在未遂状态？诈骗犯罪未遂的标准是什么？这是诈骗犯罪研究中存在争议的另一个问题。在信息网络环境下，无论是诈骗的实施方式，还是财物的交付方式，甚至财物的物理形态等，较传统诈骗罪均发生了变化。在这种情况下，信息网络诈骗的既未遂问题，以及未遂的标准等问题更显复杂。本章拟作探讨。

第一节　诈骗犯罪既未遂问题观点辨析

在大陆法系国家，根据故意犯罪在发展过程中，由于某种原因出现结局所呈现的状态，可将犯罪分为犯罪预备、犯罪未遂、犯罪中止、犯罪既遂。[1]关于犯罪未遂问题，大陆法系立法体例大致可分为两类。第一类，德国模式。在立法上，关于犯罪未遂的概念并未明确地将中止犯排除开来，但在具体条文中，中止犯又有例外性的规定。例如，2002年《德国刑法典》第二章第二节"未遂"第22条规定："行为人已着手实现构成要件，而未发生行为人所预期的结果的，是犯罪未遂。"[2]在这一概念中，着手实现构成要件、

---

[1] 张明楷：《刑法学》，法律出版社1997年版，第244页。
[2] 徐久生、庄敬华：《德国刑法典（2002年修订）》，中国方正出版社2004年版，第10页。

信息网络视角下诈骗犯罪的刑法规制

未发生行为人所预期的结果是犯罪未遂的两大要素，但概念并未对未发生预期结果的原因是基于行为人意志以外因素，还是行为人主动中止作出明确区分，包含中止犯在内。尽管如此，在"未遂"一节中，第24条对中止还是作了特殊的规定。将中止规定在"未遂"一节中，表明在德国中止属于未遂的范畴，准确地讲，属于特殊类型的未遂。[①] 该法第23条规定："在德国，重罪的未遂一律处罚；未遂可比照既遂减轻处罚；行为人由于对行为对象和手段的认识错误，其行为根本不能实行终了的，法院可免除其刑罚，或酌情减轻其刑罚。"我国《澳门特别行政区刑法典》规定的犯罪未遂，以及《葡萄牙刑法典》、《日本刑法典》规定的未遂，也属这种类型。第二类，法国模式。此类立法在未遂犯的定义中排除中止犯。这种类型在理论上一般主张犯罪未遂是指已经着手实行犯罪，但由于意志以外的原因或障碍，而使犯罪未达既遂的情况。例如，《法国刑法典》第121-5条规定："已着手实行犯罪，仅仅因为犯罪行为人意志之外的情事而中止或未能得逞，构成犯罪未遂。"[②] 该规定将未遂的原因规定为意志之外的情事，并包含了实施未终了的未遂（因意志以外因素而中止）及实施终了的未遂（未能得逞）。这一规定把自动中止犯罪、自动有效地防止了法定结果发生而未达既遂的情

[①] 《德国刑法典》第24条规定："（1）行为人自愿地使行为不再继续进行，或者主动阻止行为的完成的，不因犯罪未遂而处罚。如果该行为没有中止犯的努力也不能完成的，只要行为人主动努力阻止该行为的完成，即应不予刑罚。（2）数人共同实施同一行为的，其中主动阻止行为完成的，不因犯罪未遂而处罚。如果该行为没有中止犯的努力也不能完成的，或该行为没有中止犯停止以前的行为也会实施的，只要行为人主动努力阻止该行为完成，即应不予刑罚。"徐久生、庄敬华译：《德国刑法典（2002年修订）》，中国方正出版社2004年版，第11页。

[②] 罗结珍译：《法国刑法典》，中国法制出版社2003年版，第9页。

第五章 信息网络诈骗犯罪的既未遂

况作为犯罪中止形态以区别于既遂。《西班牙刑法典》、《巴西刑法典》、《俄罗斯刑法典》关于未遂的规定,均采用此模式。[①]两类犯罪未遂的立法模式各有优劣,但笔者更认同法国式立法。首先,将犯罪中止视为犯罪未遂的一种形式,未能体现两者社会危害性的大小。毕竟,因为客观障碍导致的未遂和主动放弃的未遂,主观恶性是不同的,社会危害性也是不同的。其次,将犯罪中止视为未遂的一种形式,客观上就排除了犯罪预备的中止情况。对那些需要处罚的犯罪预备行为,一旦出现中止而不处罚,就没有法律依据。[②]

我国《刑法》第23条第1款规定:"已经着手实行犯罪,由于犯罪分子意志以外的原因而未得逞的,是犯罪未遂。"这一概念与法国式立法颇有相似之处。这一规定表明,构成犯罪未遂,必须具备三个条件:第一,行为人已经着手实行犯罪。这一条件,是区分犯罪未遂与犯罪预备的主要标志。关于认定犯罪已经着手实行的标准,法律上并无明确规定。理论上一般认为,所谓着手实行犯罪,是指行为人已经开始实施《刑法》分则所规定的某种犯罪构成客观要件的行为。也有学者认为,除犯罪构成客观要件外,认定犯罪实行行为,还必须以行为已经同直接客体发生接触行为可以直接造成犯罪结果为标准。[③]第二,犯罪未能得逞。也就是说,行为人实施犯罪的目的没有达到。这一条件是区分犯罪未遂与犯罪既遂的主要标志。第三,犯罪未能得逞的原因,并非行为人主动放弃,而是由

[①] 赵国强:《澳门刑法概说(犯罪通论)》,社会科学文献出版社、澳门基金会2012年版,第354页。
[②] 赵秉志、赵国强主编:《中国内地与澳门刑法总则之比较研究》,澳门基金会2000年版,第191页。
[③] 赵秉志、赵国强主编:《中国内地与澳门刑法总则之比较研究》,澳门基金会2000年版,第189页。

于行为人意志以外的原因造成的。所谓行为人意志以外的原因，既可以表现为外在力量，如被害人反抗、自然力干扰、第三人制止，也可以出于行为人自身的因素，如对犯罪计划考虑不周或认为犯罪时机不成熟等。这一条件是区分犯罪未遂和犯罪中止的主要标志。在这三个条件中，犯罪未能得逞是区分既未遂的关键。实践中，确定某一犯罪是否未遂，必须结合《刑法》分则相关规定来判断。比如，对结果犯，必须以法定的危害结果是否发生为标准；对危险犯，必须以法定危险状态是否形成为标准；对行为犯，必须以法定的犯罪行为是否完成为标准。[1]对诈骗犯罪这种被学界归为数额犯的类型，是否存在未遂情形，理论上存在争议。

一、关于诈骗犯罪是否存在未遂形态的辨析

对诈骗犯罪是否存在未遂形态，学界认识并不一致。持否定观点的人认为：依照我国法律规定，诈骗犯罪属于数额犯，而数额犯是必须按照一定的违法数额作为犯罪构成必备条件的。如果不具备法定的数额，或说不能满足数额要件，就不能构成犯罪，在这种情况下，更谈不上所谓的存在犯罪的未遂形态问题了。而对于不以一定违法数额作为犯罪构成必备要件的诈骗犯罪来说，则属于行为犯或即成犯，只要行为实施完毕，无论是否实现了非法占有他人财物的目的，都构成该罪的既遂。换句话说，在这种情况下，骗到了钱财的构成诈骗罪，没有骗到钱财的便不以犯罪论处，不存在未遂的问题。[2]例如，有学者认为，"掌握既遂行为是区别保险诈骗罪与非罪的重要标准"，"区别保险诈骗罪与非罪的界限，其中一个重

---

[1] 赵秉志、赵国强主编：《中国内地与澳门刑法总则之比较研究》，澳门基金会2000年版，第189页。

[2] 张志勇：《诈骗罪研究》，中国检察出版社2008年版，第213页。

第五章　信息网络诈骗犯罪的既未遂

要的标准,是看其行为是否达到既遂状态,即是否实际骗取了保险金"。①持肯定观点的学者则认为,作为一种故意犯罪,诈骗犯罪同样存在犯罪未遂形态。研究诈骗犯罪中是否存在犯罪构成,关键是要正确认识犯罪构成与犯罪形态之间的相互关系。②

从大陆法系国家或地区的立法看,诈骗犯罪存在未遂形态是毫无疑义的。例如,《2002年德国刑法典》第263条"诈骗"的第(2)项即规定:"犯本罪未遂的,亦应处罚。"③《法国刑法典》第313-3条规定:"本节(注:即"诈骗罪")所指犯罪未遂处同之刑罚。"④《日本刑法典》第246条第1款规定:"欺骗他人,使其交付财物的,处10年以下有期徒刑。"第250条规定:"未遂犯,处罚之。"⑤由于立法体例不同,我国通常不在分则具体罪名中规定未遂犯的处罚,但从诈骗犯罪基础理论上分析,是可以存在未遂形态的。理由主要有以下四点:

第一,《刑法》总则在分则所有罪名中应是整体适用的,而不是只适用于部分罪名、不适用于其他罪名的选择性适用。《刑法》分则规定了不同罪名的犯罪构成,只要符合主客观要件相统一的犯罪构成,就应当认为构成犯罪,而不论其处于何种形态阶段。这些规定,从某种程度而言,构成《刑法》规定犯罪预备、未遂和中止行为承担刑事责任的理论基础。当然,犯罪未完成状态中的犯罪构

---

① 刘家琛主编:《新刑法条文释义》,人民法院出版社1997年版,第844页。
② 王晨:《诈骗罪的定罪与量刑》,人民法院出版社1999年版,第70~71页。
③ 徐久生、庄敬华译:《德国刑法典(2002年修订)》,中国方正出版社2004年版,第128页。
④ 罗结珍译:《法国刑法典》,中国法制出版社2003年版,第113页。
⑤ [日]大谷实:《刑法各论(新版第2版)》,黎宏译,中国人民大学出版社2008年版,第235页。

信息网络视角下诈骗犯罪的刑法规制

成与犯罪完成形态中的犯罪构成是有所区别的,前者是以后者的犯罪构成为前提,适应行为的发展阶段而加以修正或改变,是犯罪构成的修正表现形式。诈骗犯罪作为直接故意犯罪,《刑法》总则关于未完成形态犯罪的规定,对其应当同样适用。①

第二,不构成犯罪与不存在犯罪未完成形态不应等同。《刑法》规定的多数诈骗犯罪都有数额较大的数额标准,司法实践中,达不到该标准多认为不构成犯罪。值得注意的是,这里的表述是不构成犯罪,而不是不存在未遂形态。事实上,两者是有区别的,不构成犯罪并不必然导出诈骗犯罪不存在未遂形态的结论。这正如故意杀人罪中,因对象认识错误,导致将田野间的稻草人当作仇人予以射杀,是典型的未遂,但却因其未发生危害后果而可不构成犯罪。我们不能因为这种类型不构成犯罪,而否认它的未遂状态。诈骗犯罪也是如此。在一些情况下,完全可能出现达不到数额而构成犯罪未遂的情形。例如,B到权威机构鉴定一个花瓶,鉴定师经鉴定后给出该花瓶为唐代花瓶,价值人民币约250万元的结论。在场的A心动不已,决意虚构事实、隐瞒真相,以将花瓶送博物馆参展为由,将该花瓶诈骗到手。虽然B已经陷入认识错误,相信了A的花言巧语,但为谨慎起见,交给A的花瓶实际上是一个高度相似的仿制品。在上述案件中,A以特定的、价值高昂的古陶瓷为诈骗对象,如诈骗成功构成犯罪并无疑义,因意志以外的原因而未能得逞,应以未遂论。事实上,《刑法》分则中关于诈骗犯罪的规定,是以诈骗犯罪的既遂状态(以实际已经发生的数额)为基准的。未完成状态,是对基本犯罪构成要件的修正,必然与《刑法》规定的构成要件有所区别。

---

① 王晨:《诈骗犯罪研究》,人民法院出版社2003年版,第43页。

第五章　信息网络诈骗犯罪的既未遂

第三，诈骗犯罪数额犯的属性不影响未遂的形态。作为数额犯，诈骗犯罪将特定数额作为区分罪与非罪的标准，由此也导致部分学者得出达不到数额即不构成犯罪的结论。而事实上，这一观点是值得商榷的。诈骗犯罪未遂状态，也往往可以存在具体的数额，只是由于行为人意志以外的原因，其意欲骗取的财物未能到手，而实际获取的数额可能远远低于目标财物的数额。这种目标财物数额达到较大以上的标准，而实际取得财物价值低于较大标准的情形，应纳入诈骗犯罪未遂的范畴。再以上述仿制花瓶案为例，A骗取到手的仿制花瓶也是存在价值的，在认定该案诈骗金额时，应将目标花瓶的价值作为其诈骗的目标价值，认定为犯罪未遂，而不应将仿制花瓶作为既遂标的，以其价值认定为既遂。事实上，基于以一定数额作为入罪门槛的特点，学界对诈骗犯罪究竟属于结果犯还是行为犯是存在争议的。但无论何种观点，有一点是可以肯定的：只要是直接故意犯罪，就存在犯罪的预备、未遂和中止问题。不能因为诈骗犯罪是行为犯或即成犯，就得出只要行为人实施了诈骗犯罪行为，就构成诈骗犯罪既遂，否则就不构成犯罪的结论；也不能因为诈骗犯是结果犯，就得出只有诈骗得逞才能构成犯罪，否则就不构成犯罪的结论。[①]

第四，相关司法解释支持了诈骗犯罪存在未遂形态的观点。1996年12月16日，最高人民法院《关于审理诈骗案件具体应用法律的若干问题的解释》第1条第5款规定："已经着手实行诈骗行为，只是由于行为人意志以外的原因而未获取财物的，是诈骗未遂。诈骗未遂，情节严重的，也应当定罪并依法处罚。"尽管这一解释部分内容在信息网络背景下已显滞后，但在支持诈骗未遂形态观点

[①] 王晨：《诈骗犯罪研究》，人民法院出版社2003年版，第44页。

上，却是明确的。

二、关于诈骗犯罪既未遂标准的辨析

依照犯罪未遂的概念，构成诈骗犯罪未遂应满足三个条件：已经着手实施诈骗犯罪、犯罪未能得逞、未能得逞的原因是行为人意志以外的原因。诈骗犯罪未能得逞，是区别既遂和未遂的关键因素，包括主观方面行为人未能实现其非法占有公私财物的故意，客观方面没有发生行为人主观上意图占有公私财物的结果等。尽管理论上，对诈骗犯罪的既未遂相对清晰，但在具体司法实践中，由于诈骗犯罪的复杂性，这一标准往往变得模糊不清。其争论的焦点在于：未得逞该如何判断，换言之，应以何种标准判断占有公私财物的发生或未发生。对这个问题，学界较有代表性的观点主要有：

（一）占有说

该说认为，区别诈骗犯罪既未遂的标准，应以公私财物是否为行为人实际非法占有为界限。这里的占有，是指行为人已将主观上意欲非法占有的公私财物，成功地占有在自己手中，即行为人实际取得公私财物。如果行为人已经取得本欲占有的公私财物，即属既遂；反之，则为未遂。在传统意义上，占有某财物与取得、控制某财物，含义是相通的。但是，随着科技日益发达，财会结算方式日趋现代化，这种相通变得并非绝对。也就是说，行为人可能已经实际控制了某财物，但不一定已经实际取得了该财物。例如，2017年5月，邓某为了讨好女朋友，虚构事实对被害人汪某进行诈骗，汪某上当受骗，并按要求将20万元转至邓某女朋友的银行卡上。如果严格按照占有说的观点，本案只能按照未遂论，因为钱的转账对象并非邓某，换言之，邓某并未实际占有转账的20万元，不符合占有说所确定的既遂标准。而这一结论是不符合逻辑的。因为，邓某

第五章　信息网络诈骗犯罪的既未遂

诈骗20万元的目的就是讨好女朋友，一开始就没有自用的意图。20万元进入其女朋友的账户后，即使其女朋友自行控制、自行使用该赃款，邓某从始至终都未占有该赃款，也都不影响既遂的成立。邓某无论在主观上还是在客观上，实际上控制了受害人支付钱款的流向，因此，应认定为既遂。

（二）失控说

持此观点的学者认为，诈骗犯罪的既未遂，应以财物所有人或权利人是否失去对财物的控制、支配权为界限。只要被欺骗的对象，因行为人的欺诈行为陷入认识错误，进而对本人或他人的财物作出处分，使财物脱离了自己的控制即可认定行为人诈骗既遂。失控说与占有说的区别，在于两种观点立足点不同。失控说的出发点是基于公私财物已经脱离控制、遭受实际侵害，而占有说则注重诈骗行为人实现非法占有他人财物的主观目的，即对公私财物的占有。这是问题的两个方面。

然而，值得注意的是，失控说依然不是一个完备的学说。因为，随着社会的分工细化，交付行为也不再局限于受骗人、诈骗人之间的封闭行为，第三方往往也可以加入支付、收取的环节。例如，被告人黄某以虚构的大连某公司董事长的名义，向被害人莫某采购一批钢材。被害人按黄某的要求，将钢材交付物流公司运往大连。物流公司起航运送货物途中，黄某多次致电物流公司，要求改变航向，意图将钢材运至上海低价贱卖。物流公司觉得情况可疑，便致电莫某询问。莫某警觉，通知物流公司立即返航，从而避免了财物的重大损失。在上述案件中，莫某将货物交给物流公司，实际上已经失去了对钢材的控制，而货物并未实际交付给黄某，黄某也未实际占有或控制该货物。在这种情况下，暂时占有并控制货物的，实际上是物流公司。如果套用失控说的观点，黄某已经诈骗既遂，这显然不符合诈骗犯罪既遂的成立条件，不仅扩大了诈骗犯罪的既遂面，也加重了行为人的刑事责任。

（三）损失说

持此观点的学者认为，应以财物所有人或权利人是否交付财物而造成财产损失为界限。被害人基于认识错误处分财物，造成本人或第三人的财产损失即为行为人诈骗既遂。这一观点，将失控说所主张的既遂时间点延后，要求被诈骗的对象对财产失控后，遭受实际损失，才能认定为既遂。例如，台湾刑法学者林山田在论及诈骗罪时即认为："由于本罪系破坏财产法益之犯罪，故其既遂与未遂之判断，乃以被骗者是否交付财物而造成财产损失为标准，至于行为人是否达到取财之目的，则在所不问。易言之，即被骗者受骗而处分财产造成其本人或第三人之财产损失，即为本罪之既遂。至于行为人是否果真获得财物，则与本罪之既遂无关。若被骗者已交付财物，但其间发生变故，致行为人并无获得财物，则仍为本罪之既遂。"[①]笔者认为，这一观点依然值得商榷。例如，甲因受骗向乙进行手机银行转账，结果因操作失误，输错账号，将款项转至丙的银行账户上。甲回过神来，通过银行向丙索要，丙认为自己没有归还的义务，拒绝归还。此案属于一果多因。虽然乙对甲实施了诈骗，但客观上甲并未按乙所愿，实施向乙转账的操作，而是将钱转给了丙，乙也未实现对他人财物占有、控制的目的。甲遭受损失的最直接原因，是丙无合法占有的理由、不当得利而拒绝返还。如按损失说的观点，则此案应以既遂论。这从刑法上的因果关系分析，逻辑

---

① 林山田：《刑法特论》，转引自张瑞军：《论诈骗罪既遂的标准及其具体应用》，载《内蒙古财经学院学报（综合版）》2010年第2期，第105页。

第五章 信息网络诈骗犯罪的既未遂

无疑是混乱的。

(四) 实际控制说

该说认为,诈骗犯罪既未遂的标准,应以行为人是否取得对公私财物的实际控制和支配为界限。实际控制说有效弥补了占有说的理论缺陷,更强调行为人对他人财物的实际控制。所谓实际控制,学界又有两种不同的认识。一种观点认为,实际控制必须具备两个条件,一是公私财物脱离了财物所有人或第三人的控制,二是行为人实现了自己对该财物的控制,不具备上述两个条件便是形式控制。[1]另一种观点则认为,实际控制无须由行为人自己控制,只要行为人能支配处理财物即可,既可以是将财物转到本人所属账户由自己直接占有、直接控制,也可以是将财产转给行为人所能控制的第三人保管。[2]在学界和司法实务界,更多的人支持后一种观点。因为,从字义上分析,实际控制包含了实际和控制两个关键词。实际指的是行为人不是名义上或形式上的影响,而是拥有真正的、现实存在的对财物进行占有、使用、处分和收益的能力和权限。控制一词,则指行为人可自主地使其按控制者的意愿进行占有、使用、处分和收益。财物由行为人本人直接掌控固然是一种实际控制,转移到自己能够支配的第三方手里同样是一种实际控制。实际控制说是我国刑法学界的主流观点。

然而,在笔者看来,实际控制说依然存在许多理论上的缺陷。例如,行为人A与B是多年合作的贸易伙伴,2011年6月,依照合同

---

[1] 王晨:《诈骗犯罪研究》,人民法院出版社2003年版,第45页。
[2] 徐竹芃:《对诈骗罪未遂问题的探讨》,载《企业家天地》2007年8月号,第83页。

信息网络视角下诈骗犯罪的刑法规制

的约定，B正常向A供货，A依约定先取得了B的货物的占有。在履行支付对价义务时，A临时起意，产生了非法占有的目的，并使用伪造的票据交给对方，且成功将货物运走变卖。在上述案件中，A的行为构成票据诈骗罪既遂并无更大争议。但既遂的界限在哪里呢？如果按照实际控制说，应当是B将货物交付给A之时。因为，在这个时间点，A实现了对B货物的实际占有和控制。然而，值得注意的是，这个时间点A尚处于正常交易的状态，对货物尚未产生非法占有之目的，其占有是基于合同之约定，具有合法的依据。若将这一时间点作为票据诈骗犯罪既遂的界限，显然是不合适的。

事实上，在科技高度发展的背景下，在实践中可能还存在一些问题。在数据化、信息化的时代，支付方式已经发生了很大的变化，完全可能存在被害人对其财物已经失去控制而诈骗犯罪行为人却未对财物实现实际控制的情况。例如，行为人锁定老年人群体，对老年人进行诈骗，多笔巨额款项成功转到行为人的账户上。行为人到银行取现时，却忘记了密码，而提供开立该账户的身份证时，银行职员却发现，该身份证是假的（行为人为逃避司法机关追查，开户时使用了假身份证，开户时银行并未察觉），这也进而导致行为人无法开通网上银行进行转款操作。如按实际控制说的观点，上述案件仍处于未遂状态。因为，行为人在忘记密码、未能提供真实身份证的情况下，既无法实现对被害人财物的取现，也无法开通网上银行将赃款转至其他账户，因此尚未实现对赃款的实际控制。然而，这一观点显然是值得商榷的。因为，银行卡和银行账户具有私密性、专属性、身份性和排他性，受到银行的严格保护。通常情况下，未经行为人授权或许可（如提供身份证及授权书，或提供取现密码等），他人是无法取得银行账户上的款项的。只要款项进入行为人银行卡，无论行为人对该款项是否属于实际控制的状态，在银行的规则中,除非法律另有规定(如法院强制执行),账户所有人都是唯一的对该账户有权作出处置的主体。尽管上述案件中,银行拒绝行为人的支付请求,但这并非行为人无取现的权限,而是银行出于保护账户安全的需要,换言之,行为人在法律上对该账户进行控制的权限并未丧失。这种控制尽管属于形式上的控制,但却具有排他性的意义。也正因如此,在司法实践中,司法机关都将被骗款项成功转账、进入行为人账户视为既遂。若非如此,将会得出一个悖论:无论行为人成功诈骗了多少钱,也无论银行卡入账多少钱,只要银行出现拒绝支付的情形,这种行为就只能视为未遂。这显然不利于被害人法益的保护。

此外,还有学者主张失控加控制说[①]、控制或占有加数额说[②]等。这些观点,事实上是上述各说的兼顾和改良,虽有一定的积极意义,但也都存在一些理论障碍,难以满足司法实践中认定各自复杂诈骗犯罪,尤其是信息网络背景下新型诈骗犯罪的需要。因此,有必要重新思考未遂的标准问题。

第二节 信息网络诈骗犯罪既未遂问题探析

信息网络从物理空间、支付模式、信息受众等不同层面改变了传统的社交、交互模式,诈骗犯罪的形态也较传统模式发生了极大

---

① 失控加控制说,即兼顾了失控说和控制说的双重评价标准,以公私财物是否脱离所有人或权利人的控制并为行为人所非法占有为界限。
② 控制或占有加数额说,认为应以行为人是否控制或占有公私财物以及公私财物数额是否达到较大为界限。

改变。在此背景下,诈骗犯罪既未遂问题也面临许多新问题。

一、信息网络诈骗犯罪影响既未遂因素之变更

从学界对诈骗犯罪既未遂标准的研究来看,影响既未遂的因素主要包括行为人是否已经非法占有他人财物(占有说)、被诈骗人是否已经失去对被诈骗财物的控制(失控说)、财物所有人或权利人是否交付财物进而造成财产损失(损失说)以及行为人是否取得对公私财物的实际控制和支配(实际控制说)等。上述理论,从评价信息网络诈骗犯罪既未遂的角度看已显滞后。因为,信息网络的广泛运用,使得依托信息网络实施诈骗的各个环节,都发生了值得关注的变化,而这些变化将直接影响既未遂的认定。

一是行为人可在不为双方直接占有或控制的第三方平台实现既遂。信息网络环境下,支付方式最大的改变是由一元化的点对点直接支付,变更为安全性更高的多元化支付方式。许多支付方式,加入了更有利于保障交易安全的中间环节。其中较有代表性的,就是第三方支付[①]模式。传统的支付方式往往是简单的即时性直接付转,一步支付。例如,传统当面现货交易往往是"一手交钱,一手交货"的模式,在卖方货物到位之后,买方采用钞票直接结算,或者直接银行转账,一步到位。然而,在市场化高度发展的背景下,进入市场的要素呈现匿名、去人格化的特征,只要符合条件的人或物,均可平等地进入市场。而市场化要素依托虚拟的电子商务平台,更增加了交易的风险。因为,在现实的有形市场中,交易可以附加信用保障或法律支持来进行,而在虚拟的无形市场中,交易双方互不

---

① 所谓第三方支付,是指具备一定实力和信誉保障的独立机构,通过与网联对接而促成交易双方进行交易的网络支付模式。

第五章　信息网络诈骗犯罪的既未遂

认识、不知根底，这种匿名的、去人格化的、虚拟化的陌生人交易模式使交易安全成为各方尤为关注的问题。故此，支付问题曾经成为电子商务发展的瓶颈之一，卖家不愿先发货，怕货发出后不能收回货款；买家不愿先支付，担心支付后拿不到商品或商品质量得不到保证。博弈的结果是双方都不愿意先冒险，致使网上购物无法进行。为迎合同步交换的市场需求，第三方支付应运而生。第三方是买卖双方在缺乏信用保障或法律支持的情况下的资金支付中间平台，买方将货款付给买卖双方之外的第三方，第三方提供安全交易服务，其运作实质是在收付款人之间设立中间过渡账户，使汇转款项实现可控性停顿，只有双方意见达成一致才能决定资金去向。第三方具有担当中介保管及监督的职能，并不承担什么风险，所以确切地说，这是一种支付托管行为，通过支付托管实现支付保证。运作模式大致如下图所示：

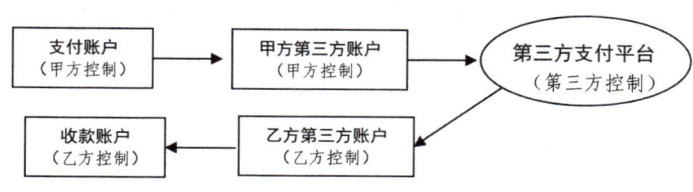

第三方平台运作模式

在第三方支付中，双方并不直接交易。交易通过第三方平台进行，第三方实际上给了双方一个缓冲。以网购为例，卖方发货，买方核验、收货后，才通知第三方面平台付款给卖家。这在理论上，有效防止了欺诈行为的发生（当然，并不绝对）。相关款项在第三方平台期间，甲方对该款项已经失去占有和控制，而乙方也未能实际占有和控制。在此期间，如相对人受骗在第三方平台上作出确认的操作，则行为人即可自如地在第三方平台上进行提现操作。换句

信息网络视角下诈骗犯罪的刑法规制

话说,在交易理论上,只要相对人在第三方平台上作出确认操作,即为既遂。既遂的节点,完全可以处于第三方平台这个甲方、乙方均不直接占有也非直接控制的中间环节。

二是财物的获取不以直接占有或控制为必然标准。在信息网络环境下,诈骗犯罪的分工日益精细。由于通过网络转账等支付行为全程留痕,为防止司法机关根据痕迹倒查,许多诈骗行为人在操作中,往往会要求相对人将被骗财物转移到指定的第三方的账户,并由职业取款人取现,再由职业取款人将钱交付诈骗行为人。在信息网络诈骗较为猖獗的地方,职业取款人甚至已经成为一种产业。职业取款人只负责提供账户并进行取现,从中收取报酬,从不过问钱从何处来、为何而来。由于诈骗犯罪分子与职业取款人分工默契,钱虽然进入的是职业取款人提供的第三人账户,但职业取款人完全根据客户的要求对相关账户进行取现操作。因此,虽然诈骗行为人无法实现对该账户的完全控制,但却可以通过职业取款人对进入该账户的赃款实现完全控制。这是一种依托他人的间接控制方式。

事实上,在信息网络新型诈骗犯罪中,除使用职业取款人外,许多诈骗犯罪为逃避打击,还故意增加中间环节,以此将赃款洗白,模糊警方视线。其中,利用第三方平台进行洗钱操作是一种常见的方式。行为人要求被害人将资金转到第三人账户后,并不直接取现,而是再转到第三方支付平台账户,线上购买游戏点卡、比特币、手机充值卡等物品,转卖套现后再支取;或者利用第三方支付平台转账功能,将赃款在银行账户和第三方支付平台之间进行多次切换,使得公安机关无法及时查询资金流向,以便逃避打击。①

---

① 《第三方支付监管存漏洞 "资金池"变脸"洗钱池"》,载《重庆日报》2018年1月23日。

第五章　信息网络诈骗犯罪的既未遂

如果按照传统的实际控制说、失控加控制说等学说，被害人因欺诈行为而错误处分财产，将财物交给行为人指定的职业取款人账户或第三方平台，但行为人因职业取款人的逃匿或毁坏、遗失财物，或因第三方平台原因，未实际控制、占有财物的，也应认定为未遂，而此时被害人的财产利益已受到了完全的侵害而非侵害之威胁，那么以未遂处理显然不能与行为的社会危害性相适应，也不利于打击信息网络犯罪。

三是信息网络诈骗犯罪非纯正数额犯的特征迥异于传统诈骗犯罪。诚如上文所述，传统诈骗犯罪应属纯正数额犯，这一点并无更大争议。因为，依照我国现行《刑法》关于诈骗犯罪的规定，均以数额较大作为唯一入罪门槛。以《刑法》第266条为例："诈骗公私财物，数额较大的……数额巨大或者有其他严重情节的……数额特别巨大或者有其他特别严重情节的……"在这一条文的表述中，尽管在数额巨大、数额特别巨大的量刑情节中，同时还规定了其他严重情节或其他特别严重情节，但关于情节的规定，显然不能单独适用，而必须以数额较大为前提，搭配适用。然而，在信息网络诈骗犯罪中，这一属性显然会遭受挑战。

首先，虚拟货币数额较大如何界定？在我国现行法律框架下可能遭受挑战。以比特币为例，它是以区块链技术为依托的P2P形式的虚拟加密数据货币。在一些诈骗犯罪中，诈骗行为人为防止货币转账留痕，并不要求被骗人支付本国合法的货币，而要求支付比特币。在我国，比特币地位并不为官方所承认。2017年9月4日，中国人民银行、网信办、工信部、工商总局、银监会、证监会、保监会联合印发《关于防范代币发行融资风险的公告》，明确规定：禁止从事代币发行融资活动（ICO）；交易平台不得从事法定货币与代币、虚拟货币相互之间的兑换业务，不得买卖或作为中央对手方买

信息网络视角下诈骗犯罪的刑法规制

卖代币或虚拟货币，不得为代币或虚拟货币提供定价、信息中介等服务。中国人民银行等五部委2013年12月印发的《关于防范比特币风险的通知》表示：虽然比特币被称为货币，但由于其不是由货币当局发行，不具有法偿性与强制性等货币属性，并不是真正意义的货币。从性质上看，比特币应当是一种特定的虚拟商品，不具有与货币等同的法律地位，不能且不应作为货币在市场上流通使用。但是，比特币交易作为一种互联网上的商品买卖行为，普通民众在自担风险的前提下，拥有参与的自由。[①]由于官方这种不支持、不反对的态度，比特币在民间交易比较频繁，并拥有一定的价值属性。例如，部分淘宝的店铺接受比特币的使用；2013年10月15日，百度旗下百度加速乐服务宣布支持比特币。目前中国大陆比特币著名的交易平台有五六家，一些平台号称世界最大比特币交易平台。尽管如此，比特币毕竟不是真实的货币，与货币之间也不存在兑换的汇率。从本质上看，比特币是以区块链技术为依托的虚拟加密数据货币，其本质就是一堆加密的数据，并不具有可衡量的价值，发生以比特币为诈骗对象的信息网络诈骗案件，如何认定数额较大就是一个难题。

其次，信息网络诈骗对法益的侵害不局限于财物。虽然信息网络诈骗直接指向财物，但其侵犯的法益却不仅仅局限于此。诚如本书第二章所述，信息网络诈骗还侵犯了正常的信息网络管理秩序，包括电信管理秩序、互联网管理秩序等。信息网络诈骗最为突出的特征是，依托信息网络平台进行，包括擅自设置、使用无线电台（站）或者擅自使用无线电频率，干扰无线电通信秩序（如伪基

---

① 《比特币》，百度百科，https://baike.baidu.com/item/%E6%AF%94%E7%89%B9%E5%B8%81/4143690?fr=aladdin，访问日期：2019年6月15日。

第五章 信息网络诈骗犯罪的既未遂

站等）；采用"网络电话+改号软件"的方式进行诈骗，破坏电信管理秩序；采用钓鱼软件和病毒等方式侵入他人计算机或实施诈骗，侵犯互联网管理秩序等。此外，信息网络诈骗还侵犯了金融管理秩序、正常的经营秩序、个人信息安全等。信息网络诈骗，严重损害了信息网络上的互信关系，甚至干扰到国家机关正常的办公办案秩序。例如，2016年徐玉玉案件发生后，有人总结了"六个一律挂断"①，其中就提到陌生人以公检法名义来电的，一律挂断。这一攻略甚至上了央视新闻。由于诈骗犯罪的猖獗，实践中，确实不少人对公检法来电采取谨慎态度，或一律挂断，或左右盘问、审慎核实，这在一定程度上既增加了司法机关办案的时间成本和物质成本，又干扰了国家机关的正常办案秩序。信息网络诈骗的泛滥，使人们对陌生电话不敢接的心理普遍增强，摧毁了陌生人之间的信任基础，使正常的社会秩序遭到破坏，其所侵犯的法益或说犯罪客体并不仅仅局限于财物本身。这一特征，也使信息网络诈骗犯罪应综合考虑各种法益受到侵犯的情况，其犯罪既遂的标准，不应以数额为唯一标准。换言之，信息网络诈骗不同于其他类型诈骗犯罪的一个特征，就是其非纯正数额犯的特征。

事实上，在司法实践中，对信息网络诈骗犯罪的这一特征已经有所考虑，相关司法解释已经跳出纯正数额犯的框架，对信息网络

---

① 具体包括：（1）接电话，遇到陌生人，只要一谈到银行卡，一律挂断；（2）只要一谈到中奖了一律挂断；（3）陌生人以公检法名义来电的，一律挂断；（4）所有短信，但凡让我点击链接的，一律删掉；（5）微信不认识的人发来的链接，一律不点；（6）一提到安全账户的一律是诈骗！《公安提醒：这"六个一律"，你一定要认真看！》，徐州工程学院，http://xsc.xzit.edu.cn/da/b6/c1756a55990/page.html；《"法院来电"不必一律挂断　法官支招如何辨真伪》，当代先锋网，http://www.ddcpc.cn/index.php?m=content&c=index&a=show&catid=563&id=82187。

信息网络视角下诈骗犯罪的刑法规制

诈骗犯罪的定罪量刑综合考虑诸多量刑情节，明确"发送诈骗信息5000条以上"、"拨打诈骗电话500人次以上"等情形以诈骗未遂论处，[①]即为明证。然而，这一规定依然存在不足之处。因为，法律尚未设立信息网络诈骗罪，司法解释依然立足于而未跳出普通诈骗罪的犯罪构成来研究信息网络诈骗问题。从侵犯财产的角度看，上述情形显然是未遂；但从破坏网络秩序、破坏交易安全、威胁不特定多数人财产安全的角度来看，将其定为既遂也尚不为过。下文将展开论述，此处不赘。

四是信息网络诈骗犯罪既遂未必造成财产的损失。在信息网络环境下，一些非物质服务、权利，以数据的形式存在。这些服务或权利，由于能够满足他人某方面的需求，可以用来交换，具有商品的某方面特征。但从严格意义来说，这些服务或权利的本质是一些数据，并不以实体的形式存在，尽管拥有一些交换价值，但并非财产。例如，某游戏网站规定，凡在该网站充值达8000元以上的客户，以及游戏线上时间达800小时的客户，可获赠一套价值8000元的虚拟游戏装备。张某非常迷恋这款游戏，遂利用系统漏洞，侵入网站输入虚假数值，伪造了820小时游戏线上的数据，并以此与客服联系，最终获赠游戏装备，在游戏中纵横驰骋，所向披靡。在上述

[①] 2011年最高人民法院、最高人民检察院《关于办理诈骗刑事案件具体应用法律若干问题的解释》第5条第2款、第3款规定："利用发送短信、拨打电话、互联网等电信技术手段对不特定多数人实施诈骗，诈骗数额难以查证，但具有下列情形之一的，应当认定为刑法第二百六十六条规定的'其他严重情节'，以诈骗罪（未遂）定罪处罚：（一）发送诈骗信息五千条以上的；（二）拨打诈骗电话五百人次以上的；（三）诈骗手段恶劣、危害严重的。实施前款规定行为，数量达到前款第（一）、（二）项规定标准十倍以上的，或者诈骗手段特别恶劣、危害特别严重的，应当认定为刑法第二百六十六条规定的'其他特别严重情节'，以诈骗罪（未遂）定罪处罚。"

第五章 信息网络诈骗犯罪的既未遂

案件中,张某隐瞒真相、虚构事实,对客服实施诈骗,并取得一套价值8000元的游戏装备。从实质上看,这套游戏装备只是增强了张某这个客户的游戏体验,网站既无须为此失去实质性的财产,也并未增加服务的成本,张某所获得的,也并非实质性的财物,而是个人游戏中数据化的装备提升。换言之,该诈骗的既遂,并未实质造成该游戏网站的财产损失。如果套用传统的损失说,很难对此类情形作出客观评价。而在信息网络的背景下,虚拟的数据化产品,因为能够满足人们某些方面的需求,因而拥有了商品的交换价值。对此类产品进行诈骗,尽管未造成实质的财产损失,但却造成他人应得收益应得未得,属于间接减少,其损失虽然难以用具体的数额衡量,但具备用数额衡量的基础。

也正因如此,有必要结合信息网络诈骗犯罪的特点,对其既未遂问题作出新的、不同于传统诈骗犯罪的解读。

二、信息网络诈骗犯罪既遂的标准

由于信息网络的特殊性,学者对信息网络背景下诈骗犯罪属情节犯、结果犯还是行为犯的问题,认识并不一致。而这一问题,直接影响信息网络诈骗犯罪既未遂问题。

(一)信息网络诈骗行为犯、结果犯、情节犯之辨

信息网络诈骗犯罪是行为犯、结果犯还是情节犯?对此,学界尚无系统讨论。更多学者是从诈骗罪的犯罪构成出发,结合信息网络这一特殊背景进行论述,而不是把信息网络诈骗罪作为一种区别于一般类型诈骗罪的新型诈骗,从新罪名的角度进行研究,这就难免受到诈骗罪一般理论的束缚,有关结论难免存在局限。尽管如此,学界对信息网络诈骗系情节犯、行为犯还是结果犯,还是存在

信息网络视角下诈骗犯罪的刑法规制

不同的认识。

1. 关于行为犯说。所谓行为犯,简单理解,就是以法定的犯罪行为的完成与否作为既遂与未遂标志的犯罪类型。换言之,对行为犯而言,衡量行为既遂的标准,并不是该行为是否造成危害后果,而是行为是否处于完成状态。①我国《刑法》规定的诬告陷害罪、伪证罪等都是行为犯。持此观点的学者认为,信息网络诈骗犯罪侵犯的客体是复杂客体,而在各类客体中,无论是从危害性还是从影响面来看,网络管理秩序无疑都是占第一位的。信息网络诈骗最为突出的一个特征是,依托信息网络平台进行,包括擅自设置、使用无线电台(站)或者擅自使用无线电频率干扰无线电通信秩序(如伪基站等);采用"网络电话+改号软件"的方式进行诈骗,破坏电信管理秩序;采用钓鱼软件和病毒等方式侵入他人计算机,或实施诈骗,或侵犯互联网管理秩序等。这种破坏,往往在信息网络诈骗犯罪行为实施完毕便已完成。例如,通过伪基站向不特定人员群发短信,即使没有人上当受骗,这一行为对电信管理秩序的侵害也已经形成,依法应以信息网络诈骗罪既遂论处。

笔者认为,这一观点是值得商榷的。尽管信息网络诈骗犯罪对信息网络秩序构成首要的、直接的侵犯,但并不意味着任何行为都能够达到犯罪的程度,都应以信息网络诈骗罪论处。以P2P交易平台诈骗犯罪为例,由于国家的严格监管,许多在信息网络平台的交易都是符合国家规范的、合法的,诈骗行为更多是以高于网络平台

---

① 如苏联学者认为:"如果立法者只是叙述了行为的要件,而未把结果归在犯罪构成里,那么这个构成就具有形式的性质。这时,只要完成犯罪构成中所指出的行为,就被认为是既遂罪。"[苏] H. A. 别利亚耶夫主编:《苏维埃刑法总论》,群众出版社1987年版,第87~88页。

第五章　信息网络诈骗犯罪的既未遂

的利息，诱使他人离开网络线下交易。在此类犯罪中，线上交易的合法性往往成为掩盖其诈骗行为非法性的手段、诱使客户投入更大资金的诱饵。严格来讲，只要客户不进入线下交易程序，就没有被欺骗的可能，此类犯罪在网络层面很难用非法来评价，对信息网络管理秩序也未形成直接的、现实的侵犯。又如，向不特定群众发送诈骗短信100条，未有群众上当受骗。此种行为虽然侵犯网络管理秩序，但情节显著轻微，若一律以信息网络诈骗罪论处，无疑有扩大打击面之嫌。

2. 关于结果犯说。在刑法理论上，结果犯，简单理解，就是以法定的结果是否发生作为犯罪既遂与未遂标志的犯罪类型。支持信息网络诈骗罪属结果犯的学者认为，信息网络诈骗罪属于典型的侵财犯罪，行为人以非法占有为目的，依托信息网络向不特定的人实施诈骗，以侵财行为所造成的结果是否发生作为犯罪是否既遂的标准。事实上，我国《刑法》规定的诈骗类犯罪，均有数额较大、数额巨大、数额特别巨大的规定，不同的数额对应的是不同的危害结果，法律也因此科以不同的刑罚。尽管信息网络犯罪有其特殊性，相关司法解释也规定"发送诈骗信息5000条以上"、"拨打诈骗电话500人次以上"等情形可构成犯罪，但由于此类行为均未达到侵财的目的，只能以未遂论处。从根本上看，司法解释并没有改变诈骗罪结果犯的属性。从这个角度而言，信息网络诈骗犯罪是典型的结果犯。

对此，笔者认为，上述观点依然值得商榷。首先，信息网络诈骗罪既遂未必有财产损失的结果发生。在信息网络环境下，一些非物质服务、权利，以数据的形式存在。这些服务或权利，由于能够满足他人某方面的需求，可以用来交换，具有商品的某方面特征。虚拟财产受到的侵犯，尽管未出现可用具体数额衡量的结果，依然可以视为犯罪既遂。其次，一些诈骗犯罪，或许数额不大，并未达到数额较大的结果，但依然应以诈骗罪既遂处理。例如，发送可自动传播的木马软件，在后台自动运作，伺机侵犯他人财产权益。此类犯罪的危害性，并不亚于传播网络病毒，尽管未发生他人上当受骗的后果，或虽有他人上当受骗，但尚未达到法定的后果，依然应当依法予以定罪处罚。

3. 关于情节犯说。有一些学者认为，信息网络诈骗犯罪属情节犯。所谓情节犯，通常是指《刑法》分则明示以情节严重或情节恶劣作为犯罪成立必备要件的犯罪形态。对情节犯，学界存在不同认识。一种观点认为"'情节犯'是以一定严重或者恶劣之情节作为犯罪构成的必备要件的犯罪"[1]，这种观点将严重或者恶劣之情节包含在犯罪构成之内，认为情节犯是成立犯罪的一种综合性要件。另一种观点认为"'情节犯'是我国《刑法》特有的犯罪形态，它是指某种危害社会的行为以'情节严重'或者'情节恶劣'为犯罪成立要件的犯罪形态。情节犯包括数额犯"[2]。这种观点将有关情节视为犯罪构成要件之外的一个定罪综合性要件。

事实上，这种观点是存在理论瑕疵的。犯罪的成立要件包括构成要件该当性、违法性、责任该当性等。情节的严重程度，所反映的是犯罪对法益或说犯罪客体的侵犯程度，其更大的意义在于界定罪与非罪的界限。从罪责相适应的角度看，轻罪配轻刑，重罪科重刑，情节显著轻微不构成犯罪、不承担刑事责任。从这个角度而言，情节这一要素，显然应当包含在犯罪构成的要素中，从犯罪

---

[1] 陈兴良主编：《刑法各论的一般理论》，内蒙古大学出版社1992年版，第331页。
[2] 姜伟：《犯罪形态通论》，法律出版社1994年版，第122页。

第五章 信息网络诈骗犯罪的既未遂

的主观方面、犯罪客体被侵犯的程度、犯罪客观方面的表现等各要素综合考量。因此,情节未能独立于犯罪构成四要件之外,更不具有独立成立第五要件的理论价值。当然,将数额犯作为情节犯的观点,也是值得商榷的。这并非本书讨论的重点,此处不作展开。笔者认为,将信息网络诈骗犯罪视为情节犯,意味着将严重或者恶劣之情节作为犯罪构成的必备要件,不具备这些情节,则不成立犯罪。换言之,因情节犯不存在未遂的特征,①也直接否认了信息网络诈骗犯罪存在未遂的可能。

在笔者看来,信息网络诈骗罪兼具情节犯与结果犯双重属性。笔者姑且以非纯正情节犯或可选择情节犯称呼。所谓非纯正情节犯,是指情节严重是信息网络诈骗罪成立的要件之一,但并非唯一要件,只有当达到法定数额、造成法定危害结果时,才应当依法承担刑事责任。笔者并不认同相关司法解释将"发送诈骗信息5000条以上"、"拨打诈骗电话500人次以上"等情形作为信息网络诈骗犯罪未遂的观点,虽然在诈骗罪的理论框架下,这一解释是完全符合法理的,但如果单独设立信息网络诈骗罪,则有必要将其作为既遂的一种情形,下文将具体阐述理由。

---

① 关于情节犯是否存在未遂,学界存在不同观点,但主流观点认为,情节犯不存在未遂问题。理由是:第一,情节犯是一类以情节严重、情节恶劣为综合构成要件的犯罪。犯罪未遂不可能是欠缺犯罪的某个构成要件的犯罪形态,因为只要行为成立犯罪就必然是符合犯罪的所有构成要件的。第二,情节犯中的情节严重是该类犯罪成立的必备要件。如果说情节犯存在未遂,那么就是说情节尚未达到严重的程度,而在情节犯中情节不严重的就已经不成立情节犯了,就更谈不上处罚问题了。连犯罪都不成立,讨论它存在未遂又有何意义?

（二）信息网络诈骗犯罪既遂的认定

针对信息网络诈骗罪的上述特点，笔者认为，似可在当前学界观点的基础上优化整合，提出折中说：在信息网络诈骗罪中，严重危害不特定多数人财产安全，或行为造成他人法益遭受损失、财产损失数额较大或有其他严重情节的，应认定为既遂。这一标准综合考虑了占有说、失控说、损失说、实际控制说等学说的积极因素，并结合信息网络诈骗犯罪的特征作了取舍。具体而言，包含以下内容：

第一，信息网络诈骗行为对不特定多数人财产安全及公共生产、生活安全造成严重现实威胁的，应认定为既遂。与传统的诈骗不同，信息网络诈骗的对象为不特定的多数人。在一般诈骗中对象是有限的甚至是点对点、一对一的，信息网络技术的出现，无限地扩大了被害人的范围，通过短信群发、病毒自动扩散等方式，诈骗对象呈几何倍数增加。信息网络诈骗在实施过程中，往往还伴随破坏广播电视设施、公用电信设施等危害公共安全的犯罪，造成不特定的多数人公私财产有遭受重大损失的危险，其损失的范围和程度往往是难以预料的。在司法实践中，通过司法程序查清每一宗犯罪事实、查清所有被害人几乎是不可能完成的任务。从性质上而言，信息网络诈骗罪是侵犯不特定的多数人的生命、健康和重大公私财产安全及公共生产、生活安全的犯罪类型。其侵害的对象和可能造成的危害后果，事前往往无法预料和控制。因此，其具有比较明显的危害公共安全的犯罪特征，应纳入危害公共安全罪的范畴。基于信息网络诈骗罪极大的危害性，在犯罪既遂的认定上，也应当遵循此类犯罪的认定规则，不以危害后果的发生为条件，只要行为威胁不特定多数人的财产安全及公共生产、生活安全，足以造成严重后果即可认定为犯罪既遂。因此，只要实施了"发送诈骗信息5000条

第五章　信息网络诈骗犯罪的既未遂

以上"、"拨打诈骗电话500人次以上"等行为,即可认定为危害了公共安全,应依法认定为既遂。

当然,这里的威胁必须是具备一定的严重性。只是利用电信网络设备向有限范围的少数人发信息,且并未获得财物的,不具备《刑法》的可罚性,不宜不分青红皂白一刀切地将所有利用电信网络设备实施的诈骗都纳入刑事打击的范畴。当然,如果部分信息网络诈骗犯罪虽然针对不特定多数人,而其规模尚未达到对公共安全造成现实威胁,但已经现实造成他人财物的重大损失,则可按危害结果大小考虑量刑幅度。

第二,造成他人法益遭受损失、财产损失数额较大或有其他严重情节的,应认定为既遂。在此,笔者并未采用我国刑法理论界的主流观点——控制说。笔者认为,从信息网络诈骗的性质和危害看,以法益遭受侵犯似更符合此类犯罪的特点。首先,从法益角度出发,更能体现犯罪侵犯法益的本质。信息网络诈骗犯罪侵害的法益是多元的,既包括公私财产的所有权,也包括信息网络管理秩序等。从财产法益的角度看,信息网络诈骗从诈骗到取财,往往具有许多中间环节。事实上,这中间环节大多是行为人所无法控制的,甚至要通过部分损失操作达到把赃款洗白的目的。因此,对此类犯罪,着眼点不是取决于行为人是否得到、控制了财产,而在于被诈骗的对象是否现实地失去对财产的控制,或说财产法益遭受损失。至于行为人是否控制财产不能改变被害人财产实际上受侵害的事实。传统评价诈骗犯罪既未遂标准的实际控制说、失控加控制说、占有说等,过多强调占有结果是过重评价行为人的主观恶性,轻视了对法益的保护,没有反映信息网络背景下诈骗犯罪的本质。其次,从法益角度出发,更能准确体现犯罪未遂的特征。犯罪未遂的一个重要特征是,行为人所追求的、行为性质所决定的危害结果没有发生。具体到信息网络诈骗，则指行为人明知而且希望发生的侵害他人财物的危害结果没有发生。而诚如前文所述，在许多信息网络诈骗中，存在第三方平台等中间环节。但无论有多少环节，只要被害人按诈骗行为人所希望的作出交付行为，且无论交付对象是谁，其本人已经失去了对财物的控制，他人财产法益遭受损害的结果已经发生，行为侵犯他人法益的事实已经发生，应属既遂。至于行为人是否实现取财目的，不应影响诈骗罪既遂的成立。最后，彰显信息网络诈骗犯罪非纯正数额犯的特征。数额较大虽是诈骗罪的客观处罚条件，但并非唯一条件。从某个角度看，数额标准是诈骗行为社会危害性的温度计，与刑罚权的发动有关，但并非既未遂的评判标准。诈骗他人财物达到数额较大的标准，是《刑法》对诈骗罪（既遂）发动刑罚权的构成要件要素，但未达到此标准，并非就属于未遂，还应结合其他情节综合考虑。总而言之，笔者认为，犯罪的法律本质是对法益的侵犯，《刑法》的目的和任务是保护法益，对信息网络诈骗犯罪进行规制，更重要的是因应此类犯罪的特点，保护财物所有人或权利人的财产利益不受侵犯，而不是纯粹打击行为人的非法获益，凡侵犯他人的财产利益达到特定社会危害程度即应受到《刑法》处罚，行为人的获利情况可作为量刑情节予以考虑，但并非既遂未遂的标准。

第三，虽未获得财物，但具备其他严重情节的，也应以既遂论。信息网络诈骗犯罪侵犯法益的多元性，决定了此类犯罪的既遂不应局限于财产，而应该结合其他法益遭受损失的情况，以及犯罪的其他情节综合考虑。具体而言，应包括但不限于以下情形：（1）信息网络诈骗行为对不特定多数人财产安全及公共生产、生活安全造成严重现实威胁的。前文已述，此处不再赘述。（2）信息网络诈

第五章　信息网络诈骗犯罪的既未遂

骗对网络秩序造成破坏，后果严重的，如信息网络诈骗附加木马，侵入他人手机系统，并通过木马自动操纵系统获取个人信息，造成多人信息泄露的等。（3）信息网络诈骗使他人陷入认识错误，为履行所谓合同义务付出大量成本，导致重大损失而难以挽回的。

第六章　信息网络诈骗与盗窃之区分

从司法实践看，盗窃与诈骗是容易混淆的罪名，尤其在信息网络环境下，诈骗犯罪与盗窃犯罪常呈交叉竞合之势。受传统诈骗犯罪理论的影响，两种犯罪此罪与彼罪的界限并不完全清晰，基于不同理解，得出的结论也往往不同。本章拟对此作一探析。

第一节　以二维码侵财犯罪为切入：诈骗与盗窃问题

一、二维码支付的概念及二维码侵财犯罪的类型

（一）二维码支付的概念和类型

二维条码或二维码（2-dimensional bar code），是以某种特定的几何图形按照预定的编码规则，在平面上生成黑白相间的图形，通过代码把"0"、"1"数据信息转换成对照的几何图形。使用时，利用摄像头或扫码设备自动读取并识别，最终转换成对应的文字、数据信息。与条码相比，二维码的优点是比较明显的。例如，它所容纳的信息量是普通条码的数十倍，而读取的误码率只有千万分之一，远远低于普通条码的2%；它所编码的范围也更广，可以容纳音像、指纹等信息类型；更重要的是，它还可以引入加密措施，确保解码内容不被他人获得等。2016年8月3日，支付清算协会向支付机

第六章　信息网络诈骗与盗窃之区分

构下发《条码支付业务规范》（征求意见稿），意见稿中明确指出支付机构开展条码支付业务需要遵循的安全标准。这是官方对二维码支付的认可。[①]二维码图形蕴含着大量的信息。实践中，二维码往往可以通过扫描读取的方式实现信息获取、网站跳转、广告推送、手机购物下单、防伪溯源、优惠促销（如扫码下载电子优惠券、抽奖）、会员管理以及手机支付等目的。在我国，二维码支付方式运用之广泛，已经遍布城乡街巷、村集城寨。

　　二维码支付的原理并不复杂。二维码虽然用肉眼无法进行识别，但其用一定规则排布点阵的图像来编码信息，背后蕴含强大的信息容量，并可以标识文字、网址等多方面的信息。这些信息通过仪器的扫描和后台伺服器的解析，唤起商品信息或调动支付程序，从而完成移动支付。

　　二维码支付的方式主要有两种。一是线上支付。这种支付方式多发生在电商平台。用户在网上购物过程中，确定购买某种商品并进入交易程序时，商家网页可通过弹窗跳转出二维码，用户只需用手机对该二维码进行扫码读取，即可完成支付。在线上支付的流程中，二维码取代了支付链接的功能。[②]二是线下支付。线下支付是基于移动网络终端打通线上和线下的新型 O2O（Online to Offline）支付功能。线下支付往往必须依托第三方支付（如微信、支付宝等）平台。具体而言，线下支付又可细分为两种类型：第一种类型是付款扫码。这种支付类型的主要特征是客户通过扫描商家提供的二维码完成付款程序。其运作流程是：客户挑选心仪的商品后，扫

[①]《二维码》，百度百科，https://baike.baidu.com/item/%E4%BA%8C%E7%BB%B4%E7%A0%81/2385673?fr=aladdin，访问日期：2019年6月3日。

[②] 刘文慧：《二维码支付法律问题研究》，广东外语外贸大学硕士学位论文，2015年，第3页。

描商家提供的二维码，后台相关应用程序通过读取和解析二维码的信息，在第三方平台唤起向商家支付的程序，最终完成付款。在这一过程中，二维码可以视为一道桥梁，直接指向商家的支付链接。第二种类型是收款扫码。其主要特征是商家通过扫描客户提供的二维码完成扣款。这种支付方式的前提是，客户必须先在第三方平台绑定自己的银行卡，使第三方支付平台与自己的银行卡关联起来。支付的具体流程是：消费者在第三方支付机构的用户端完成银行卡关联程序后，系统将以用户的银行卡信息为基础生成支付二维码；支付过程中，只要商家扫描该支付二维码，即可唤起银行的转款程序，完成对消费者的交易扣款，此时，交易资金也实现由消费者银行卡账户向商家结算账户的流转。这种支付形式与传统的电子支付刷卡有相似的地方。

（二）二维码侵财犯罪的主要类型

二维码支付方式尽管便捷，但也存在一些问题。一是无法直接识别。二维码为黑白相间的几何图形，其信息隐藏在图形的背后，必须借助手机等工具才能读取，而无法用肉眼识别。二是蕴含的信息隐密性强。二维码往往只是一个链接指向，真正的信息在云端。从某个角度看，二维码在很多时候充当的是一个与互联网相链接的入口。互联网的各类信息，包括木马、病毒、恶意软件等，有条件通过二维码的链接向手机或读取器传播。因此，司法实践中二维码侵财犯罪主要有以下三种方式。

1. 在二维码植入病毒。实践中，二维码的生成主要有三种方式：利用网页二维码生成器生成、利用微信端二维码生成器（小程序）生成、利用一些二维码生成的手机应用软件生成。一般而言，通过上述途径生成的二维码本身并不是病毒，借助读取器可以将相关二维码还原成相关的以文字为表述载体的信息。二维码有静码和

第六章 信息网络诈骗与盗窃之区分

活码之分。所谓静码，通常是以一定的规则直接对电话、位址、网址等信息进行编码。静码相对简单，在网络链接的情况下也可以通过扫码枪或特殊设备扫码扫描显示。但它也存在缺点，那就是：通常容量较小，一般最多50个文字；图案非常复杂，不容易识别和列印，容错率低，而且印刷后内容无法变更，无法存储图片和文件。与静码相对应的是活码。活码通常是对一个分配的短网址进行编码，通过联网设备扫描后，即可跳转到这个网址。换言之，活码实际上是扮演了链接到互联网的途径和桥梁的角色。这样既可克服静码存储内容少、单调的缺陷，将有关内容存储在云端，并可以随时更新、跟踪扫描统计，也可存放图片、视频、大量文字等内容。与静码相比，活码图案简单易扫，灵活多变，但它也存在一个缺点：扫描时必须联网。[①]由于云端的内容是活的，随时可以修改，这就为同一二维码指向不同内容提供了可能。实践中，犯罪分子可以通过修改云端的信息，或在云端植入恶意软件、木马或病毒，以达到攻击终端设备、借机获取财产的目的。

2. 偷换二维码（冒充他人二维码）。二维码具有既公开又秘密的矛盾双重属性。所谓公开，是指对使用二维码的人（包括支付的客户和收款的主体）而言，二维码都是公开展示的。因为，只有在双方公开的情况下，才可能达成交易。收款主体必须将二维码向不特定的客户公开，才可能实现收款的目的。所谓秘密，是指二维码只是黑白相间的几何图形，图形本身并没有特殊含义，普通人也无法从图形中辨识出其究竟属于静码还是活码，更无从得知静码背后蕴含的是什么信息、活码云端是什么内容，只有借助手机专用读取

[①]《如何制作一个自己的活码二维码》，百度经验，https://jingyan.baidu.com/article/e52e36156461c940c60c5181.html，访问日期：2019年11月12日。

205

设备，才能将其背后的信息读取出来。从这个意义上看，无论是客户还是二维码的使用者，即使面对面交易，也未必知悉二维码的云端指向，未必知悉其所交易的内容。也正因为这一特点，实践中，不少案例就是通过替换二维码的手法，实现敛财目的的，如被害人通常是在未能发现二维码被替换或冒充的情况下，通过扫码支付而造成财产损失的。

3. 类刷卡方式。所谓刷卡，是借用了信用卡领域的专用名词，实际上用户并无卡可刷。由于二维码支付具有智能支付的特点，用户完成支付过程，必须通过机器人工智能的核验。以微信支付为例，包含了四重核验方式：第一，必须使用支付者已经经过实名认证的微信用户端，未经实名认证的微信用户端无法完成微信支付；第二，扫码的微信必须绑定用户银行卡，仅通过绑定客户手机等方式进行实名认证的微信用户端无法完成转账；第三，扫码支付必须输入客户支付密码，才能完成交易；第四，扫码支付后，通常通过两种方式告知银行卡所有人，即微信号通知和在银行预留的手机号码短信通知。在二维码侵财犯罪中，通过控制用户终端的方式实现侵财也是一种非常重要的方式。例如，非法登录他人微信终端，并通过该微信提供的支付二维码进行"刷卡"消费。很多情况下"刷卡"是可以免密支付的，这一特征尽管提高了移动支付的便捷性，但同时也增加了交易的风险，尤其是在移动终端失去控制时。

由于二维码兼具公开与秘密的双重属性，司法实践中，一些涉及二维码的侵财犯罪亦往往兼具公开交易与秘密窃取的双重属性，或说在此类案件中骗中有盗、盗中有骗，性质并不完全清晰。在理论上，也存在不同的见解。理论是实践的先导，有必要进行理论上的解析。

第六章 信息网络诈骗与盗窃之区分

二、替换型二维码侵财犯罪的理论解析

（一）替换型二维码侵财犯罪的理论争议

案例：2018年，被告人陆某趁无人之际，将广东省中山市某镇菜市场各个摊贩的二维码偷偷置换成自己的收款二维码。商户和到菜市场采购的顾客均未发现此变化。此后一段时间，陆某在家中默默收了3000多元。

此案涉及调换二维码案件的定性问题。在案件办理过程囗，观点并不统一。学界和司法实务界对此类案件的分歧主要是：

第一种观点认为，被告人的行为构成盗窃罪。主要理由是：首先，陆某趁无人之际偷偷调换了二维码，无论是菜场摊主还是顾客都不知悉这一变化，具有秘密性的特征。在交易过程中，顾客基于信赖原则扫描了菜贩提供的二维码，并按程序的指示支付了菜款，菜贩向顾客交付了蔬果菜肴，合同双方的权利义务均已履行完毕。从民事角度看，虽然双方都由于不知情而导致合同未达到目的，但合同双方均已按对方的要求履行了义务，合同因履行完毕而终止。尽管顾客支付的菜款并没有如双方所期待的那样进入菜贩的账户，但顾客并无过错，因为二维码不具有可识别性，只要顾客按照摊主提供的二维码扫描付款就已经完成了支付行为，交易过程中无论发生什么事均与顾客无关。其次，与传统的支付方式不同，二维码支付虽然是一种处分方式，但其交付的并非以实物形态存在的货币，而是以虚拟数据为载体的网络信息交换；客户也无须将钱直接交付到商家手上，而是依托微信支付等第三方支付平台。而且，转款过程均由人工智能后台自动完成，具有一定的秘密性。具有秘密性的中间环节的介入，为他人中间截款提供了便利。因此，以偷换二维码的方式截款，符合秘密窃取的特征，应认定为盗窃。最后，从案

207

信息网络视角下诈骗犯罪的刑法规制

件的损失方来看,并非转款的顾客,而是菜贩。被告人事先用自己的二维码替换商户的收款二维码,菜贩对此并无认知。这一做法,与在菜贩的钱柜下面挖个洞让所收款项掉到洞下行为人自己的袋子没有本质区别。因商户对款项失去也毫无感知,所以应以盗窃罪评价上述案件。

第二种观点认为,被告人的行为是普通的诈骗行为,构成诈骗罪。其理由是:首先,陆某将菜场的二维码掉包的行为,无论是对菜贩还是顾客而言,都隐瞒了该二维码不是商家收款二维码的事实,这一行为符合隐瞒真相、虚构事实行为的特征。而顾客因此陷入误解,"自愿"处分了本应该给商户的款项,并最终失去该款项。这一过程符合"犯罪人虚构事实、隐瞒真相——导致顾客陷入误解,错误处分财产——行为人取得财产"的诈骗罪的结构特征。其次,顾客因陷入误解而"自愿"支付,取财行为并未违背财物占有人的意志。在这一过程中,欺骗行为直接指向顾客,换言之,顾客是诈骗行为的被害人。最后,陆某诈骗的是顾客在银行的债权。案件中,顾客是财产的占有人,钱是顾客的,顾客在扫码那一刻就是在处分了。事实上,在整个交易过程中,顾客扫码成功后,转出的款项直接进入陆某的账户,而从未进入店家的账户,因此店家从未控制和占有过财物。尽管案件最终遭受损失的是店家,但店家却并非案件的被害人。因为民事案件中的被害人与刑事案件中的被害人是应该作区分的。①

第三种观点认为,被告人的行为是双向诈骗行为,构成诈骗

---

① 持此观点的学者认为,刑法中的被害人与现实生活中的谁受损失不是一个概念。主张定盗窃罪的人老是想这样一个问题,那就是"这个案件,最终谁受损失"。现实中,顾客肯定不可能重新付款给店家,而只能是店家自认倒霉。但是,刑法中的被害人和被骗人,与现实中受损失的人不是一个层面问题。以

第六章 信息网络诈骗与盗窃之区分

罪。持此观点的学者认为,陆某的行为是比较典型的隐瞒真相、虚构事实,符合诈骗犯罪的行为特征。但其所欺骗的对象:并非顾客一方,而是商户、顾客双方。一方面,顾客基于错误认识,"自愿"处分了自己占有的款项;另一方面,虽然款项未进入商户账户,商户也从未对款项拥有占有权,但商户基于错误认识交付了货物,这种交付也是一种处分行为。从这个角度看,陆某的行为显然构成双向诈骗。

第四种观点认为,被告人的行为是三角诈骗行为。三角诈骗是德国、日本等国刑法理论和司法实践使用的概念,通常指"由受骗人处分被害人(第三者)的财产,受骗人本人没有财产损失,被害人则没有受骗的情形"[①]。调换二维码案明显符合上述特征。案件中,顾客是受骗的一方,其因误认为二维码属于菜贩,按一般的交易习惯实施了支付行为。但其所处置的款项,是菜贩的应收款。因此,顾客虽然实施了支付行为,但其自身并没有遭受损失,不是被害人,真正的被害人应是菜贩。因为,在交易中其交付了蔬菜,却没有收到相应的款项。从案件的行为结构看,是典型的"A实施了诈骗行为——B被该诈骗行为所欺骗,陷入错误认识——B因这种错误认识处分了本应支付给C的财物——C遭受财产损失"。因此,该案可用三角诈骗的理论予以评价,应认定为诈骗罪。

(二)争议观点评析

上述四种观点各有理据,但也都存在一些缺陷,理据也不完全

(接上页)现实中谁承担损失后果来反推刑法中的被害人、被骗人有时是错误的。李勇:《"调包二维码案"别争了,定诈骗!》。转引自张明楷:《三角诈骗的类型》,载《法学评论》2017年第1期,第21页。

① 张明楷:《三角诈骗的类型》,载《法学评论》2017年第1期,第9页。

信息网络视角下诈骗犯罪的刑法规制

充分,可能难以自圆其说。

第一种观点即盗窃说。这种观点之所以将调换二维码案评价为盗窃罪而非诈骗罪,其理据主要集中在两个方面:其一,强调行为的秘密性。按中国大陆刑法理论通说,盗窃罪是指以非法占有为目的,秘密窃取公私财物,数额较大,或者多次窃取公私财物的行为。[1]盗窃罪强调必须是秘密窃取。[2]在上述案例中,行为人调换二维码的行为是秘密的;由于网络的特点,顾客扫码支付的行为均在后台进行,并不为客户和菜贩双方所察觉,因此将款物转入行为人账户的行为表面上是公开的,但实质上却是秘密的。其二,强调被骗的顾客和菜贩均无处分财产的意思。按传统的诈骗犯罪理论,通常要求被骗者必须因诈骗行为而陷入误解,并在这种误解的支配下"自愿"实施处分行为。换言之,客户或商户被骗后,对将款物转入行为人账户这一行为必须是知情的、自愿的。而本案中,无论是顾客还是菜贩,对将钱转入行为人账户并不知情,并不具备诈骗罪所需的处分意识。事实上,款物在不知情的情况下进入交易双方之外的第三人账户,并不符合双方买卖合同之约定,而是符合盗窃罪所要求的违背他人意志这一特征。

然而,这一观点依然存在商榷的空间。盗窃罪的一个重要特征是,违反被害人的意志,将他人占有的财物(包括财产性利益)转

---

[1] 张志勇:《诈骗罪研究》,中国检察出版社2008年版,第157页。
[2] 近年来,一些学者对秘密窃取的构件提出质疑,认为盗窃可以是公开进行。例如,行为人进入被害人家中,明知被害人盯着自己,但鉴于被害人胆小或者患重病躺在床上不能起来,公然拿走被害人家中的财物等。对于公开盗窃说,笔者并不认同,学界也存在很大争议。事实上,在我国司法实践中,尚无案例支持此类观点。有鉴于此,本书对盗窃罪依然持秘密窃取的通说。

第六章　信息网络诈骗与盗窃之区分

移给自己或者第三者占有。①因此，要认定被告人的行为构成盗窃罪，就必须确定被告人转移了什么财物的占有。而在上述案件中，这显然是复杂的。首先，被告人并没有实施转移的行为。其偷偷调换二维码的行为尽管具有秘密性，但本身并不是一种秘密转移财物占有的行为，难以用秘密窃取来评价。案件中真正实施转移占有行为的，是顾客和菜贩，前者按菜贩的要求转移了对货款的占有，后者按买卖惯例将蔬菜交付顾客占有。行为人在整个交易过程中处于不作为、坐等收款的消极状态，其行为难以用秘密窃取来评价。其次，区分盗窃罪与诈骗罪的关键，是交付（处分）行为。诈骗罪是基于被害人有瑕疵的意志而取得财产的犯罪，盗窃罪则是违反被害人意志而取得财产的犯罪。②本案中，并非行为人违反顾客的意志直接或者通过顾客将债权转移给自己占有，而是顾客基于认识错误及瑕疵意志将其对银行享有的债权转移给被告人占有。仅就顾客的主观意志而言，其对转款这一行为是出自内心的、自觉履行合同的真实意愿，只是对转款的对象缺乏判断而已，因而违背意志的特征不强。相反，其瑕疵意志，即主观认识与实际情况存在差异的特征则非常明显。从这个角度而言，被告人的行为不成立对顾客的银行债权的盗窃。

第二种观点即普通诈骗说。其也存在较大的理论缺陷。首先，按学界通说，《刑法》中的诈骗罪通常遵循"犯罪人虚构事实、隐瞒真相——受骗人陷入误解，错误处分财产——行为人取得财产——受骗人或他人遭受损失"的诈骗罪的结构性特征。在本案中，受骗人陷入误解的特征并不明显。正如前文所述，二维码对正

---

① [日]山口厚：《刑法各论》，有斐阁2010年第2版，第193页。
② 张志勇：《诈骗罪研究》，中国检察出版社2008年版，第159页。

信息网络视角下诈骗犯罪的刑法规制

常智力的普通人而言不具可识别性。因此,面对二维码,他人并不具备识别、辨认、判断的基础,只有借助仪器扫码,才能识别这个二维码究竟是静码还是活码、是支付二维码还是微信名片,隐藏在二维码后面的究竟是云端信息还是静态信息等。从这个角度而言,对二维码作出判断的主体,并非是扫码的人,而是扫码的仪器。而依照传统诈骗犯罪理论,"机器是不会被骗的"[①]。退一步说,即使判断的主体是扫码的人,其作出判断的前提也应当是存在交易双方依照经验和知识能够作出识别或判断的事实和真相,这才有因诈骗而陷入误解的可能。如果所谓的事实和真相不具有可识别性,则失去了这种基础和前提,更遑论陷入误解的问题。例如,A拥有一小盒从月球上取得的土壤样品,该样品样貌与普通土壤并无太大区别,只有通过仪器检测才可识别土壤中的特殊构成。A委托拍卖公司公开拍卖,B偷偷潜入该公司,秘密以一盒外观完全相同的土壤进行调换。由于拍卖公司不知情,在拍卖会上以高价卖给C。在此过程中,A交付月球土壤,取得拍卖款项,本身并无损失;C交付款项,却未取得应有对价,是该行为的实际损失者。尽管土壤被调换后,不知情的他人表面上有陷入误解的元素在内——误以为该土壤是月球土壤,但由于土壤不具可识别性,因此交易双方均是在不知情的情况下达成的交易或造成的损失,并非他人虚构事实、隐瞒真相而引起,而是因为交易双方对土壤不具备识别能力,并且土壤在秘密情况下被调换而无能力发觉所导致。在这一过程中,B调换土壤的行为评价为盗窃或更合适。与此相类似的是,在二维码调换案中,交易双方均不具备直接识别的能力,双方进行的是一场不知情的交

---

① [日]大谷实:《刑法各论》,黎宏译,中国人民大学出版社2008年版,第236页。

第六章 信息网络诈骗与盗窃之区分

易,此间造成的损失并非陷入误解后错误处分而导致,而是因为交易过程被他人以技术手段秘密介入而毫不知情所致。这一行为与手机被植入木马,向他人转款过程中被秘密截取的行为并没有本质区别。因此,将此类行为评价为诈骗似乎并不恰当。

其次,在普通诈骗罪中,一般情况下"错误处分财物——行为人取得财物——受骗人或他人遭受损失"是具有逻辑联系的三个环节,行为人"错误处分财物"的结果,是"行为人取得财物",进而导致他人受损。调换二维码案显然不符合这种逻辑结构。假如陷入误解并处分财物的是顾客,陆某也取得了顾客转出的货款,但顾客并未因此遭受损失,因为其取得了货款对应的标的物——蔬菜。顾客错误转款的行为也未直接导致菜贩损失。事实上,菜贩并不是因为顾客的处分行为而遭受损失,而是因为其自身也陷入了错误的认识,认为顾客已经按合同履行了付款行为,并在这种错误认识下交付了蔬菜。如果菜贩不陷入误解交付蔬菜的话,其也并不存在损失的问题。因此,与其说菜贩的损失是顾客"错误处分财物"所导致,还不如说是因为菜贩自己误解,在未收到货款的情况下自己"错误处分财物"所致。但如果依照这一逻辑,必然出现另外一个悖论:陆某并未取得菜贩错误处分的财物。换言之,菜贩的错误处分行为指向是顾客,所谓诈骗者并未获得错误处分的财物。错误处分与取得财物之间缺乏直接的逻辑联系。

第三种观点即双向诈骗说。其弥补了前两种观点的一些缺陷,有一定的合理性,但依然存在明显的瑕疵,禁不起严谨的推敲。所谓双向诈骗,简单通俗地说,就是两头欺骗,使当事双方同时对某一事物产生认识错误,继而错误地将一方或双方的财物处分给第三人。这个第三人可以是实施诈骗的行为人,也可以是局外的其他

信息网络视角下诈骗犯罪的刑法规制

人。①具体到本案,双向表现在两个方面:一方面,行为人调换二维码的行为欺骗了顾客,使其陷入误解,向诈骗者的账户转款;另一方面,菜贩也陷入误解,误以为顾客已经完成向自己账户转款的支付行为,在这种认识错误的支配下,也就是在没有收到菜款的情况下将蔬菜处分给顾客。双向诈骗的观点,契合本案顾客、菜贩双双陷入误解的情形,但也存在四个方面的问题。其一,典型的双向诈骗是两头骗,即同时存在对双方的两个欺骗行为。例如,一方面自告奋勇,以某供应商名义找到工厂,成功游说并签订供货合同,骗取预付款;另一方面又持工厂的供货合同找到供应商,骗取货物。行为人既存在欺骗供应商的行为,也存在欺骗工厂的行为。而本案中,实际上只有调换二维码一个行为,只能认定为想象竞合,并不完全符合双向诈骗的行为特征。其二,所谓双向诈骗,应当是双方均上当受骗,陷入误解。而正如前文所述,调换二维码的行为虚构事实、隐瞒真相的特征并不明显,与其说是顾客、菜贩因调换行为上当受骗,还不如说是交易双方均未意识到交易过程被他人秘密介入,在交易款项被他人秘密取得的情况下却毫无察觉。其三,双向诈骗要求"当事双方同时对某一事物产生认识错误,继而错误地将一方或双方的财物处分给第三人"。而从本案来看,顾客的处分行为,将菜款转到行为人的账户上,但其本人并没有损失。换言之,从侵财犯罪实质的个别财产损失说角度看,顾客在支付货款的同时取得了对价货物,其交易目的已完全实现,并不存在实质的财产损

---

① 《最高法:双向诈骗行为,应当如何认定被害人》,360个人图书馆,http://www.360doc.com/content/17/0203/22/39717550_626315184.shtml,访问日期:2019年11月10日。

第六章　信息网络诈骗与盗窃之区分

失。因此，以双向诈骗评价并不合适。其四，按张明楷教授的观点，在取得型财产罪中，若被告人将他人的财物转移给第三者占有或者使受骗人将财物处分给第三者占有时，其中的第三者是否需要一定的限制，也是需要进一步讨论的问题。倘若认为第三者占有仅限于可以等同视为行为人自己占有的场合，则难以认为调换二维码案被告人的行为构成对商户商品的诈骗。[①]

第四种观点即三角诈骗说。持此观点者认为，在上述案件中，被欺骗的是顾客，他因为被冒用的二维码所蒙蔽，陷入认识错误并作出处分行为，但其处分的并非自己的财物，而是依照买卖合同应支付给菜贩的款物；而作出处分行为的顾客并无损失，损失的是第三人即菜贩。因此，本案符合三角诈骗的特征，应以诈骗论。然而，不可否认的是，这一观点依然存在欠缺。因为，传统类型的三角诈骗的构造一般为"行为人实施欺骗行为——受骗人陷入认识错误并在这种认识错误的支配下，错误处分了被害人的财产——行为人或第三人因诈骗而取得财产——被害人遭受财产损失"。另外值得注意的是，在这一结构中，受骗人与被害人并非同一人，受骗人拥有对被害人财产的处分权并行使了这种处分权。而在调换二维码案中，受骗人所处分的则是自己的财物，尽管这一财物依照合同应支付给商户，但其实际上尚未属于商户，在所有权上仍应属于受骗人。

为解释这一现象，张明楷教授提出了新类型的三角诈骗的概念及特征。他主张，新型三角诈骗可由以下构造构成：被告人实施欺骗行为——受骗人产生或者继续维持认识错误——受骗人基于认识错误处分（或交付）自己的财产——被告人获得或者使第三者获得

[①] 张明楷：《三角诈骗的类型》，载《法学评论》2017年第1期，第9页。

信息网络视角下诈骗犯罪的刑法规制

财产——被害人遭受财产损失。[①]这一结构与传统三角诈骗相比,差异在于受骗人所处分的是自己的财产,而不是被害人的财产。但结果是相同的,都造成被害人的财产损失。持此观点者认为,区别受骗人所处分的是自己的财产还是他人财产并不重要,因为在两类三角诈骗中,受骗人都拥有处分的权限,被害人都因为这种处分而受到损失。既然行为人、处分人、被害人都没有改变,就应当承认这种行为属于三角诈骗。

在笔者看来,三角诈骗说同样有待商榷。诚然,尽管三角诈骗在一些学者看来,是一个伪命题,[②]但不可否认的是,三角诈骗在司法实践中无论如何定性,却是一个不争的客观存在。然而,调换二维码案是否属于三角诈骗则应另论。持新型三角诈骗论者的一个重要观点是,在调换二维码案中受骗人处分自己的财产,与传统三角诈骗中受骗人处分第三人财产并无本质区别,并未改变三角诈骗的结构。但这一观点是值得质疑的。

事实上,处分自己的财物和处分他人财物,两者的注意义务是不同的。诚如本书第一章所论述,我国封建社会的立法大多将诈骗犯罪规定于盗律中,封建统治者深刻认识到"王者之政莫过于盗

[①] 张明楷:《三角诈骗的类型》,载《法学评论》2017年第1期,第24页。
[②] 例如,杨兴培教授等指出:"受托人、代理人、管理人等受欺诈而产生损害后果由受托人、代理人、管理人对损害后果分配,应当认定为被害人","按照相应的民事制度,代理人、监护人如按照约定或相关规定已恪尽职守而被骗的,则不需要承担赔偿责任,并且依照民事法律的规定,其受到的损失可以向委托人、代理人追偿"。这样的思路实际上是将被骗者直接认定为被害人,因此完全就可以在二元结构之内解决定罪的问题。杨兴培、田然:《诉讼欺诈按诈骗罪论处是非探讨——兼论〈刑法修正案(九)〉之诉讼欺诈罪》,载《法治研究》2015年第6期,第49页。

第六章　信息网络诈骗与盗窃之区分

贼"。① 作为侵财型犯罪，我国古代并未对盗窃和诈骗作细致区分。以秦朝为例，诈骗犯罪大多依照盗窃论处。例如，隐瞒真实情况冒领军粮的官吏，要"赀二甲"②，并被褫夺官职③；在民间，隐瞒田亩数量而意图少交田税的，也是以盗贼律惩处的。后来随着立法技术的逐步提升，诈骗罪才逐渐从盗窃罪中分离开来。从性质上而言，诈骗罪是盗窃罪的减轻罪名。④ 诈骗罪之所以成为盗窃罪的减轻罪名，被害人在案件中是否存在过失，是一个重要的因素。事实上，我国曾发生过一些剧情极为荒诞的诈骗案例。例如，深圳一骗子宣称自己是乾隆皇帝，因为吃了长生不老药而活到现代社会，这一匪夷所思的剧情竟然成功蒙骗一女子，并致使其被骗222万元。⑤ 再如，假冒清朝皇室后人，⑥ 编造解冻民族资产等荒诞离奇的奇葩骗术层出不穷。⑦

---

① 冯勇：《简论〈盗律〉对〈二年律令〉的影响》，载《西北大学学报（哲学社会科学版）》2009年第2期。
② 赀刑是秦律规定的一种刑罚，就是强制犯人缴纳一定的财物或服一定徭役的刑罚。甲、盾、布等是强制缴纳的财物名称。
③ 转引自张晋藩总主编：《中国法制通史》（第1卷），法律出版社1999年版，第89页。
④ 两罪对比，诈骗罪在处罚上轻于盗窃罪。（1）盗窃罪中的多次、入户、携带凶器盗窃、扒窃不需要数额要求就可以定罪，而诈骗罪的成立必须要满足数额较大的条件。（2）司法解释规定盗窃罪立案标准是1000元至3000元以上，而诈骗罪是3000元至1万元以上。盗窃数额巨大、数额特别巨大的标准也比诈骗罪要低得多。因此，盗窃罪在罪质上重于诈骗，处罚更重。
⑤ 《男子冒充乾隆诈骗富婆222万：我吃了长生不老药》，载《广州日报》2017年5月22日，腾讯网，https://news.qq.com/a/20170522/001709.htm?t=1495411792307。
⑥ 《冒充清朝公主，如此低智商诈骗，谁上当了？》，搜狐网，http://www.sohu.com/a/112245029_410358，访问日期：2019年12月1日。
⑦ 《看似荒诞的骗局却屡屡得逞　受骗者还埋怨民警坏好事》，凤凰网，http://zj.ifeng.com/a/20170704/5791865_0.shtml，访问日期：2019年12月1日。

信息网络视角下诈骗犯罪的刑法规制

事实上，在实施诈骗的犯罪案件中，被骗人往往是因为欠缺足够的谨慎和注意，轻信他人如簧巧舌，未经严谨验证而处分自己或他人财产的。尤其在上述诈骗案中，过于离奇荒诞的剧情挑战着普通人的智商，被害人只要稍微警惕一点儿，完全有条件、有机会识破骗局，然而被害人却没有验证，十分草率地处分了自己的财物，在这种情况下，被害人就丧失了刑法上的需保护性。①从这个角度而言，诈骗人与被害人之间存在真实的互动关系。德国刑法理论中的被害人学指出，人们可以把被害过程视为"加害人与被害人不当互动的结果"②。因此，有学者提出，在犯罪中，行为人的过错可以因为他人的过错得到削弱，因而在罪质上降低。诈骗罪之所以被视为盗窃罪的减轻罪名，理由正是如此。因为，被害人在盗窃罪中的过失要小于诈骗罪中的过失，这种过失在一定程度上抵消了加害人的过错，因而在诈骗罪中对行为人的处理总体而言较盗窃罪为轻。有学者认为，如果用公式表达诈骗与盗窃的关系，可以写为"诈骗＝盗窃+被害人过错"③，在这一公式中，被害人的过错是导致行为人罪质降低的根本原因。既然被害人过错可以一定程度抵消加害人的责任，将调换二维码案视为新型三角诈骗，并按三角诈骗理论来处理就失去了理论上的合理性。因为，受骗人处分自己的财产和处分他人财产，在注意义务方面是不同的，后者的义务显然要高于前者。

---

① 孙利：《诈骗罪客观要素研究》，中国政法大学出版社2016年版，第14～15页。
② 申柳华：《德国刑法被害人信条学研究》，中国人民公安大学出版社2011年版，第63页。
③ 陈文昊："'新型三角诈骗'之探讨"，载《大连海事大学学报（社会科学版）》2017年第5期，第47页。

第六章　信息网络诈骗与盗窃之区分

这也意味着，在调换二维码案中，被骗人因为不具备识别二维码的能力，并且其处分的是自己的财产，因此其过错是有限的。对行为人的责任减轻也是极为有限的。这也是调换二维码案与传统三角诈骗最大的区别。如果无视这种区别，简单地将此类行为与传统的三角诈骗相等同，从罪责相适应的原则来看，明显是不合适的。

第二节　区分盗与骗的一般原则

学界关于替换型二维码侵财犯罪的争论，主要集中在两个方面：第一，此类犯罪究竟应定性为诈骗还是盗窃？第二，如果是诈骗，属于什么类型的诈骗？如果是盗窃，行为的秘密性体现在哪里，如何解释行为人陷入误解后主动自愿处分财物的行为？尽管不同观点各有理据，但也都存在理论上的缺陷。对此，笔者认为，替换型二维码侵财案件同时具备盗与骗的两种特征，盗中有骗，骗中有盗，在具体分析时往往涉及较为复杂的技术机理，盗、骗界限较为模糊。仅仅立足我国当前《刑法》规定的现有罪名、依据传统刑法理论分析此类案件，难以得出一个让各方都心悦诚服的排他性结论。因此，有必要另辟蹊径，通过逻辑递进的方式，对此作一分析。

根据学界通说，盗窃罪与诈骗罪性质迥异，两罪区分的关键主要包括以下几个方面：一是犯罪客体不同。诈骗罪侵犯的客体，可以是简单客体，也可以是复杂客体；而盗窃罪侵犯的客体是简单客体。二是犯罪客观方面不同。盗窃罪客观上表现为秘密窃取数额较大的公私财物或者多次盗窃公私财物的行为；诈骗罪客观上则表现为利用虚构事实、隐瞒真相等欺骗手段，骗取公私财物的行为。三是犯罪主观方面不同。两罪虽然都有非法占有财物的目的，但盗窃罪行为人是通过秘密窃取手段达到非法窃取的目的，主观上只能是直接故意；诈骗犯罪则既可以是直接故意，也可以是间接故意。四是构成犯罪的具体标准不同。盗窃罪与诈骗罪的入罪数额不同，司法实践中立案标准、数额较大、巨大、特别巨大的标准也各不同。①对盗窃罪、诈骗罪客观方面的区别，学界观点主要集中在以下几个方面。

一、从犯罪手段检视：是否具有秘密性的特征

根据通说，盗窃罪是"以非法占有为目的，秘密窃取公私财物数额较大或者多次盗窃公私财物的行为"。所谓窃取，是指行为人违反被害人的意志，将他人占有的财物转移为自己或第三者（包括单位）占有。依照最高人民法院《关于审理盗窃案件具体应用法律若干问题的解释》，这种窃取必须具有秘密性的特征。而诈骗罪则是通过虚构事实、隐瞒真相的方式来进行的，并无秘密性的要求。相反，大多数诈骗犯罪是公开进行的，被害人对处分财物也是明知的，只是因为上当受骗，陷入认识错误，错误作出了处分行为。

然而，近年来，一些学者也提出，秘密窃取并非盗窃罪的必要客观特征。尽管在大多数情况下，盗窃是通过秘密的方式非法占有他人财物的，但不能因此否认公开窃取情形的存在。事实上，我国《刑法》对盗窃罪只规定了盗窃他人财物这一简单罪状，并未明文规定秘密窃取这一特征，而司法解释将其限制为秘密窃取，有不当限缩罪名外延的嫌疑。从国外立法体例来看，大多也没有要求盗窃

---

① 张志勇：《诈骗罪研究》，中国检察出版社2008年版，第158～159页。

第六章 信息网络诈骗与盗窃之区分

必须是秘密窃取。例如，德国、日本等国刑法理论认为，窃取并不一定要求是秘密窃取，只要行为人没有使用暴力、胁迫手段而取走财物，就可以认为是窃取。[1]持公开盗窃说的学者则认为，如果否认公开盗窃说，将有可能在实践中导致公开以和平方式取走他人财物的行为无法被定罪处罚，从而形成《刑法》上的漏洞、刑事上的处罚间隙，并列举了司法实践中的一些判例来论证公开盗窃行为的存在。[2]然而，公开盗窃一说尽管新颖，但在学界依然存在较大的反对声音，也不为司法实践所采纳。事实上，公开盗窃说所列举的案例，并不为审判实践所认可。例如，公开盗窃说列举了如下案例：甲与乙商议盗窃乙所在工厂的财物，两人趁夜色来到工厂后，由乙叫值班员丙打开工厂的大门，并告知丙其欲运走工厂的旧铝缸体。丙虽然反对，但并未以行动阻止，而是说"反正我认识你们，你们不计后果的话尽管拿"。于是，甲和乙当着丙的面运走了工厂价值2000余元的旧铝缸体。次日，丙将此事向工厂领导作了报告。在该案中，甲和乙的行为法院最终定性为盗窃。但值得注意的是，盗窃的行为是当着丙的面公然实施的，显然不符合秘密窃取的特征，以此证明公开盗窃的存在。然而，这一案例是缺乏说服力的。因为，在主观上甲、乙有采用秘密方式窃取工厂财物的故意，在客观上，

---

[1] 日本刑法学家西田典之认为："所谓窃取，是指违反占有人的意思，将他人所占有的财物转移为自己占有的行为。" 日本刑法学家山口厚指出："盗窃罪，是指违反占有人意思，取得他人所占有的、为他人所有的财物的占有。"由此可见，日本等国刑法理论认为，窃取并不一定要求是秘密窃取，只要行为人没有使用暴力、胁迫手段取走财物，就可以认定为窃取。 刘玮：《论盗窃罪与诈骗罪的区别》，苏州大学硕士学位论文，2014年，第6页。

[2] 张明楷：《盗窃与抢夺的界限》，载《法学家》2006年第3期，第119～131页。

信息网络视角下诈骗犯罪的刑法规制

他们的行为并不为工厂其他员工、工厂的所有人以及领导所知晓，依然符合秘密窃取的特征。至于丙，面对甲、乙的盗窃行为并未阻止，也未及时向工厂领导报告，而是在乙的要求下打开工厂大门，任其将财物搬运一空，在客观上为甲、乙的盗窃行为提供了帮助。这种明知他人实施犯罪而持放任态度的心理符合间接故意的特征。换言之，在盗窃过程中，甲、乙、丙三人是共同犯罪。至于事后丙向领导报告，属于盗窃行为已经终了后的补救行为。对丙的处理，可根据主客观相统一的原则从轻、减轻或免除处罚。从这个角度说，该案例实际上并未脱离传统盗窃罪的特征，在司法实践中，将其认定为盗窃罪也并不违背传统关于秘密盗窃的定义。

持公开盗窃说的学者还列举了另一个典型案例。某甲潜入他人住宅行窃，正在熟睡的主人乙被惊醒，但考虑到自己年老体弱，如果贸然阻止，可能受到更大的伤害，于是继续装睡，直到家里的财物被甲盗走。在此案中，公开盗窃说认为，在盗窃的过程中，乙是知情的，其眼睁睁看着自己的财物被盗走，显然属于公开盗窃。而事实上，这一观点同样值得商榷。首先，之所以强调盗窃罪秘密性的特征，是因为盗窃者主观上试图在被害人不知晓的情况下、在不与被害人发生冲突的情况下偷偷将其财物占为己有。本案中，如果行为人并不知道主人乙已经被惊醒，其主观上依然存在秘密窃取的故意、行动上依然轻手轻脚、避免被主人发觉。在这种情况下，应仍以盗窃罪评价为妥，而不应以被害人实际上是否知晓为标准。这是符合主客观相一致原则的。事实上，依照我国现行法律和司法解释，盗窃罪的入罪门槛和处罚较抢劫、抢夺为轻，正是因为行为人主观上并不想与被害人发生正面冲突，恶性较公然的抢劫、抢夺要小。也正因此，在司法实践中，许多在公共交通工具上扒窃的案

第六章　信息网络诈骗与盗窃之区分

件,并不乏已经发现被扒窃但却因惊恐、畏惧而不敢声张,继续装作不知情,眼睁睁让自己的财物被秘密扒窃的案例,而此类案件仍以盗窃定罪处罚。其次,如果行为人明知被害人已经知晓,而继续公然占有他人财物,其犯罪心理已经发生了变化,转化为在他人知晓的情况下,趁人不备公然夺走,或以暴力或以暴力相威胁公然抢走,此时,以公开盗窃评价是不合适的。在理论上,以暴力相威胁不应仅仅理解为语言或行动上的直接威胁,也应当包含默示的、潜在的威胁。例如,犯罪分子光着膀子,露出文身和一身强壮的肌肉以及束在腰间的匕首和枪支,拦住路过的行人丁某,"礼貌"地索要3000元,丁某一看此人非善类,担心受到伤害,于是赶紧给钱离开。此案中,犯罪分子并无恶言相向,也无暴力强抢,但其故意显露的作案工具和暴力体征已经使他人感受到极大的威胁,这种情况应以抢劫罪论处。在上述公开盗窃案中,如行为人甲盗窃过程中,明知乙已经惊醒,却以默示或明示的方式,显示自己具有进一步侵犯的力量,导致他人不敢反抗,从而继续实现侵财的目的,此种情形则宜应以抢劫评价为妥。因为,尽管行为人表面上仍在未遭到反抗的情况下"和平地"侵犯他人财产权,但实际其主观上已经由原来的不与被害人发生冲突秘密占有财产的故意,转化为不惜与被害人发生冲突、遭到反抗时将暴力夺取的故意。犯罪的性质已经发生了变化,用公开盗窃评价显然是不合适的,也混淆了盗窃与抢夺、抢劫的界限。最后,以公开盗窃评价本案不符合主客观相一致的原则。本案中,本已熟睡的主人乙被惊醒,却继续装睡。如甲并未知悉乙已惊醒,即对乙的睡眠状态认识错误,并不影响盗窃的秘密性的定义。因为,甲在秘密盗窃主观故意的支配下,实施了自以为秘密的盗窃行为,其行为已经完全符合盗窃的犯罪构成,不应以被害

信息网络视角下诈骗犯罪的刑法规制

人的实际主观感知变化而发生变化。这正如一位垂涎他人美色的男子，在强行奸淫他人的主观故意支配下，以暴力对他人实施奸淫，却不料被奸淫者对该男子心存好感，在犯罪过程中，发现强奸者是自己钦慕对象后放弃了抵抗，此案仍应以强奸论处是类似的。单以此案，并不能得出"不违背妇女意志也可构成强奸"的结论。从另一个角度看，如甲明知乙已被惊醒，也明知乙不敢反抗而公然侵犯其财产权益，无论其主观认知还是客观行为，都已经发生变化，完全符合抢劫罪的犯罪构成，若以公开盗窃评价，有放纵犯罪之嫌，也不为司法实践所采纳。

有鉴于此，本书并不支持公开盗窃的观点。笔者认为，在信息网络环境下，区分信息网络盗窃、信息网络诈骗的重要标志之一，是行为是否具有秘密性的特征。如果行为人依托信息网络手段，以非法占有为目的，使用极其隐秘的软件或其他信息网络方式，在被害人毫不知情的情形下达到侵财的目的，宜以盗窃评价之。相反，如行为人依托信息网络手段，用各种足以让他人陷入误解的方式，诱使他人陷入错误认识"自愿"对自己占有的财物作出处分的，则应以信息网络诈骗论处。

二、从财产转移检视：行为人是否有处分的行为

按学界通说，处分行为是盗窃罪与诈骗罪区别的关键。处分行为是一个源自民法学上的概念，是法律行为根据法律效果的不同所作的一个分类。①关于诈骗犯罪中的处分行为，民国1928年《刑法》以及1935年《刑法》使用的是交付一词，日本《刑法》第246条使用

---

① 朱庆育：《民法总论》，北京大学出版社2013年版，第152页。

第六章 信息网络诈骗与盗窃之区分

的也是交付一词。①在我国学界，许多论述并未对处分和交付作出严格区分。然而，在实践中，交付与处分含义是有区别的。处分字面含义是处理、安排之意，在法律上是指对物进行物理性质的改造，毁损或转让其权利，根据不同方式，可以分为事实上的处分与法律上的处分。②而交付有两种含义，一是动产物权的公示方式，二是物或金钱的给付。③如果严格依此概念，显然处分一词比交付一词更为贴切。因为，随着时代的发展，诈骗的对象已经不再局限于金钱与动产物权，在许多情况下表现为除金钱与物权之外的财产性利益，如有价证券等财物或者期权、债权等。对这些财产性利益的处理和安排，显然不适合以交付一词概括。从这个意义上说，以交付一词概括显然更为贴切。事实上，在大陆法系国家，处分行为是认定诈骗犯罪极为重要的一环，如德国、韩国、日本等国家认为，"在对象是财物的场合，处分行为的有无，成为区分诈骗罪与盗窃罪的关键；在对象为财产性利益的场合，处分行为要素成为区分诈骗罪有无的标准"。④

具体到盗窃罪与诈骗罪的界限，两者虽然都属于侵财性犯罪，但在取得财物的方式上却是不同的。盗窃罪的特征是，违背了被害人的意志秘密取得财产；而诈骗罪，则是利用了被害人有瑕疵的意志而取得财产——之所以强调瑕疵意志，是因为这种意志是建立在

---

① 张志勇：《诈骗罪研究》，中国检察出版社2008年版，第60页。
② 中国社会科学院法学研究所《法律词典》编委会编：《法律词典》，法律出版社2003年版，第158页。
③ 中国社会科学院法学研究所《法律词典》编委会编：《法律词典》，法律出版社2003年版，第753页。
④ 张明楷：《论诈骗罪中的财产处分行为》，载《武大刑事法论坛》（第一卷），中国人民公安大学出版社2005年版，第3～6页。

信息网络视角下诈骗犯罪的刑法规制

被害人产生错误认识的基础之上,并在不受胁迫的情况下作出处分行为而获得财产。换言之,如果被害人能够全面、真实、清晰掌握事实的真相,且意志不存在瑕疵,则其不会作出处分行为。从这个意义上而言,处分行为是区别盗窃罪与诈骗罪的关键。

按学界通说,在认定处分行为时,需注意以下两点:

第一,受骗人应当具有处分权限。受骗人可以是财物的所有人,也可以是财物的合法占有人,依法有权对财物作出处分。如果受骗人不具有处分权限,即使其因陷入认识错误而作出交付的行为,也不应认定为属于诈骗,而可能构成盗窃罪的间接正犯。例如,甲是一名锁匠,其利用工作便利偷偷配了一把乙家庭的钥匙,某日,甲得知乙已出差,便将钥匙交给搬家工人丙,要求其将乙家里收藏的文物古画搬运一空,搬到自己的仓库。在此案中,丙虽然陷入认识错误,并按甲的意思取得文物并交付给甲,但其并非文物的所有人,其交付文物的行为并非处分行为,充其量只是在不知情的情况下充当了甲盗窃的工具。因此,甲的行为虽有骗的成分,但却并非诈骗,而是盗窃。

第二,受骗人的处分行为系因产生认识错误而作出。在这个问题上,学界对行为人是否应当具有处分意识认识不一,有处分意识必要说和处分意识非必要说两种观点,笔者赞同处分意识非必要说。对此,本书第三章已经作过介绍和论述,此处不展开。笔者认为,只要受骗人因为陷入认识错误并基于认识错误作出了处分行为,无论行为人对这种处分行为是否有清晰准确的认识,都应当认定为诈骗。换言之,这里的处分行为,既不要求处分者有把财物或财产性利益的占有转移给对方的认识,也不要求对处分的内容(包括交付的对象、数量、价值等)有全面的认识。

第六章　信息网络诈骗与盗窃之区分

笔者认为：（1）当处分者意识到自己的行为是在处分财物时，只要被欺骗者是对交付（处分）财物的价值有概括的处分意思即可。例如，甲在超市购物时，偷偷将价格高昂的茅台酒放在价格低廉的石湾米酒的包装盒中，超市收银员按石湾米酒的价格收取了货款。此案中，收银员具有概括的处分意思：将一瓶酒售予甲。尽管收银员并未准确意识到酒的内容已被置换，但这并不影响其陷入误解的性质。因为，石湾米酒、茅台酒都是酒类，只要概括地意识到自己处分了一瓶酒就可以了，至于酒的性质、种类、数量等，则无须太过苛求。因此，甲的行为符合虚构事实、隐瞒真相的特征，可以按诈骗来处理。又如，甲在超市购买了一个箱子，其趁服务员不备，偷偷在夹层藏了几块名表到前台付款，成功骗过收银员。在此案中，收银员只意识到自己处分了一个箱子，而未意识到箱子里还夹藏私货。其处分意识只囊括到箱子本身，对箱子里的手表并无任何处分意思。依照概括的处分意识理论，其处分箱子的意识是无法涵盖到手表的。因此，收银员是在毫不知情的情况下，违背自身真实意愿，转移了对手表的占有权。在此案中，甲的行为应以盗窃罪进行评价。（2）当处分者并未意识到自己的行为是在处分财物时，只要其作出的具有处分意义的行为是因他人诈骗行为而陷入误解，即可认定为诈骗。例如，甲知道老人乙是文盲，除会写自己的名字外，不认识别的字，更不熟悉银行的办事流程，于是谎称到银行里办理一些手续后，可以帮老人把银行里的存款利息提高50%。老人信以为真，跟随前往。在银行网点，甲让乙在贵宾区等候，自己拿了老人的存折，谎称是老人的儿子，到前台支取存折里面的3万元。在花言巧语骗过银行职员，并填写完所有单据后，才把老人领到前台，让其在支取的单据上签下自己的名字，并在密码器输入取款密

信息网络视角下诈骗犯罪的刑法规制

码。乙以为这些行为是办理提高存款利息所需的手续，而完全没有意识到自己的行为已经亲自将存款转走。在此案中，乙既没有处分的意愿，对处分的行为也毫无意识，但其在甲的诓骗下，作出了处分的行为。笔者认为，此行为符合诈骗罪的特征，应以诈骗罪论处。但有观点认为，甲的行为应评价为盗窃间接正犯，乙实际上充当了甲盗窃财物的工具。实际上这种观点是值得商榷的。首先，甲是公开而不是秘密地侵犯乙的财产，其行为并不符合盗窃罪秘密窃取的特征。其次，乙失去财产，是因为自己陷入认识错误，在毫无意识的情形下作出处分行为，无论其是否意识到，客观上都是对自己所占有的财物的一种处分行为。如果认为这种行为是盗窃，则可能得出行为人帮助他人盗窃自己财物的悖论。这显然容易导致盗窃罪与诈骗罪的进一步混淆。因为，几乎所有的诈骗罪，被害人对处分行为将导致财物被他人非法占有这一事实都是缺乏认识的。换言之，无论行为人对处分行为是否具备处分意识，被害人对财物将被他人非法占有这一事实都是缺乏认识的，被害人都成为行为人非法转移财产的工具。笔者认为，诈骗犯罪尤为重要的特征，是虚构事实、隐瞒真相，诱使他人对所占有的财物作出处分，进而达到非法占有的目的。在这一过程中，他人是否具有处分意识，对案件的定性并不具有决定性意义。因为，诈骗的目的，就是希望他人陷入认识错误。而这种认识错误，既可以是对事件性质、意义、数量等产生的认识错误，也可以是对处分这一行为产生的认识错误。对诈骗犯罪行为人而言，两者目的一致，都是为了达到行为人对合法占有的财物作出错误的处分、转移占有，从这个意义上而言，两者并无本质区别。在上述案例中，作出处分行为的主体是被害人，而不是犯罪行为人。尽管行为人并未意识到自己的行为是处分行为，但由

第六章 信息网络诈骗与盗窃之区分

于其自身认识错误等原因,一方面,这种处分行为完全是在被诱骗导致陷入误解的情况下自愿作出的;另一方面,其对作出的处分行为是平和的、完全自愿的。这无论是在形式上,还是在实质上,都符合诈骗犯罪的特征,应以诈骗罪定性为妥。

三、盗骗交织型犯罪检视:分析盗、骗的地位与作用

在诈骗与盗窃交织的情况下,应具体分析两者在犯罪中的地位和作用。司法实践中,大量的案件并非单纯的盗窃或单纯的诈骗,而是盗中有骗、骗中有盗、盗骗交织,这是司法实践中容易混淆的裁判难点。在这种情况下,一般主张直接切入对定罪具有关键意义的事实环节,并在此基础上分析犯罪中盗窃行为和诈骗行为之间的关系,进而对案件的定性作出判断。具体而言,对于自然人控制(占有)的财物实施的侵财犯罪,可以先刨去复杂的其他环节,如精修枝叶般直接切入转移占有的事实环节,对行为人实施的转移及占有的行为进行分析,明确其属性,然后在此基础上确定其犯罪的属性。理由很简单,因为盗窃罪属于侵财型犯罪,此类犯罪的重要特征之一是采用非法的手段破坏或改变财物的合法占有状态,进而实现不法之目的。因此,财产转移是此类犯罪中的关键环节。按照此种方法,实践中盗窃与诈骗交织的、易于混淆的犯罪类型通常有以下几种:

第一,先骗后偷型。这种类型的特征是,行为人在犯罪过程中,先实施欺骗行为使被害人陷入误解,导致其在思想上放松警惕,或在行为上暂时放松对所占有财物的控制,为行为人实施进一步犯罪提供了便利条件,在此情形下行为人盗走被害人财物。这种类型在实践中通常以盗窃罪认定。例如,甲和乙贪羡丙家中的钱

财，图谋盗窃。某日，甲急匆匆敲开丙的家门，慌慌张张地说："刚才在路上遇见警察打捞溺水的尸体，看身材和衣着，很像你女儿！"丙吓得面如土色，门也没关就和甲直奔溺水现场。乙趁此机会进入丙家中，将值钱财物盗窃一空。在上述案例中，直接切入财物转移的环节——盗窃。欺骗行为并不直接导致财物的转移，而只是通过将被害人诱离家中，导致其暂时放松对所占有财物的管理，为下一步的盗窃创造便利。换言之，欺骗行为并未导致行为人对财物作出处分，因而并不构成诈骗罪，就性质而言，其只是盗窃行为的先行行为。又如，某日，甲在散步时发现路上掉了一摞人民币，此时乙疾步上前捡起，并称愿意和甲一起平分这摞人民币。此刻，丙假扮失主赶到，甲乙均否认捡到丢失的钱，丙遂要求对两人随身袋子进行检查。在检查过程中，丙将甲包中的钱财盗走。在此案中，此前的丢钱、捡钱、寻遗等情节，均为事先设计，在性质上显然属于诈欺。甲陷入误解后，心理上经历了波动，先是贪图利益，试图与乙平分财物，后因失主赶到，内心陷入恐慌，自愿将随身皮包交给丙检查。但刨去这些枝枝叶叶直入关键环节，甲并未对包内财物作出处分，而只是将皮包交给丙，由于内心高度恐慌，疏于防范，导致在丙检查过程中自己财产被他人窃走。因此，涉及财物转移的最关键环节，其实是盗窃。此案应以盗窃罪定性。案件尽管有骗的成分，但欺骗只是为了将被害人拉入故事情节中，引起其惊慌失措而疏于防范，为盗窃创造条件。这种欺骗，并未导致被害人自愿处分财物的后果。

第二，先盗后骗型。这种类型的特征是，行为人用盗窃的方式取得财物后，通过虚构事实、隐瞒真相等使他人陷入误解，从而达到掩饰犯罪、逃避处罚的目的。对于此类案件应以盗窃论处。例

第六章　信息网络诈骗与盗窃之区分

如，某甲潜入一社区车库，盗窃他人小轿车。在驶离社区时，保安发现驾驶员并非业主本人，遂拦住询问。甲谎称自己是汽修公司员工，受甲委托，将车驾驶至检测站进行年检。保安信以为真，遂开闸放行。在上述案例中，按规则直接切入财物转移环节——行为人秘密盗窃他人小轿车，因此应以盗窃论处。至于后续的欺骗行为，在性质上只是盗窃行为已经实施终了，为防止盗窃行为被他人发觉，或为顺利逃离盗窃犯罪现场的掩饰手段而已，并未改变盗窃行为的性质。从另一个角度看，这种掩饰行为针对的对象并不具有处分财物的权限，正如上述案例中的保安，虽然个别情况下也可以针对有处分权限的人。因此，其虽然因行为人的欺骗行为产生了错误的认识，但并未因为这种错误认识处分财物，只是因为欺骗行为，未对盗窃行为作出阻止而已。换言之，从性质上而言，被欺骗人并未作出积极的处分行为，而是消极地作出不阻止的行为。因此，此类行为应以盗窃罪进行评价，而不能认为是诈骗罪。

第三，先盗转骗类型。需要注意的是，如果在先盗窃后诈骗的案件中，直接切入取财环节，或者说真正起关键作用的是诈骗，换言之，欺骗不是为了掩饰盗窃，而是直接导致被害人作出财产处分行为，则应以诈骗罪论处。在此类犯罪中，先行的盗因意志以外的原因未能达到侵财的目的，转而使用欺骗的方式来进行。盗与骗是两个不同的环节，其中骗是盗的转化。例如，在公交车上，扒窃惯犯甲用手从乘客乙的皮包中窃取一叠人民币，结果汽车忽然刹车，甲刚从包里窃到手里的钱不慎跌落。乙警觉地一回头，甲急忙弯身捡起钱，递给乙："你太不小心了，怎么携带这么多现金乘车，万一遇到小偷怎么办？"乙误以为甲是好心乘客，遂表示感谢，接过人民币，对甲心生好感。于是，甲借与乙搭讪之际，谎称自己是

信息网络视角下诈骗犯罪的刑法规制

做外汇生意的，成功诱骗乙以最优惠的汇率兑换了数万元假美元。在本案中，盗窃行为因意志以外的原因未能取得财物，行为人遂萌生新的犯罪故意，即通过虚构事实、隐瞒真相的方式，诱使他人"自愿"处分财物。因此，本案应以诈骗罪论。

第四，盗卡骗财型。这种类型的特征是，先通过盗窃的方式获取储蓄卡、银行卡或与之相类似的汇款单、存折等，而后使用的。这种类型的定性较为复杂，因为，其包含两个不同的阶段、两种不同的行为。第一个阶段是盗窃，第二个阶段是使用，通常是通过银行柜员机或到银行柜台进行使用。对此，我国《刑法》第196条第3款规定，盗窃信用卡并使用的，应当认定盗窃罪。《刑法》之所以作出上述规定，学界认为，主要基于以下理由：一是这属于牵连犯的问题。有观点认为，盗窃储蓄卡、银行卡或与之相类似的汇款单、存折等而后使用，在性质上属于"实施某一犯罪，而其手段行为或者结果行为又触犯其他罪名"的情况，即上述情形同时牵连触犯盗窃罪和信用卡诈骗罪两个罪名，应择处罚较重罪名，即选择盗窃罪定罪处罚。二是盗窃与使用有主次之分，使用从属于盗窃。该观点认为，在上述情况下，后续的使用行为是先行盗窃行为的延续。因为，盗窃的目的必然是要使用，否则盗窃就失去了意义。事实上，在盗窃环节，行为人已经获得信用卡的使用权，在形式上拥有了向银行行使债权的条件，并且后续的使用行为还将影响盗窃的既未遂。因此，从这个角度看，盗窃行为是主行为，冒用他人使用信用卡的行为是盗窃行为的继续，是从行为。按主行为吸收从行为的原则，应定盗窃罪。这一观点也是目前学界的主流观点。[①]三是

---

① 黄祥青：《盗窃、诈骗行为交织型财产犯罪定性研究》，载《法律适用》2011年第4期，第47页。

第六章 信息网络诈骗与盗窃之区分

后续的使用在多数情况下不仅是盗窃的延续,就其性质而言也属盗窃。该观点认为,盗窃他人信用卡后,最为常见的情形,是行为人到银行设置的柜员机上冒领现金。由于柜员机本身是机器不是人,而机器是不可能被诈骗的,因此,在绝大多数情况下,到柜员机的冒领行为并不构成诈骗罪,而应以盗窃论处。既然前置的盗窃行为与后续的使用行为具有同一属性,以盗窃论也就理所当然了。正如有的学者所指出:"即便没有《刑法》第196条第3款的规定,对于盗窃信用卡并在ATM机上使用的行为,因为并不符合诈骗罪或信用卡诈骗罪的构成特征,而完全符合盗窃罪的构成要件,因此《刑法》第196条第3款当属注意规定。"[①]即使在个别情况下,行为人是到银行前台欺骗银行员工获取钱财,但由于银行并非信用卡的所有人,也并非被害人,并不承担损害后果。换言之,案件中的被害人即信用卡的被盗者并未向行为人交付财物,所以,上述情形不能定为信用卡诈骗罪,而只能定为盗窃罪。

然而,近年来也有不少学者提出,《刑法》的这一规定系法律拟制而非注意性规定,不具有普适性。[②]事实上,仅就性质而言,盗窃信用卡并使用,更符合信用卡诈骗罪的特征。持此观点者的理据主要是:其一,盗窃信用卡并不构成盗窃罪。因为,信用卡与财物不能等同,从性质上看其仅是记载财物的载体,而这种载体本身并不具有财产的属性。因此,从这个角度而言,行为人实施盗窃行为取得了信用卡,也不能简单视同于拥有了信用卡本身所承载的财

---

① 张明楷:《支付用Card犯罪的现状、立法对策与研究课题》,载冯军主编《比较刑法研究》,中国人民大学出版社2007年版,第98页。
② 刘宪权:《盗窃信用卡并使用行为定性的困境与破解》,载《法学评论》2018年第6期,第36页。

物。事实上,行为人若要获得信用卡内财物,必须获取信用卡的密码,或获得信用卡所有人在银行预留的签名或印鉴。①换言之,行为人通过盗窃取得信用卡,在未使用的情况下,对于盗窃的数额,我们只能以信用卡自身价值来评定,因此,除非被盗取的信用卡自身具有较高的价值,否则不构成犯罪。之所以不应将信用卡上所记载的数据化财物归入盗窃数额,是因为数据化的财物实际上仍然由持卡人或银行所占有或控制,并未随着失窃而自然丧失。因此,通常情况下,盗窃信用卡,只要未使用,是不能以盗窃罪论处的。②其二,使用所窃取的信用卡行为构成信用卡诈骗罪。正如前文所述,在盗窃信用卡并使用这个由盗窃与使用两个阶段所复合的行为中,单单盗窃这一行为是难以归罪处罚的。因此,其核心归根结底还是使用这个环节。根据最高人民法院、最高人民检察院《关于办理妨害信用卡管理刑事案件具体应用法律若干问题的解释》第5条的规

---

① 有些学者认为,取得了他人信用卡并获知该卡的密码,并不等于就取得了卡上的钱款,而只是为获取钱款创造了便利条件,就如同取得了他人在开放式的存物柜中的钥匙一样,即应将带密码的信用卡理解为一种开放式储物柜的钥匙。对此观点,另一些学者提出了质疑。他们认为,信用卡相当于一个电子钱柜,而打开这个钱柜的钥匙就是信用卡的账号与密码。也就是说,仅盗窃信用卡而没有将其中的财物取出,是不可能对他人的财产权造成严重损害的,故而是不构成盗窃罪的。因为信用卡账户只是记载数据化财物的载体,其本身并非财物。行为人取得信用卡只是占有了记载数据化财物的载体,这种载体本身不具有财产属性。行为人必须通过取现、转账等使用行为才能实际获得载体所记载的数据化财物。
② 1998年3月4日最高人民法院《关于审理盗窃案件具体应用法律若干问题的解释》的规定也印证了这一点。其第10条规定,盗窃信用卡使用的,以盗窃罪定罪处罚,盗窃数额应当根据行为人盗窃信用卡使用的数额认定。这实际上表明了两点:一是盗窃信用卡并不等同于盗窃财物。二是如果行为人仅盗窃信用卡但没有使用,就会因盗窃数额不存在而不可能构成盗窃罪。

第六章　信息网络诈骗与盗窃之区分

定,拾得他人信用卡并使用、骗取他人信用卡并使用的行为,以刑法第196条第1款第(3)项"冒用他人信用卡"来认定。易言之,上述情形以信用卡诈骗罪定罪处罚。事实上,盗窃信用卡与拾得或骗取他人信用卡在《刑法》上并无本质区别,尽管三者在是否违法上有所区别,但在《刑法》上无法进行独立评价、归罪处罚这个特征却是共同的。冒用他人信用卡才是此类行为的核心所在。如果没有使用行为就不可能达到犯罪目的。因此,在不考虑先前行为是盗窃还是拾得或者骗取信用卡的情况下,依照现行法律,将后续的冒用他人信用卡评价为信用卡诈骗罪并无疑义。换言之,如果没有《刑法》第196条第3款的规定,盗窃信用卡并使用的行为无疑将被认定为信用卡诈骗罪。[①]其三,ATM机可以成为诈骗对象。尽管按传统的观点,机器是不能被诈骗的,但经过人工编程的ATM机并非简单的机器,而是具有人工智能的、能够对信息进行识别的机器。从某个角度上看,ATM机所具有的识别能力,是人们利用信息技术"将人的意识通过计算机程序加以体现,机器所体现的意识是人的意识",不能与一般意义上的机器或机械相提并论。事实上,ATM机的这种识别能力,与银行职员的识别是有一定相似之处的。银行职员也不可能对行为人进行完全识别,只要满足一定的条件,如提供信用卡、提供密码、提供身份证明、提供预留印鉴等,即可提现卡内金额。ATM机的这种识别能力,与传统的机器有明显的区别,更类似于人类的判断,所不同的是,人类是通过记忆、逻辑等形式进行思考,而ATM机是通过图像识别、信息识别等技术进行运算后

---

① 刘宪权:《盗窃信用卡并使用行为定性的困境与破解》,载《法学评论》2018年第6期,第38页。

进行判断。冒用他人信用卡骗过ATM机的智能识别系统，与隐瞒真相、虚构事实骗过银行职员的人工识别，有一定的相似之处。由此，我们就不难得出这样一个结论，如果行为人利用机器人所具有的识别功能而产生的认识错误获取财物的，就可以对行为人的行为按诈骗犯罪认定。[①]

两相比较，笔者更倾向于盗窃并使用信用卡在法理上应定性为诈骗类犯罪的观点。但基于法律的拟制性规定，此类犯罪目前只能以盗窃罪论处。这一拟制，不仅在法理上难以自圆其说，也带来刑罚上的失衡。例如，盗取他人信用卡信息而非实体信用卡并使用，与盗取实体信用卡并使用，本质并无不同，但却分属不同罪名，承担不同后果。在未来立法中，应取消这种法律拟制，规定"盗窃信用卡并使用的，依照前款规定（信用卡诈骗）定罪处罚"。由于这并非本书论述的重点，此处不作展开。

第三节　替换型二维码侵财犯罪的刑法属性

依照诈骗罪与盗窃罪的一般区分原则进行分析，替换型二维码侵财犯罪有其特殊性，但在性质上，更符合盗窃罪的特征。若以诈骗罪对其定性尽管有一定的理据，但并不充分。事实上，分析此类犯罪属于盗窃还是诈骗，尽管替换行为对此类犯罪定罪处罚有一定的影响，但并非最核心的环节。与诈骗、盗窃区分原则相类似的是，对此类犯罪的分析，可以暂时忽略前一阶段的掩饰性行为，直

[①] 刘宪权：《盗窃信用卡并使用行为定性的困境与破解》，载《法学评论》2018年第6期，第38页。

第六章　信息网络诈骗与盗窃之区分

接切入财产转移环节进行着重分析。

一、替换型二维码侵财犯罪手段具有秘密性的特征

诚如前文所述，秘密性是区分盗窃与诈骗的重要标志之一。所谓秘密窃取，无论是在常理上还是在法理上，秘密的内涵都应该包含两个方面：一方面是针对财产所有人而言的，即财产所有人对自己财产的丧失处于不知情的状态。至于事后财产所有人通过猜想推断财产为何人所拿，或者通过技术处理等其他方法得知财产为何人所拿，并不影响秘密窃取对财产所有人应具有的不知情的内涵。另一方面是针对行为人而言的，即行为人在拿走他人财产时，要刻意隐瞒身份，也就是不能留下自己是谁、住在何处等个人资料。至于外人（如公安机关）通过各种方法或侦查手段，最后查明行为人是谁，并不影响秘密窃取对行为人应具有的隐瞒真相内涵。[①]

事实上，从替换型二维码侵财犯罪的特征来看，完全符合盗窃罪秘密窃取的双向内涵。

第一，财产所有人对自己财产的丧失处于不知情的状态。在上述替换型二维码侵财犯罪中，不法行为侵犯的财产——蔬菜的合法所有人是菜贩，在其看来，自己售出了蔬菜，而顾客按买卖合同之约定支付了价款，合同目的已经实现。但其所不知晓的是，因为自己所提供的二维码已经被秘密调换，顾客所支付的价款改变了支付的方向，并未进入自己的账户。对于应得而未得这一事实，菜贩是缺乏认知的。换言之，在顾客支付价款的时候，菜贩对自己应得而未得这一事实是不知情的。

---

① 赵国强：《许霆案的启示》，载赵国强《澳门刑法研究》，广东人民出版社2009年版，第439页。

信息网络视角下诈骗犯罪的刑法规制

有观点认为，从顾客支付价款到菜贩收到价款之间有时间差，支付在前，收款在后，行为人截取的时间点位于两者之间。从这个角度看，菜贩实际上是在未收到菜款之前就已经失去所有权。换言之，菜贩在尚未真正拥有顾客支付价款的所有权之前，已经失去对价款的占有。既然不曾所有，谈何失去所拥有的财产？既然并未失去自己所占有的财产，自然难以评价为盗窃。这一观点也是三角诈骗主张的理据之一。而事实上，在笔者看来，这种精准定义财产失去的时间点并无实际意义。

首先，在信息网络环境下进行二维码转账，与物理意义的占有迥然相异。行为人只需提供账号、登录密码、交易密码以及通过其他方式的安全验证，即可实现对目标账户财产进行转账、提现等操作。这种占有不以直接占有账户内以实体形式存在的现金为目的。而债权的实现，通常也只要求对方按自己所要求的形式履行转账行为，而无须直接接收到对方归还的现金、货物或其他实体形式的财产。例如，某甲以网银转账形式向某乙履行债务，并成功将债款转入乙的账户。这一过程中，债款始终处于第三方即银行的托管之下，所谓转账，实际上是从银行的A账户转至B账户。如果以物理意义的占有来评价，会发现，无论转账是否成功，结论都是一样的，那就是乙并未实际占有该债款。因此，简单将物理意义的占有套用在信息网络环境中，是不适当的。又如，某甲到手机充值点进行充值，甲向服务员支付了200元现金，并提供了"自己的"手机号码，服务员按要求向目标手机充值后，甲却发现话费迟迟未能到账。仔细检查，才发现提供给服务员的手机号码写错了一个数字，导致话费充到了乙的手机账户。在这种情况下，一方面，由于服务员已经正确地按照甲所提供的手机号码存入话费，无须为错转担责。相应

第六章　信息网络诈骗与盗窃之区分

地,按归责原则,存在提供错误号码过失责任的甲,亦不能以话费未进入自己手机账户为由向服务员主张债权,要求返还200元话费,或再次履行充值的义务。另一方面,虽然将200元话费充入乙手机账户的是服务员而不是甲,但甲依然有权以不当得利为由,向乙主张债权。这种债权是因为甲已经实际支付200元,因过错导致话费应当到账而未到账。在这一过错中,乙是无合法理由的获利者,不能因为200元话费并非从甲的账户直接转走,而否定甲的债权人地位。从这个意义上看,在信息网络环境下,所谓占有本质上只是依照人工智能的计算规则,个人拥有的对虚拟财产数据进行处理(包括转账、提现等)的权利。也正因为这一特点,在评价占有问题上,应当与物理意义的财产转移有所区别。尽管在本书所述的替换型二维码侵财案件中,顾客支付的价款确实未进入菜贩的账户,但在法律上,对这种应当到账的债权,而因为他人恶意替换二维码导致价款被转到其他账户的情形,不能简单照搬或套用物理意义的占有形式,认为价款并非从菜贩账户失去,因而否定菜贩并非失主,进而得出不存在盗窃问题的结论。因为,菜贩毕竟按合同提供了货物,履行了合同相关义务,其应得的菜款,在合同双方当事人均不知情的情况下,被他人以秘密的方式转移至第三人的账户,尽管手段隐秘,但在性质上与盗窃并无本质区别。

笔者认为,在信息网络中,对财产占有的含义,大致可以概括为"按信息网络规则拥有对账户内资金所享有的排他性操作控制权限"。这里所称的排他性操作控制权,包括两种类型,即积极的排他性操作控制权和消极的排他性操作控制权。前者主要针对账户内的资金转出而言的,指的是对账户内现有资金积极使用的权利。例如,账户所有人对自己合法账户所拥有的转账、投资、收益等完整

信息网络视角下诈骗犯罪的刑法规制

的操作权限。如果行为人以黑客手段侵入账户，导致其合法所有人对账户内的财产失去操作控制权，则应视为实现了非法占有。又如，行为人秘密窃取他人账号、密码并登录他人网银，将账户内资金转走，导致合法所有人失去对上述资金的操作控制权。再如，行为人利用职权之便和银行管理漏洞，将他人的合法账户所有人修改成自己，导致账户易主，真正所有人失去对该账户的控制，也是非法占有的一种类型。后者主要针对账外资金的转入而言的，主要是指被动接受应当进入账户的账外资金，即对应当进入账户内的资金的操作控制权。例如，行为人偷偷侵入某电子商务平台，以技术手段对其中多个被害人的收支账户进行秘密更改，但被害人及平台技术维护方均未察觉，因为后台并不显示这种更改。此后的电子商务交易中，客户通过电子商务平台向被害人账户支付的款项，均被中途截停，实际转入行为人的账户。这一做法尽管并未直接排他性操控该账户，但事实上却通过技术手段在被害人账户入口设置了一道屏障，间接对本该进入该账户的资金进行了操控。笔者认为，可归入消极的排他性操作控制权的范畴。

其次，在信息网络环境下，扫描二维码支付与收款固然有先后顺序，但区分这种先后顺序并无实际意义。我们考虑的重点应当是第三方因素的介入是秘密介入还是公开介入，而不是这种介入是在收款前还是收款后。否则，分析此类法律问题，不仅牵涉大量的技术因素，还可能因为重点的转移而得出缺乏公平的结论。事实上，所谓的财产，在信息网络环境下只是人工智能所运算的虚拟数据。基于计算机的计算规则，往往是支付的同时完成了收款的运算。正如画笔在纸上作画，理论上，先有笔的移动，才有纸上的线条或颜色，但实际上，笔移动的过程也是线条的形成过程，它们之间的时

第六章　信息网络诈骗与盗窃之区分

间差几乎可以忽略不计。如果作画时，纸张被替换，导致所作的画并非出现在目标纸张上，在评价替换纸张这一行为时，我们所重点考虑的，不应是纸张替换是在目标纸张铺设之前还是之后，而是应该考虑，替换纸张这一行为是在作画者不知情的情形下秘密替换，还是在作画者知情但误解的情况下公开替换。又如闪电，电光火石划过天际在前，地面看到闪光在后，但由于光线的传输速度极快，从电光火石划过天际到看到闪电几乎同步，中间的传输时间亦可忽略。如果光线在到达眼睛之前被遮挡，我们所考虑的，不应是这种遮挡是在光线到达前还是到达后，而是这种遮挡是否为人所知，是秘密遮挡，还是在行为人重大误解的情形下公开遮挡。同理，替换二维码侵财犯罪关键评价环节，应当是替换的行为，而不是付款与收款孰先孰后的问题。如果行为人受托帮助菜贩列印二维码，其将自己的二维码交给菜贩，谎称该二维码是菜贩所需要的二维码，这一行为是公开的，具有明显的诈欺性质，应以诈骗犯罪论处；而行为人如果是在菜贩毫不知情的情况下替换二维码，导致价款的支付直接秘密转入其他人的账户，则属于秘密窃取的情节，应以盗窃论。

　　第二，行为人具有刻意隐瞒身份的特征。基于用户保密原则，行为人扫码支付的行为，是在信息保密的情况下进行的。这种保密性主要体现在三个方面：其一，二维码信息是不可识别的。无论顾客、菜贩抑或行为人本身，都不具有识别二维码的能力。只有借助手机或软件进行扫码，才可以读取隐藏在二维码背后的信息。仅就二维码本身，正常的人类，无法直接了解二维码所有者背后的信息。其二，二维码背后的信息是保密的。在信息网络环境下，只要知晓卡号、密码、用户名等信息，即可完成转账、支付等行为。因此，二维码背后所隐藏的二维码所有者信息也必须是保密的。否则，将可能造成信息泄露，被泄露的信息可能会造成他人财产的损失。因此，即使顾客借助扫描工具进行扫描，其获得的账号、用户名也都是不完整的，更遑论知晓二维码所有者的住所、电话、职业等其他信息。其三，替换行为是秘密的。行为人替换二维码，并非当着顾客或菜贩的面公开替换，也无须虚构事实、隐瞒真相，导致顾客或菜贩陷入误解，只要其完成秘密替换的行为，即可导致扫码者的支付目标账户发生改变。而无论秘密替换或目标账户发生改变，顾客和菜贩都是不知情的。即使事后发觉二维码被替换这一事实，也无法通过扫描二维码的方式，了解行为人的姓名、账户、密码、职业、联系方式、住址等信息，进而找到行为人本身。要做到这一点，必须通过专业的侦查或调查行为。在信息网络环境下，目标账户往往不是行为人本人所有，有可能是其所购买的案外第三人所有的账户，这更增强了在查获二维码侵财犯罪中，真正侵财者身份的难度。毋庸讳言，秘密替换二维码具有明显的刻意"隐瞒身份"的特征。

二、替换型二维码侵财犯罪中并不存在符合诈骗犯罪所需的处分意识与处分行为

如前文所述，处分（或交付）行为是诈骗罪与盗窃罪认定的关键。在理解和认定处分（或交付）行为时，必须注意以下几点：（1）诈骗罪的受骗人的处分行为，必须基于认识错误，而认识错误的产生或维持是由于行为人的欺骗行为。（2）处分行为并不要求受骗人将财物的所有权处分给行为人，所以不要求受骗人有转移所有权的意思。（3）在受骗人与行为人为同一人的情况下，受骗人只能处分自己占有的财产，而不可能处分自己没有占有的财产。（4）在

第六章 信息网络诈骗与盗窃之区分

受骗人与被害人不是同一人的情况下，只要受骗人事实上具有处分被害人财产的权限，或者处于可以处分被害人财产的地位，对方的行为也构成诈骗罪。这也是区分诈骗罪与盗窃罪间接正犯的一个关键。

（一）本案财产处分人不存在陷入误解的问题

持三角诈骗说者认为，在替换型二维码侵财犯罪中，财产的处分人是顾客，被害人则是菜贩，财产处分人因行为人替换了二维码而陷入误解，进而作出错误处分行为，这一特征符合被骗者处分财产、第三人遭受损失的特征，因此应以三角诈骗论处。然而，这一观点实际上是值得商榷的。正如前文所分析，顾客与菜贩之间，是一种正常的买卖合同关系。按照合同交易规则，卖方交付买卖标的物，买方支付价款，双方权利义务即告履行完毕，合同因履行而告消灭。按《合同法》的一般规则，卖方应按买方所要求的、经自己认可的、双方约定的标的物种类、数量、质量、交付方式等交付标的物，买方则应按卖方指定的、自己所认可的、双方约定的价款、付款时间、地点、方式等支付价款。只要买方在无过失的情况下严格按照合同约定履行义务，卖方即不可以违约或以其他理由追究买方的责任。例如，某甲因为遭受电信诈骗，到银行要求转账，银行严格按照某甲的要求，将存款转至某甲提供的第三人账号上。在这一转账过程中，银行只能按合同约定行事，并无权利拒绝转账或者将钱款转到某甲所提供的账户之外的其他账户。当然，如果银行有足够的理由怀疑客户遭受电信诈骗，从维护客户利益的角度出发，在报警的同时迟滞转账是法律允许的，也是值得鼓励的，但这并非银行的法定义务。因为，在性质上，银行是客户指令的执行者，指令的发布者必须对指令的准确性、正确性负责。银行既无能力也无义务核实客户发出的指令是否准确，客户是否在遭受电信诈骗的情

信息网络视角下诈骗犯罪的刑法规制

况下发出转账指令；相反，如果银行存在重大过错，在执行指令时介入自己的判断，并未按照命令行事，不仅能造成客户利益受损，还可能承担民事责任。在法律规则上，只要银行在无过错的情形下依照指令行事，就可以免责。即使如上述案件中，指令发布者某甲是因为电信诈骗而陷入误解，进而向银行发出错误的转账请求，也不能得出银行同样是陷入误解，进行错误转账的结论。事实上，指令的执行后果无论是否最终符合指令发布者的真实意愿，都必须由指令发布者承担。因此，在上述案例中，按过错归责原则，银行并无过错，某甲应对自己轻信他人、陷入电信诈骗的陷阱，进而向银行发出错误转账要求的行为负责。对于被骗的后果，某甲有权向警方报警，并在案件侦破后向诈骗行为实施者主张权利，要求返回财产，却无权要求银行为错转负责，承担赔偿责任。

同理，在替换型二维码侵财案件中，尽管在形式上是顾客通过扫码完成支付，但值得注意的是，这一支付行为是按照卖方直接要求或说指令进行的。买方并无识别二维码的能力，也无对二维码归属进行审核的义务，其无论是在主观上还是在行为上都不存在过错。菜贩在不知情的情况下提供错误的二维码，并要求顾客将价款转到二维码所依附的账户上，在性质上，买方是卖方要求的执行者，是卖方处分要求的执行者。从这个角度上看，顾客并不存在陷入认识错误的问题。因为，对顾客而言，这笔应当履行的债务，与银行代为保管储户的财物相类似，在财产所有权归属上是属于菜贩的。菜贩要求将价款转移至所提供的二维码依附的账户，顾客只要依照要求执行即可，其并没有审核判断二维码真伪的义务，既然其不存在这种义务，也就谈不上陷入认识错误的问题。事实上，在顾客、菜贩正常买卖合同中，介入的第三方因素——二维码替换，是

第六章 信息网络诈骗与盗窃之区分

合同关系之外的另一个问题。在评价此类案件时,应当直接切入财产转移的环节,分析这种转移是在被害人知情的情况下,因误解而主动转移,还是因为不知情而被动被窃取。我们不应将并无判断义务的顾客主观因素引入,因为这可能对案件的最终定性造成不必要的干扰。

为进一步论述"无判断义务即不存在'陷入认识错误'"这一观点,笔者再举一例。在实践中,发生过不少诈骗分子假冒乘客,在车上演双簧,对其他旅客进行诈骗的案件。①在此类案件中,诈骗分子多按剧本掩饰自己的身份,扮演不同角色,在外假装互不认识,冒充正常旅行的旅客。但在实践中,我们不能因为乘客上车之前,有掩饰身份、假冒正常旅行旅客的行为,而认为汽车公司陷入认识错误,遭到欺骗,将假冒身份的犯罪分子误认为正常旅客,从而导致诈骗犯罪的发生。因为,司乘人员只有审核乘客是否按实名制履行了购票义务,并无能力也无义务审核乘客乘车的目的,即其上车究竟是为了正常旅行,还是假冒乘客在车上实施诈骗。因此,公交公司并不存在陷入认识错误的问题。诈骗犯罪分子在车上实行诈骗活动,实际上是乘客、公交公司运输合同这一法律关系之外的另一个问题。

(二)本案受骗人并不具有处分被害人财产的权限

在上述替换型二维码侵财案中,持三角诈骗说的学者认为,

---

① 此类案例较多,如《又耍"外币换大钱"把戏 5男子客车演"双簧"诈骗》,中安线上,http://ah.anhuinews.com/system/2014/01/10/006268650.shtml;《大巴屡现"外币"诈骗团伙 有乘客曾一周遇到6次》,琅琊新闻网,http://www.langya.cn/lyxw/zxwshsh/201104/t20110407_46180.html;《外币诈骗团伙的覆灭》,载《徐州日报》2008年11月19日等。

信息网络视角下诈骗犯罪的刑法规制

受骗人是顾客，损失者为菜贩，符合三角诈骗的特征。然而，这一说法显然值得商榷。其中尤为重要的一点是，顾客并不存在陷入认识错误的问题。在正常情况下，账户的出账，即金额转出，必须由账户所有人操作；而账户的入账，即金额转入，是没有严格限制的，可以按规则接受任何正常使用账户的金额转入。这一特征，也使得作为收款入账主要用途的二维码使用主体并非唯一。实践中，同一二维码由不同主体使用的情形并不鲜见。例如，有的私营商户门面店分布在不同地方，由不同的人来经营，但为方便管理，其使用的二维码则是相同的。换言之，二维码所有人，与其使用者是可以分离的。这一特征，也决定了顾客并没有对对方所提供的二维码进行审核的义务，也不具备对其所附属的账户进行审核的能力。正因为如此，如前文所述，顾客只需按要求扫描二维码，完成转账合同义务即告履行完毕，并不存在陷入认识错误的问题。在这种情况下，顾客既具有处分意识——将自己账户内的应支付价款进行转账；也具有处分行为——通过扫描二维码将价款转至指定账户。顾客的行为，系在处分意识的支配下，按规则实施了处分行为——所转的价款进入何人账户在所不问。顾客的处分行为，主观与客观并无背离，也不存在错误。这与因陷入认识错误作出错误处分行为是有本质区别的。因此，顾客的行为与三角诈骗中的处分行为迥然相异。

在支付菜款的环节，各当事人关系如下图所示。

在上述过程中，价款的流向是从顾客的账户进入替换二维码行为人控制的第三方平台账户，最终进入行为人账户。换言之，真正发生资金往来的，是顾客与替换二维码的行为人，菜贩虽然给付了蔬菜，却在支付环节，因行为人的介入，被秘密略过。值得注意的是，顾客与菜贩之间是买卖合同关系，顾客并不具有处分菜贩财产

第六章 信息网络诈骗与盗窃之区分

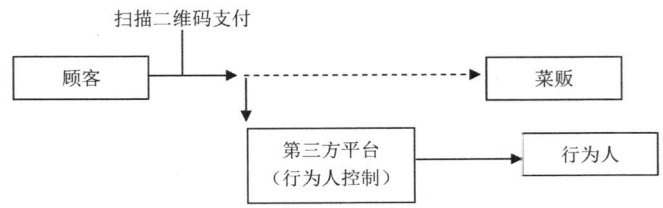

的权限或地位。顾客扫描二维码支付价款,其所处分的是自己账户中个人所有的财物,而不是菜贩的财物。从这个意义而言,顾客尽管存在处分行为,但并不具备三角诈骗犯罪所要求的受骗人具有处分他人财产权限或地位的特征。

(三)本案被害人并无诈骗犯罪所需的处分行为

有学者认为,本案被害人不清楚二维码被替换的情况,误以为付款二维码是自己的,也有认识错误的问题。其基于这种认识错误,处分了蔬菜,从而造成损失。从这个角度看,也是符合诈骗犯罪特征的。这一观点同样值得质疑。菜贩交付蔬菜是基于买卖合同关系,只要对方已经按要求完成扫码付款的程序,菜贩便须交付货物。在这个过程中,菜贩并无选择权。我们可以退一步分析这一交易过程:假如顾客扫码支付后,菜贩立即发现钱没到账,进而发现二维码有问题,其是否有权拒绝交付货物?答案显然是否定的。因为,二维码是菜贩提供给顾客的,菜贩应对二维码的真实性负责,而不应让顾客承担未到账的后果。因此,只要顾客按照自己提供的二维码完成支付,无论价款到账与否,菜贩都必须交付货物(这一观点前文已有深入论述,此处不再赘述)。再退一步,即便存在认识错误的问题,交付货物也不是造成菜贩财产损失的直接原因。事实上,本案中被侵犯的财产,是蔬菜的对价即菜款。而菜款的处分者是顾客而不是菜贩。换言之,菜贩并无处分被侵犯财产的行为,其并不具备处分被侵犯财产的行为。

三、替换型二维码侵财犯罪符合盗窃的非自愿性

澳门大学赵国强教授认为,秘密窃取的表现形态,在于偷的过程中,财产所有人和行为人之间的财产转移,具有明显的非自愿性。如果在外部表现形态上,财产所有人是自愿地将财产交予行为人,就不构成偷。在本案中,被害人对财物发生转移毫不知情,也明显违背其主观意愿,并无自愿将财产交付行为人的情形。因此,从性质上看,更符合盗窃的非自愿性,以偷来评价更符合案件之特征。[①]

对于赵国强教授关于盗窃犯罪非自愿性的表述,笔者认为,可以从三个方面来理解。第一,非自愿,是指被害人并不存在将财物交付或处分给行为人的意识。如果行为人意识到自己在处分财物,无论其在处分时是否违背内心真实意愿,都不构成盗窃罪。因为,在被强迫的情况下处分财物,尽管具有非自愿的特征,也可能构成敲诈勒索;自愿处分,如果处分意识不违背真实意愿,可能是赠与,如果违背真实意愿,则可能是诈骗,而不可能构成盗窃。第二,非自愿的原因,是被害人不知情。事实上,无论是盗窃还是诈骗,被害人对失去财物这一事实,真实的心理态度都是拒绝的。换言之,假设在有条件清晰了解后果的情况下,考究被害人失去财物这一事实,都是违背被害人真实意愿的,都可归入非自愿的范畴。两者的区别在于盗窃犯罪中,行为人之所以不具备清晰了解后果这一条件,是因为其对财物发生转移毫不知情,从而出现明显违背主

[①] 赵国强:《许霆案的启示》,载赵国强《澳门刑法研究》,广东人民出版社2009年版,第439页。

第六章　信息网络诈骗与盗窃之区分

观意愿的状况。而在诈骗犯罪中，行为人不具备清晰了解后果这一条件的原因，则在于其因诈骗行为而导致主观认识出现错误，进而在处分财物时并不了解处分行为的性质及后果，从而出现一种在虚假认知支配下的自愿处分状态，但一旦发现事实真相，其则会立即认知逆转，对已经转移的财物追悔莫及。这一特征，区别于具有处分意识、知晓财物转移这一事实的诈骗犯罪。第三，被害人不具有处分或交付的行为。如果行为人有处分或交付的行为，无论这种行为是否在处分意识的支配之下，都不构成盗窃罪。值得注意的是，这里的处分或交付与临时转移是有本质区别的。以下试举例说明之。被告人刘某以与家人走散，需打电话为由，向过路行人汪某借一部价值5000元的手机，后趁汪某不备迅速逃离，并将手机销赃变现。在这一案件中，被告人刘某与被害人汪某素昧平生，汪某将手机借给刘某是受骗后的一种临时转移的行为，因为汪某并不具备知晓刘某真实身份的条件，刘某的身份对汪某而言是秘密的。根据社会一般观念，该手机虽然由汪某交由刘某使用，但这种使用具有临时的性质，是在汪某的监督、管理和掌控下使用的。也就是说，汪某并无将手机交付或处分给刘某的意思，手机仍在被害人汪某的支配和控制之下。刘某之所以取得该手机，是因为他利用了汪某管理、监督、掌控中的疏忽，防备中的漏洞，秘密携带手机逃离，这种离开汪某是不知情的。从这个意义上看，这种临时转移状态下趁人不备的侵财行为具有秘密窃取的性质，应认定为盗窃罪。就手机交给刘某这一行为而言，汪某受骗后，并没有交付或处分财产的行为。

假如更换场景，被告人刘某与被害人汪某是熟悉的朋友。两人在KTV唱歌时，刘某以手机没电为借口，向汪某借手机打电话，并借故离开，汪某见刘某长久未归，遂致电刘某，刘某编造理由

信息网络视角下诈骗犯罪的刑法规制

搪塞并拒绝归还手机。在这一案件中,尽管情节相似,但性质却不同。刘某编造谎言借用手机,汪某信以为真,将手机交给汪某。由于刘某与汪某是朋友关系,双方具有相互信任的基础,汪某将手机交给刘某后,并不会如同交付陌生人一般进行监督、管理、警示,而是放心由刘某使用,对使用的时间、使用的方式、使用的地点并不过多干预。换言之,刘某借故离开,汪某是知晓并允许的,是公开地、和平地离开,因为汪某相信刘某一定会将手机交回。从这个意义上而言,汪某将手机交给刘某具有交付的性质,是一种交付行为。汪某受骗后有转移财物占有的处分行为,这种情况下,刘某的行为应以诈骗定性。

在替换型二维码侵财案中,财产的转移,是符合盗窃罪非自愿性特点的。

第一,被害人并不存在将财物交付或处分给行为人的意识。在本章所述"替换型"二维码侵财案中,陆某是顾客、菜贩这一买卖合同之外的第三人,其存在是交易双方均不知情的。在双方交易过程中,顾客按菜贩的指示履行合同义务,主观上并无将货款交付给他人的认知和意识。菜贩是被害人,其将蔬菜处分给顾客,这种处分意识是基于顾客已经按指示履行付款义务这一事实,对象则是顾客,而不是陆某。换言之,本案中,无论是顾客,还是作为被害人的菜贩,都没有将财物交付或处分给行为人陆某的意识。被害人财产权益遭到侵犯,完全违背了自己的意愿,具有明显的非自愿特征。

第二,非自愿的原因,是被害人不知情。在本章所述替换型二维码侵财案中,陆某将二维码进行替换,是在被害人即菜贩不知情的情况下替换的,具有秘密性的特征。在菜贩与不特定的顾客进行交易的过程中,一方面,作为蔬菜对价支付方的顾客,因为没

第六章　信息网络诈骗与盗窃之区分

有判断二维码真伪的义务，也不具备判断二维码真伪的能力，在不知情的情况下将菜款转给陆某；另一方面，作为被害人的菜贩因不知情，向顾客提供了错误的二维码，导致应收的财物在不知情的情况下秘密转移到陆某的账户中。在这一过程中，菜款转移到他人账户，显然是被害人所不愿意的，违背了其真实的意愿。而这种非自愿性，并非被害人受到蒙蔽，而是因为其不知情。①

第三，被害人不具有处分或交付的行为。在本案中，所谓的处分或支付包括价款的支付和货物的交付。如前文所述，如果直接切入被侵犯的财物的转移环节，我们无疑可以发现，被侵犯的是蔬菜的对价，即菜款。而菜款的支付方是顾客，顾客支付价款，属于履行合同的行为，作为支付主体的顾客，并非本案被害人。菜贩将蔬菜交付给顾客，同样是一种履行合同的行为，作为蔬菜交付主体的菜贩，一方面，其所处分的蔬菜并非本案被侵犯的财产，蔬菜的转移符合法律规定、符合合同约定；另一方面，被侵犯的财产即蔬菜价款，并非被害人所处分或交付。从这个意义上而言，被害人明显不具有处分或交付的行为。

综上所述，笔者认为，尽管学界对替换型二维码侵财案的定性存在诸多不同观点，并且主张以诈骗罪定性的学者不在少数，司法实践中也不乏依照诈骗罪定罪处罚的案例，但剖析其机理，笔者认

---

① 假如切换另一场景：陆某是提供列印服务的列印商，菜贩要求陆某帮忙列印自己的二维码，陆某装模作样地列印后，将自己的二维码交给菜贩，谎称这是列印好的菜贩的二维码，菜贩遂将此二维码放在摊上使用。在这一案件中，陆某的替换行为虽然具有秘密性，但其将二维码交给菜贩则是公开的。也就是说，其隐瞒了二维码被替换的事实，具有典型的虚构事实、隐瞒真相的特征。在这一案件中，菜贩权益遭受侵犯，属于被欺骗的情形，应以诈骗罪定性。

为应以盗窃罪定性。

小 结

在信息网络背景下，诈骗罪和盗窃罪的区别是学界争论的一个热点，司法实践中，两者之间的界限并不完全清晰。本章对替换型二维码侵财犯罪定性的分析只是一个切入点，笔者试图通过这种分析，探索信息网络环境下，更好厘清两者的界限。如上文所述，笔者认为，除依照犯罪构成理论对两者进行分析外，客观方面的几个区别，也是两者区别的关键。

第一，行为是否具有秘密性特征。一般而言，侵财行为是公开进行的，为被害人所知晓的，属诈骗犯罪；侵财行为是秘密进行的，为被害人所不知情的，为盗窃犯罪。所谓秘密性，包含两方面的含义。一是对财产所有人而言，其对自己财产的丧失处于不知情的状态。即使事后有条件通过推理或技术等手段找到侵财者，也不影响秘密窃取对财产所有人应具有的不知情的内涵。二是对行为人而言，拿走他人财产时要刻意隐瞒身份，刻意不留下身份信息。至于事后通过线索或其他技术手段有条件查明行为人是谁，也不影响隐瞒身份的内涵。

第二，是否存在处分行为。通常而言，被害人存在处分行为的属诈骗，不存在处分行为的属盗窃。一是在诈骗犯罪的处分行为中，受骗人应当具有处分权限。如果受骗人不具有处分权限，即使其因陷入认识错误而作出交付的行为，也不应认为属于诈骗，而可能构成盗窃罪的间接正犯。二是受骗人的处分行为系因产生认识错

第六章 信息网络诈骗与盗窃之区分

误而作出，处分意识并非其充分必要条件。具体而言，当处分者意识到自己的行为是在处分财物时，只要被欺骗者是对交付（处分）财物的价值有概括的处分意思即可。而当处分者并未意识到自己的行为是在处分财物时，只要其作出的具有处分意义的行为是因他人诈骗行为而陷入误解并作出，即可认定为诈骗。

第三，处分行为是否自愿。通常而言，如果在外部表现形态上，财产所有人是自愿地将财产交予行为人，就不构成偷。如果财产所有人是在不知情的情况下非自愿地将财产交予行为人，则构成盗窃。对非自愿的理解，主要包括三个方面：一是被害人并不存在将财物交付或处分给行为人的意识。二是非自愿是因为被害人不知情。三是被害人不具有处分或交付的行为。

第四，诈骗与盗窃交织的情况下，重点分析财产转移是基于什么原因。诈骗与盗窃交织的情况下，两者往往互为条件，那么可直接切入财产转移环节。如财产是因被诈骗而导致作出错误处分行为丧失的，定诈骗；如财产是因诈骗丧失警惕性，被秘密窃取的，定盗窃。从这个意义上而言，盗窃信用卡后使用的行为，尽管司法解释认为应以盗窃罪论处，但从性质上看，定诈骗似更准确。

第五，机器也可能成为被骗的对象。随着人工智能的广泛运用，传统的机器是不能被诈骗的观点已经遭到挑战。经过人工编程的人工智能，是人们利用信息技术"将人的意识通过计算机程序加以体现，机器所体现的意识是人的意识"，不能与一般意义上的机器或机械相提并论。事实上，一些实验表明，人工智能的计算能力，有时竟然可以突破人类编程所限定的范围，通过自我学习拓展识别能力。这种识别能力与传统的机器有明显的区别，更类似于人类的判断，所不同的是，人类是通过记忆、逻辑等形式进行思考，而人工智能则是通过图像识别、信息识别等技术进行运算后作出判断。隐瞒真相、虚构事实骗过银行职员的人工识别，与虚构事实、隐瞒真相绕过人工智能的核验，在性质上有一定的相似之处。在信息网络时代，未来如果行为人利用人工智能产生的认识错误获取财物，可以对行为人的行为按诈骗罪认定。

第七章 信息网络诈骗刑事规制立法建议

《刑法》对信息网络诈骗犯罪的打击，不仅仅从完善信息网络环境下诈骗犯罪罪名、澄清罪与非罪界限、界定此罪与彼罪之区别、已经分析此类犯罪的形态等角度着眼，更注重以此为切入点，拓展到与信息网络诈骗相关的犯罪。正如当下内地席卷全国的"扫黑除恶"专项斗争，除了打击黑恶势力犯罪以外，还必须打击"保护伞"，通过打击与黑恶势力犯罪相关联的职务犯罪，以期达到标本兼治的效果。信息网络诈骗犯罪同样如此。本章拟就此作一探讨。

第一节 信息网络诈骗与个人信息资料保护之完善

在诈骗犯罪中，虚构事实、隐瞒真相只是手段，让被害人产生认识错误才是决定诈骗能否得逞的关键所在，诈骗犯罪的危害范围和危害程度与其欺骗性密切相关。近年来，诈骗犯罪尤其是电信网络诈骗犯罪模式逐渐从广撒网、地毯式轰炸向定制式、订单式发展。犯罪分子通过多种渠道获得大量公民信息资源（包括公民的姓名、电话、职业、身份证号码、工作单位、家庭住址等身份信息以及购

信息网络视角下诈骗犯罪的刑法规制

买商品或者接收服务信息等消费信息）后，针对诈骗对象量体裁衣、步步设套，实现了犯罪模式的迭代更新，欺骗性和危害性都显著增强。升级后电信网络诈骗犯罪模式还刺激、助长了侵犯公民个人信息犯罪以及非法侵入计算机信息系统、非法获取计算机信息系统数据等违法犯罪活动，形成了非法收集、买卖公民个人信息的黑灰产业链，加剧了公民个人信息遭受不法侵害的风险。

在实践中，大多数电信网络诈骗，尤其是有一定影响力的电信网络诈骗集团，实施的诈骗活动都伴随着上下游违法犯罪活动。在上游阶段，即在实施诈骗正犯行为之前，往往伴随着非法获取公民的联系方式、住址、职业、婚姻状况、经济状况、消费记录等个人信息的违法犯罪行为，以提高诈骗犯罪的精准度；在下游阶段，在取得被害人信任并且让被害人交出财物后，需要通过"水房"和"车手"进行洗钱或者提现，最终实现对被害人财物的安全占有。在2016年8月发生的"徐玉玉事件"中，犯罪嫌疑人陈文辉等人冒充教育局工作人员实施诈骗，之所以仅仅通过电话联系就能够取得徐玉玉的信任，就是因为诈骗分子从网上购买到了徐玉玉的个人信息，在电话交流过程中提供了徐玉玉的姓名、家庭成员以及就读学校的名称。研究公民个人信息安全保护问题，既直接影响到对诈骗犯罪尤其是电信网络诈骗犯罪的打击和治理力度，也关系到司法机关在处理相关案件中可能存在的诈骗犯罪和获取公民个人信息犯罪的竞合问题。

一、个人信息资料的概念及立法概览

何谓个人信息资料？其具体范围如何？在理论、立法和司法上存在不同看法，名称也并不统一。在学界，对个人信息资料的称谓可

第七章 信息网络诈骗刑事规制立法建议

谓是五花八门，不少学者将其称为个人信息，[①]我国刑事立法也采纳了这一概念。2009年2月28日通过的《刑法修正案（七）》，首次规定了侵犯公民个人信息的犯罪，确立了对公民个人信息予以全面保护的立法精神。而在我国澳门、台湾地区，个人信息多称为个人资料，[②]这一概念也被内地部分学者所接受，他们认为个人资料比个人信息的概念更为准确。[③]当然，这一概念接受者并不广泛，因为不少观点认为，在信息网络背景下，容易被理解为与计算机数据密切相关的一些信息，导致概念被缩小，一些应予以保护的个人信息资料难以纳入其中，也容易使人产生误解。此外，还有称之为个人资

[①] 这种叫法主要在我国台湾地区比较流行。汤德宗：《信息公开与信息隐私法》，http://www.jcei.gov.cn/Contents/Channel_1743/2007/1026/25107/content 25107.htm；徐振雄：《信息隐私与个人资料保护》，http://www.tpml.edu.tw/TaipeiPubicLiraydownload/eresource/tplpub lifelong/0039/pdf/01.pdf. 转引自刘德良：《个人信息保护与中国立法的选择》，载陈海帆、赵国强主编：《个人资料的法律保护》，澳门基金会、社会科学出版社2014年版，第24页。

[②] 个人资料一词，为我国澳门、台湾地区立法所采纳。如我国澳门特别行政区2005年制定了第8/2005号法律《个人资料保护法》；我国台湾地区则于2010年修正通过"个人资料保护法"，并于同年5月26日生效。

[③] 该观点认为，个人资料不同于个人信息，在立法上采取个人资料比个人信息更具有合理性。其理由在于：资料是代表人、事、时、地的一种符号序列（不以文字为限），信息（information）是指资料经过处理后可以提供为人所用的内容。个人信息是个人资料的内容，个人资料是个人信息的物化形式。个人信息的表现和存在方式多种多样，并不一定表现为个人资料。个人资料这一概念具有确定性，而个人信息往往因收集者的主观目的不同而有差别。齐爱民：《个人资料保护法原理及其跨国流通法律问题研究》，武汉大学出版社2004年版，第3～4页。转引自刘德良：《个人信息保护与中国立法的选择》，载陈海帆、赵国强主编：《个人资料的法律保护》，澳门基金会、社会科学出版社2014年版，第24页。

料信息。[①]如此等等，不一而同。对此，笔者认为个人信息资料的概念，或比其他概念更能概括《刑法》所保护的客体或法益。

（一）个人信息资料的概念

对法律所保护的个人信息的范围，我国理论界和实务界存在比较大的分歧。主要有以下几点：

一是可识别说。该学说认为，法律所保护的个人信息，是指能实现对公民个人情况的识别，被非法利用时可能对公民个人生活和安宁构成损害和威胁的信息。[②]该说包括两方面内容，即功能是能实现对公民个人情况的识别，后果是被非法利用时可能对公民个人生活和安宁构成损害和威胁。然而，该说忽略了自然人对个人信息的处分权限。事实上，作为一项依附于公民人身的权利，公民是可以选择放弃的。例如，自然人的姓名和电话号码，一旦被非法使用，将可能产生损害自然人权益的后果。在实践中，如果公民基于某种需要、采用某种形式将自己的姓名和电话号码广而告之，则此类信息不应纳入法律保护的范畴。又如，行为人为拓展业务，通过电视广告的形式公布自己的姓名和电话号码，即使被非法利用，也不能以侵犯公民个人信息资料为由，对其进行法律规制。在实践中，许多信息并不具备对公民个人情况的识别功能，如公民某个阶段的

---

① 武春玲：《网络个人资料信息保护的法律探析》，载《情报探索》2005年第6期；李莉：《数据图书馆建设中个人资料信息被侵犯的原因与保护原则》，载《大学图书馆学报》2004年第4期。

② 朗胜：《〈刑法修正案（七）〉立法背景与理解适用》，京师刑事法制网，http://www.criminallawbnu.cn/criminal/info/showpage.asp?ProgramID=&pkID=22113&keyword=%D0%CC%B7%A8%D0%DE%D5%FD%B0%B8%A3%A8%C6%DF%A3%A9。转引自赵秉志：《公民个人信息刑法保护问题研究》，载《华东政法大学学报》2014年第1期。

第七章　信息网络诈骗刑事规制立法建议

购物需求等。这些内容具有临时性、随机性，无规律可循，尽管可以反映该阶段自然人的某些情况，但无法直接或间接识别公民个人情况。尽管如此，在网络信息环境下，通过大数据的运算与运用，往往可以实现对其投放广告、推送信息的目的或效果。这些推送、投放，并不为目前法律所禁止，不能归入非法利用的情形，但确实对个人构成骚扰。如行为人曾经浏览过某方面内容，一些手机应用APP，不管这些内容是否该行为人的兴趣、爱好，也不管这些内容是否行为人所需要，便大量推送与之相关的广告及信息，其中不乏诈骗类信息。事实上，在网络环境中，个人应有选择阅读的自由，被动式接收海量垃圾信息，不仅浪费个人时间，同时也构成了对个人正常阅读的一种阻碍或骚扰，一些不实信息甚至可能造成他人财产的损失，因此，此类信息也应当纳入法律规制的范畴。

二是扩散损害说。该说认为，个人信息是指本人不希望扩散，具有保护价值，一旦扩散，将可能对公民权利造成损害的信息。[①] 该说关注到个人信息的身份属性和私人属性，将与个人相关的各类信息中本人不希望扩散这一特征分离出来，一定程度符合法律对个人信息的保护范围。但这一概念依然存在一定的缺陷。这一概念或许有两点是值得商榷的。其一，法律是否只保护公民的个人信息资料？外国人、无国籍人的个人信息资料遭到非法侵犯，是否属于法律保护的范畴？其二，本人不希望扩散的信息并非必然属于法律应当保护的个人信息范畴。事实上，与个人相关的信息，范畴是非常广泛的，一部分属于私权的范畴，个人对此应当有处分的权利；另

---

① 张磊：《司法实践中侵犯公民个人信息犯罪的疑难问题及其对策》，载《当代法学》2011年第1期。

信息网络视角下诈骗犯罪的刑法规制

一部分则是与公共利益相关的信息,它们则不应属于保护的范畴。例如,在我国目前正建构公民征信体系的大背景下,失信公民将可能遭到法律的各种规制和限制,如不允许搭乘高铁、不允许住高档酒店、不允许乘坐飞机头等舱等,其他公民在与其进行交易前,有权利查阅其个人征信情况。这些信息,当事人本人是不希望扩散的,因为一旦扩散,必然对个人的权利造成限缩。但由于此类信息涉及公共利益,国家有关部门予以披露,供有需要的不特定的公民查阅,并不违背个人信息资料保护的原则。

　　三是隐私权说。有论者也从《刑法》第253条之一侵犯法益的角度认为,个人信息具有个人隐私的特征。①在世界各国,立法保护隐私权的国家不在少数。事实上,作为公民的一项基本人格权利,隐私权概念的提出只有100年左右的历史。我国《民法通则》尚未将其确立为一项独立的人格权。关于隐私权的概念,大多停留在理论方面,概念也各有不同。②然而,从学界通说看,所谓隐私强调的是涉及自然人私生活的、与公共利益无关的一种秘密,必须具有保密性。对于这种私人秘密,只有行为人自己才有权利进行公开,其他个人或组织不得以各种手段加以刺探、散布或泄露。而法律对个人信息资料的保护显然不局限于此。例如,甲将自己的个人电话号码和电子信箱印在名片上,用于社交场合自我介绍,具有一定的公开

---

① 赵军:《侵犯公民个人信息犯罪法益研究》,载《江西财经大学学报》2011年第2期。
② 如民法学家彭万林先生认为,隐私权是指公民不愿公开或让他人知悉个人秘密的权利;张新宝先生认为,隐私权是指公民享有的私人生活安宁与私人信息依法受到保护,不被他人非法侵扰、知悉、收集、利用和公开等的一种人格权;王利明先生则认为,隐私权是自然人享有的对其个人的、与公共利益无关的个人信息、私人活动和私有领域进行支配的一种人格权。

第七章 信息网络诈骗刑事规制立法建议

性。从性质上看,甲的电话号码和电子信箱显然不属于个人隐私的范畴。但甲的个人电话号码和电子信箱并不会因为具有公开性而不再成为甲的个人资料,换句话说,甲的个人电话号码和电子信箱依然属于受法律保护的个人资料。因此,如果甲印在名片上的电话号码被非法提供或出售,属于侵犯个人信息资料的行为,但却不属于侵犯隐私权的行为。① 从这个意义上讲,隐私权固然属于个人信息资料的范畴,但个人信息资料却绝不局限于隐私权。

此外,还有观点认为"个人信息是指以任何形式存在的、与公民个人存在关联并可以识别特定个人的信息"等。因篇幅关系,不一一展开。但总体来看,笔者认为,目前学界对个人信息资料的定义,尽管在理论上都有自己的依据,但尚不完全严谨、周密、周延。

笔者认为,所谓个人信息资料,包含了个人信息和资料两个方面的内容。所谓个人信息,是指个人不希望扩散的能够据此直接指明或间接推断出自然人身份或其他个人情况而又与公共利益没有直接关系的私有信息。个人信息中的信息,既包括诸如以文字、图像或照片等为符号或载体所包含的视觉信息,也包括听觉信息——一个人特有的声音,还包括嗅觉信息——一个人特有的气味。个人信息不仅包括个人的名字、各种形象、声音声纹、宗教信仰、知识结构、兴趣爱好、特有的气味、DNA、指纹或掌纹等信息,也包括其他一切能间接识别某一特定自然人身份的信息。② 而资料,则是承载了个人

---

① 赵国强:《论澳门地区对居民个人信息资料的刑法保护》,载陈海帆、赵国强主编:《个人资料的法律保护》,澳门基金会、社会科学出版社2014年版,第272页。
② 刘德良:《个人信息保护与中国立法的选择》,载陈海帆、赵国强主编:《个人资料的法律保护》,澳门基金会、社会科学出版社2014年版,第24~25页。

信息的载体，包括承载个人身份信息的身份证、与个人信息相关的计算机数据资料等。笔者认为，个人信息较为抽象，而个人资料相对具体。以一张照片为例，照片本身应属于个人资料，而照片所反映的个人形象，包括长相、衣着、身高、胖瘦等，则属于个人信息的范畴。

（二）域外个人信息资料保护立法概况

随着公民权利法治化程度的提高，立法保护公民个人信息资料，成为世界各国立法的重要组成部分。欧盟于1995年颁布的《个人资料保护指令》以个人资料为级别范畴。其所谓个人资料，是指任何与一个明确自然人或可识别自然人（资料主体）身份相关的信息。其中，可识别的人是指可以直接或间接识别的人，尤其是借助身份证号码或其他一些有关身体、心理、精神、经济、文化或社会身份等特定因素可以直接或间接识别其身份的信息。[①]该法将隐私权与资料保护问题视为一项基本人权与自由进行保护，其理论基础是强大而不可剥夺的个人权利。在此立场下，个人拥有对个人信息的控制权和自由。依照该指令，个人不仅有权知晓个人信息加工者或接收者的身份、收集加工信息的目的和用途，也有权反对资料控制者将资料披露给第三方或基于直接市场目而加工其个人信息等。该指令明确规定，个人资料只能出于指定的明确和合法目的进行处理，并且不得以与这些目的不相容的方式进一步处理。个人资料必须具有防止滥用和尊重"欧盟法律保障的资料所有者的某些权利"的保护。

[①] 95/46/EC Dinecitve of Persona Data Protection, Ant 2(a)。转引自刘德良：《个人信息保护与中国立法的选择》，载陈海帆、赵国强主编：《个人资料的法律保护》，澳门基金会、社会科学出版社2014年版，第22页。

第七章 信息网络诈骗刑事规制立法建议

日本规范个人信息保护的法律主要有三部：一是《个人信息保护法》，主要以私营部门为主要约束对象；二是《行政机关个人信息保护法》，主要以国家行政机关为约束对象；三是《独立行政法人个人信息保护法》，主要以独立行政法人为约束对象。其中，《个人信息保护法》制定于2003年，2005年生效，于2017年作了重要修改。依照该法第2条第1项规定，所谓个人信息，指的是"与一个在世的自然人有关的信息，据此，可以通过姓名、出生日期或其他包括有该类信息的描述等可以识别出该特定自然人的身份"。[①]2017年，日本对《个人信息保护法》作了修改，其中，对个人信息和个人资料进行了区分处理，同时引入了个人信息资料库的概念。个人信息资料库，是指含有个人信息的信息集合物，包括为了能够用电子计算机检索而将特定的个人信息有体系地构建而成的信息集合物，以及由政令规定的、为了能够容易检索而将特定的个人信息有体系地构建而成的信息集合物。个人资料是指构成个人数据库的个人信息。[②]该法对违反该法及政府、地方公共团体制定的相关政策法规，主务大臣改正、中止命令的行为，都作出了严格规定。在民事责任上，该法要求经营者必须以合同或条约的形式告知消费利用目的，消费者可以据此请求违约。在刑事责任上，该法有处以六个月以下有期徒刑及30万日元以下罚金的规定等。

我国澳门特别行政区也有较为成熟的个人信息资料保护立法。

[①] Japan Act on the Protectiom of Personal Information[Law No.57, 2003], Art 2(1). 转引自刘德良：《个人信息保护与中国立法的选择》，载陈海帆、赵国强主编：《个人资料的法律保护》，澳门基金会、社会科学出版社2014年版，第23页。

[②] 方禹：《日本个人信息保护法（2017）解读》，载《中国信息安全》2019年第5期，第81～83页。

信息网络视角下诈骗犯罪的刑法规制

涉及个人信息资料保护的法律包括第8/2005号法律《个人资料保护法》、第11/2009号法律《打击电脑犯罪法》、第2/2012号法律《公共地方录影监视法律制度》以及《澳门刑法典》规定的侵犯受保护之私人生活罪等。特区政府还专门设立了在行政长官监督下独立运作的个人资料保护办公室，履行保护公民个人信息资料不受侵犯的职责。依照上述法律，违反适度原则、不具有处理资料的正当性、违反关于资料当事人的信息权、违反法律规定将个人资料转移到澳门以外等多种情形均构成行政违法，当局有权予以制止甚至处罚。如未经适当许可删除、毁坏、损害、消除或修改个人资料，使资料不能使用或影响其用途的，按特别法不科处更重刑罚，则处最重二年徒刑或240日罚金。如引致的损害特别严重，刑罚上下限各加重一倍。① 从澳门个人资料保护的立法看，同样是把个人信息资料作为一项基本的人权来看待，整个个人信息的收集、加工、传播、利用过程，同时也是信息所有人的个人自由意志展开和实现的过程。

（三）个人信息资料保护的范围

从个人信息资料的概念和各国立法的情况看，笔者认为，个人信息资料保护的范围至少应包含三个方面：（1）隐私权。隐私权是自然人享有的对其个人与公共利益无关的个人信息、私人活动和私有领域进行支配的一种人格权。这方面的内容较广，包括个人的生理特征（胎记、隐私部位特征、某种不愿为人所知的疾病等）、情感特征（同性恋、双性恋、情感经历、婚外恋、抑郁症等）、社交倾向（对他人的喜爱、厌恶、欢迎、排斥甚至仇恨等真实情感）以及其他与公共利益无关的私人秘密（如个人行踪、作息习惯、私人交往

---

① 澳门《个人资料保护法》第39条"个人资料的更改或毁坏"。

第七章 信息网络诈骗刑事规制立法建议

等)。这种人格权,无疑应当属于个人信息资料保护的重要方面。(2)个人资料。所谓个人资料,是指与自然人(私人)有关的各种信息,包括声音、影像以及其他承载个人信息的实物或非实物载体。前者如记录个人信息的档案资料等,后者如包含个人信息的声音、画面等。个人资料概念大于隐私权的概念。(3)电脑数据资料。包含个人信息的电脑数据资料,应纳入法律保护的范畴。

二、我国个人信息资料保护的现状

与域外有关立法相比,我国关于个人信息资料保护立法起步较晚、内容分散、相对滞后。个人信息资料保护的法律规范散见于《民法通则》、《居民身份证法》、《刑法》、《侵权责任法》、全国人民代表大会常务委员会《关于加强网络信息保护的决定》等。2009年《刑法修正案(七)》增设了侵犯公民个人信息罪。2015年《刑法修正案(九)》将"出售、非法提供公民个人信息罪"和"非法获取公民个人信息罪"整合为"侵犯公民个人信息罪";将原规定中的犯罪主体从特殊主体修改为一般主体,扩大了犯罪主体和侵犯个人信息行为的范围;将原法定最高刑从有期徒刑三年提高至有期徒刑七年,并增设了从重处罚的规定。2012年12月,全国人民代表大会常务委员会通过了《关于加强网络信息保护的决定》;2013年7月,工业和信息化部发布《电信和互联网用户个人信息保护规定》,对网络服务提供者和其他企业事业单位在业务活动中收集、使用公民个人电子信息进行了规范。2017年3月15日审议通过的《民法总则》第111条规定:"自然人的个人信息受法律保护。任何组织和个人需要获取他人个人信息的,应当依法取得并确保信息安全,不得非法收集、使用、加工、传输他人个人信息,不得非法买卖、提供或者公开他人个人信息。"其从私权保护的角度确立了民事领域对个人信息保护的基本原则。另外，2017年7月1日开始施行的《网络安全法》也对网络运营者、依法负有网络安全监督管理职责的部门及其工作人员就保障公民个人信息安全问题作出了原则性规定。

从立法层面来看，国家对公民个人信息的保护力度在加强，但是从实际情况来看，通过木马病毒、钓鱼网站、伪基站、改造后的POS机等设备非法获取公民个人信息，公司企业甚至国家机关工作人员非法买卖、交换公民个人信息等违法犯罪行为没有得到有效遏制。不仅如此，随着互联网经济尤其是大数据产业的蓬勃发展，个人信息中的财产属性日益凸显，经济价值越来越高，一些公司企业尤其是互联网企业收集公民个人信息的动力越来越足，个人信息保护形势十分严峻。从2019年1月开始，中央网信办、工业和信息化部、公安部、市场监管总局联合开展了APP违法违规收集使用个人信息专项治理行动，行动公告指出："APP强制授权、过度索权、超范围收集个人信息的现象大量存在，违法违规使用个人信息的问题十分突出，广大网民对此反应强烈。"这些公司企业所掌握的公民个人信息往往是其在开展合法经营过程中收集的，还有相当一部分信息是用户"自愿"提供的，相比通过非法渠道获取个人信息的行为，涉及范围更广，治理难度也更大。从立法上看，个人信息保护存在以下不足：

1. 立法层面，个人信息保护范围过窄。学界对公民个人信息的定义存在较大争议。主流观点是将公民个人信息限定为姓名、职业、职务、年龄、婚姻状况、学历等与人身密切相关，能够识别公民个人身份的信息。还有观点认为，个人信息是指与公民人身、人格密切相关，为公民个人所有，与公共生活无关且不为公共生活所知悉的信息。该观点进一步将公民个人信息限定在与隐私权有关的

第七章 信息网络诈骗刑事规制立法建议

范围内。工业和信息化部发布的《电信和互联网用户个人信息保护规定》第4条规定:"本规定所称用户个人信息,是指电信业务经营者和互联网信息服务提供者在提供服务的过程中收集的用户姓名、出生日期、身份证件号码、住址、电话号码、账号和密码等能够单独或者与其他信息结合识别用户的信息以及用户使用服务的时间、地点等信息。"最高人民法院、最高人民检察院2017年3月颁布施行的《关于办理侵犯公民个人信息刑事案件适用法律若干问题的解释》第1条规定:"刑法第二百五十三条之一规定的'公民个人信息',是指以电子或者其他方式记录的能够单独或者与其他信息结合识别特定自然人身份或者反映特定自然人活动情况的各种信息,包括姓名、身份证件号码、通信通讯联系方式、住址、账号密码、财产状况、行踪轨迹等。"

从上述观点和规定可以看出,学界和有关国家机关视野下的个人信息保护,主要是保障公民的人身安全以及个人隐私等人身权利,如身份识别、行踪轨迹等,而对个人信息安全背后的财产安全,尤其是对大数据时代下个人信息本身潜在的经济价值和商业价值缺乏必要的关注。简言之,当前公民个人信息保护范围过窄,进而会影响和制约打击和治理诈骗犯罪,尤其是电信网络诈骗犯罪的力度。例如,冒充淘宝、京东等网店客服以及银行客服实施诈骗是电信网络诈骗的重要类型之一,该诈骗之所以具有很强的欺骗性,关键在于诈骗分子掌握了公民的个人网络购物消费记录或者信用卡刷卡记录,但一般情况下,公民的网购记录或者刷卡记录不涉及个人隐私问题,其中网购记录本身对身份识别价值不大,诈骗分子获取或者利用网购记录或刷卡记录的目的也不在于进行身份识别,而是作为实施诈骗的由头并增强欺骗性。

2. 监管层面,个人信息保护不力。公民个人信息保护不力,除

信息网络视角下诈骗犯罪的刑法规制

因为公民自我防范意识不强外,主要是因为当前社会管理过程中对个人信息保护存在诸多盲区。

首先,信息源头管理不严。一些拥有查询公民个人信息权限的国家机关以及在经营过程中需要收集、登记和保存公民个人信息的社会组织、公司企业,未建立或者未能严格落实公民个人信息保护制度。尤其是在信息网络高度发达的当下,无论是教育、医疗、交通等公共服务领域,还是大宗购物、住宿等传统服务领域,以及打车、外卖、网购等现代服务领域,采集和利用公民个人信息的情况越来越普遍,公民个人信息安全风险越发凸显,有关个人信息泄露的案例数不胜数。2018年,不法分子在论坛发帖声称售卖华住旗下汉庭、美爵、禧玥、漫心、诺富特、美居、CitiGo、桔子、全季、星程、宜必思、怡莱、海友等多家酒店数据,涉及200多个城市1900多家门店所掌握的1.3亿用户的个人信息和5亿条开房记录。近年来个人信息泄露的部分案件详见下表。

其次,网络监管存在缺位。公民个人信息的主要载体是电子信息,容易复制和传递。随着网络支付手段的普及,利用互联网交易不仅隐秘而且便捷、成本很低。从实践来看,互联网不仅已经成为个人信息最重要的渠道,也成为个人信息泄露以及不法分子买卖个人信息的主要通道。然而从实践角度来看,当前网络监管侧重于保障网络安全本身,对在互联网上实施的违法犯罪活动,尤其是在防范和打击侵犯公民个人信息安全的违法犯罪活动上成效不足,通过暗网、论坛尤其是微信、QQ等即时通信工具倒卖个人信息的现象泛滥。中国互联网协会发布的《中国网民权益保护调查报告(2016)》显示,网络用户在网络购物过程中,遭遇个人信息泄露的占比高达51%,其中84%因信息泄露受到骚扰、金钱损失等不良影响,一年内因个人信息泄露等遭受的经济损失高达915亿元。

第七章 信息网络诈骗刑事规制立法建议

近年部分个人信息泄露案件

时间	事件	危害后果或办案成果
2016年4月—2017年2月	浙江省打击侵犯个人信息专项行动	2016年4月起，浙江省公安厅根据公安部统一部署，由网络安全保卫总队牵头，与有关部门一起，组织开展打击整治网络侵犯公民个人信息犯罪专项行动。自专项行动以来，截至2016年年底，全省共侦破涉及侵犯公民个人信息类案件622起、查处犯罪嫌疑人3335名。其中侵犯公民个人资料案件121起、查处犯罪嫌疑人709名，侦破公安部挂牌督办重大侵犯公民个人资料案件8起，打掉了一批获取资料源头内鬼，铲断了一批犯罪链条
2017年7月	温州买卖个人信息案	2017年7月，一个涉及30余亿条公民个人资料以及全国各地保险、广告推广等多行业的非法买卖公民个人资料的犯罪利益团伙被摧毁。温州瓯海警方共抓获侵犯公民个人资料犯罪嫌疑人50名。专案组发现，与该案发生公民个人资料买卖上下家达百余人，涉案的公民个人信息资料有500G，总量达30亿条
2017年	浙江嘉兴平湖学生信息泄露案	嘉兴平湖警方破获一起震惊全省的学生资料泄露案。共涉及杭州、嘉兴等10地市254所学校，共计50余万条资料。警方查到，泄露源是浙江一家教育公司的技术维护人员曹某
2018年8月	华住酒店集团个人信息泄露案	华住酒店集团被爆旗下桔子、全季、汉庭等酒店开房信息遭泄露售卖。资料泄露范围包括：官网注册资料约1.23亿条；入住登记身份信息约1.3亿条；酒店开房记录约2.4亿条

信息网络视角下诈骗犯罪的刑法规制

最后，执法力度有待加大。2009年侵犯公民个人信息行为入罪，2015年《刑法修正案（九）》又将该罪犯罪主体从特殊主体修改为一般主体，侵犯公民个人信息呈高发态势，但在执法实践中，因该罪受到刑事追究的案例并不多。经检索裁判文书网，截至2019年10月7日，案由为非法获取公民个人信息罪的一审刑事判决书为537份，出售、非法提供公民个人信息罪一案一审刑事判决书44份，合计不到600份，相对于侵犯公民个人信息违法犯罪活动的庞大基数而言称其为九牛一毛亦不为过。执法力度不足的原因是多方面的。一是侵犯公民个人信息犯罪活动绝大部分是秘密实施的，相当一部分发生在互联网空间，往往需要侦查机关跨地域侦查取证，并且主要证据以电子数据为载体，时效性强，无论是侦查还是取证在客观上均存在一定难度。二是侵犯公民个人信息案件虽然有被害人，但该类案件法益侵害性是隐形的，个人信息的泄露一般不会给被害人的人身、财产或者其他权益造成直接损失，因此被害人维权意识和维权动力不足，侦查机关对该类案件的重视程度也有限。

3. 司法层面，法律适用存在争议。电信网络诈骗犯罪分子在实施诈骗过程中往往伴随着非法收集、购买公民个人信息的行为，如前述徐玉玉案，对不法分子非法获取公民个人信息后实施诈骗行为的法律适用问题也存在较大争议。一种观点认为，两个行为之间虽然存在手段行为和目的行为的关系，但不具有密切关联性，不成立牵连犯，应当实行数罪并罚。《刑法》以及两高司法解释没有明确规定。2013年最高人民法院、最高人民检察院、公安部《关于依法惩处侵害公民个人信息犯罪活动的通知》（以下简称《通知》）明确表示：对于窃取或者以购买等方法非法获取公民个人信息数量较大，或者违法所得数额较大，或者造成其他严重后果的，应当依法以非法获取公民个人信息罪（现改为侵害公民个人信息罪）追究刑

第七章　信息网络诈骗刑事规制立法建议

事责任。对使用非法获取的个人信息，实施其他犯罪行为，构成数罪的，应当依法予以并罚。也有观点认为，不法分子获取公民个人信息用于诈骗，非法获取个人信息的行为与诈骗行为系手段行为和目的行为的关系，应按照牵连犯从一重处理，按照2017年3月最高人民法院颁布的《关于司法解释工作的规定》（法发〔2017〕12号），司法解释的形式分为解释、规定、批复和决定四种，前述《通知》不属于司法解释，不能作为判决依据，在缺乏法律明确规定的情况下，按照牵连犯处理也符合刑法谦抑性原则。

学说存在分歧，司法实践也不尽一致。如彭某犯诈骗罪一案，彭某通过网络学习掌握了针对收藏爱好者的诈骗方法，于2015年4月~2016年3月在网络收藏品交易论坛、QQ群上收购话术台词数据以及收藏爱好者个人信息，拉拢、招聘十余名同伙通过诈骗骗了162名被害人，骗取人民币5570890元。一审阶段，四川省广元市中级人民法院判决被告人彭某犯诈骗罪、侵害公民个人信息罪，实行数罪并罚。二审阶段，四川高院编号为（2018）川刑终289号的刑事判决书认定原判对彭某以诈骗罪、侵犯公民个人信息罪并实行数罪并罚不当，判决彭某犯诈骗罪并从重处罚。在司法实践中也有大量按照数罪并罚进行处理的案例，如福建省厦门市中级人民法院作出的（2018）闽02刑终168号判决书。经检索北大法宝司法判例，截至2019年10月7日，检索到80份一审判决书判决被告人犯诈骗罪、侵犯公民个人信息罪并实行数罪并罚，可见按照数罪并罚处理并非个例。

三、完善个人信息资料保护的建议

（一）从保障公民安宁权角度完善个人信息保护立法

据公开报道，2018年9月10日，中国人大网公布《十三届全国人大常委会立法规划》，将69件法律草案列入第一类项目，即条件比

信息网络视角下诈骗犯罪的刑法规制

较成熟、任期内拟提请审议。其中,《个人信息保护法》是第61个专案,这标志着我国个人信息保护立法工作即将步入新的阶段。

随着社会信息化进程的加快,个人信息已经变成互联网空间中最为重要的数据类型。个人信息的安全不仅关系到公民私权,还关系到公共安全、国家安全;不仅关系到公民的人身安全和隐私安全,还关系到公民的财产安全;不仅关系到公民在依法行使言论、婚恋等公民权利不被非法干涉,还关系到生活、工作安宁问题,即公民应当拥有免受打扰甚至骚扰的权利。此外,考虑到大数据和信息产业高速发展的状况,还必须兼顾公民个人信息安全以及个人信息保护有效利用,规范和保障大数据和信息产业发展问题。

在完善立法层面,关键是要确保个人信息界定的周延性。在信息网络社会下,随着技术进步,尤其是大数据、云计算、人工智能、物联网等技术的发展和应用,全方位记录、采集、分析和应用个人行为尤其是个人网络行为正在变成现实,并且越来越普及,个人信息正在以前所未有的形势和规模被政府机构、社会组织、公司企业和中介机构采集和应用。这些采集和沉淀下来的数据正在成为社会管理的基本要素和经济生活中重要的生产要素。立法保护公民个人信息时,不能将保护范围局限于与公民身份识别和行踪轨迹有关的信息,公民个人情况特别是上网时产生的浏览记录、搜索记录、社交记录、消费记录、支付记录、定位记录、导航记录等所有的网上行为记录,相当一部分对于身份识别价值不大,也不涉及行踪轨迹,收集人、使用人收集、使用的目的不在于进行身份识别,而是为了对管理对象、消费者画像,以便提高管理水平或者提升商品、服务推销的精准度,或者经过汇总、分析后开发大数据产品。这些个人信息不涉及隐秘,也不会直接威胁公民的人身权或财产权,但如果保护不力,轻则会损害公民的安宁权,严重的则可能成

第七章 信息网络诈骗刑事规制立法建议

为诈骗分子提高诈骗精准度和成功率的利器。因此，我们在立法时应当适度扩展个人信息的范围，并且可以借鉴欧盟等国家和地区的经验，建立个人信息分层保护机制。反之，如果用传统的隐私权、人格权去评价和规范这些收集、使用个人信息的行为，势必会造成对公民个人信息保护的不周延。

（二）加强对个人信息安全监管

1. 强化信息源头监管。收集、管理和使用公民个人信息的单位、社会组织和公司企业要提升信息保密技术水平，建立健全公民个人信息保护机制，明确内部惩罚制度，同时加强对内部工作人员的职业道德教育，强化其保密意识和责任意识。在信息收集、使用过程中，必须充分尊重和保障公民的知情权，建立公民对个人信息的查询、删除和救济渠道。

2. 加强政府监管。应加强对单位、社会组织和公司企业的监管，进一步完善公民个人信息的收集、处理和利用的相关规则，加大对侵犯公民个人信息违法行为的执法力度，提高违法成本，预防侵犯公民个人信息犯罪的发生。

3. 加大打击犯罪力度。在办理诈骗案件尤其是电信网络诈骗犯罪案件中要注意追查是否存在非法获取公民个人信息的情况，追溯非法获取公民个人信息的渠道。同时要加大宣传力度，广泛开展个人信息保密安全教育宣传，引导公民在社会生活中尤其是在使用网络过程中注意保护个人信息安全，在生活及生产经营过程中不得非法收集和使用公民个人信息。

（三）明确法律适用

司法实践中，诈骗罪尤其是电信网络诈骗罪与侵犯公民个人信息罪具有较高的并发性，诈骗分子在实施诈骗犯罪的同时也触犯了侵犯公民个人信息罪，厘清一罪与数罪问题，有利于确保司法的统一性，防止同案不同判，也有助于加大对相关犯罪行为的打击力度。

在罪数判断标准问题上，存在法益说、行为说、构成要件标准说等理论观点，其中构成要件标准说是通说。构成要件标准说符合罪刑法定原则，体现了主客观统一的原则，揭示了罪数认定的实质，应当成为司法实践中判断罪数问题的首要标准。另外，无论是从理论还是从实践角度，罪刑法定原则、犯罪构成要件学说不仅比牵连犯学说在地位上更加重要，在研究和应用层面也更加成熟。因此，诈骗行为和侵犯公民个人信息行为在某些案件中虽然存在手段行为和目的行为的关系，但不具有密切关联性，在没有法律和司法解释作为依据的情况下，不应按照牵连犯从一重罪处罚，而应当实行数罪并罚。建议通过修订司法解释或者发布指导性案例的形式对该问题进行明确。

第二节　提供或传播侵财目的恶意软件行为之规制

随着信息网络电子商务的发展，近年来，危害信息网络安全的各种犯罪行为日益严峻，其中尤为引人注目的是恶意软件泛滥问题。尽管经过国家多轮治理，恶意软件已经有所收敛，但问题依然严重，且日益隐蔽。某些领域，恶意软件或恶意程序，甚至形成了产业链，游走于法律监管的黑色地带或灰色地带，成为严重影响信息网络安全的毒瘤。其中，尤以恶意注册、虚假认证、虚假交易三大类型为甚。各种恶意硬件、软件发展、买卖，非法信息、数据买卖，恶意聊天群组和平台网站运营是各类犯罪和黑灰产业行为滋生的土壤；伪基站、恶意注册、盗号软件、炒信平台、身份证、手机

第七章　信息网络诈骗刑事规制立法建议

卡、银行卡买卖，各类恶意聊天群组的肆意活动和发展形成了环环相扣的链条。[①]这些黑灰产业，不仅为信息网络诈骗犯罪提供了各种帮助和条件，也为信息网络诈骗的滋生和蔓延提供了平台。从目前来看，我国相关立法对此类犯罪的打击力度较弱，有必要参考有关国家或地区立法经验予以完善。

一、侵财恶意软件概念及特征

严格来说，我国法律并未对恶意软件作规范定义。在习惯上，恶意软件有广义和狭义之分。狭义的恶意软件，是指在未明确提示用户或未经用户许可的情况下，在用户计算机或其他终端上安装运行，侵害用户合法权益的软件，但不包含我国法律、法规规定的计算机病毒软件和黑客软件。[②]根据这一定义，只要具有下列特征之一的软件，即可认定为恶意软件：（1）强制安装，指未明确提示用户或未经用户许可，在用户计算机或其他终端上安装软件的行为。（2）难以卸载，指未提供通用的卸载方式，或在不受其他软件影响、人为破坏的情况下，卸载后仍然有活动程序的行为。（3）浏览器劫持，指未经用户许可，修改用户浏览器或其他相关设置，迫使用户访问特定网站或导致用户无法正常上网的行为。（4）广告弹出，指未明确提示用户或未经用户许可，利用安装在用户计算机或其他终端上的软件弹出广告的行为。（5）恶意收集用户信息，指未明确提示用户或未经用户许可，恶意收集用户信息的行为。（6）恶意

---

① 李世阳：《链条式钓鱼软件的运行机制及其刑法规制》，载《中国法律评论》2018年第2期，第154页。
② 《中国互联网协会今日向社会正式公布"恶意软件"定义》，中国互联网协会，http://www.isc.org.cn/hdzt/feyrj/listinfo-4191.html，浏览日期：2019年10月25日。

卸载，指未明确提示用户、未经用户许可，误导、欺骗用户卸载其他软件的行为。（7）恶意捆绑，指在软件中捆绑已被认定为恶意软件的行为。（8）其他侵害用户软件安装、使用和卸载知情权、选择权的恶意行为。①广义的恶意软件，指的是各种形式的恶意或侵入式软件的总称，包括计算机病毒、蠕虫、木马、混合型恶意软件、勒索软件、无文件恶意软件、广告软件、恶意广告、键盘记录、间谍软件、Rootkit等。②从这个意义而言，计算机病毒、钓鱼软件、木马软件等，都是恶意软件的子概念。本节中的恶意软件，采用广义恶意软件的概念。

在网络侵财犯罪中，恶意软件成为最主要的黑手，让受害者防不胜防。目前，最常见的恶意软件包括木马软件、勒索软件和间谍软件三大类。其工作原理主要是在未征得用户同意的前提下，在计算机或手机上设置后门，不断收集并对外传输用户敏感信息，这些信息包括用户的银行账户、密码、交易记录、账户余额等，甚至还读取用户的地理定位、保存在电脑或手机的照片等。而这些信息就成为不法分子盗取财物的通行证。当然，严格意义上，也并非所有的间谍软件都是恶意软件。事实上，最初的间谍软件是某些网络广告厂商为了达到精准投放广告的目的，在用户不知情的情况下在后台安装小程序，以收集用户使用计算机的情况，包括使用搜索引擎的搜索记录、浏览器的历史浏览情况、网络购物的情况等，并在此基础上制作特别针对用户关注点的弹出式广告或信息。此后，由于间谍

---

① 《中国互联网协会今日向社会正式公布"恶意软件"定义》，中国互联网协会，http://www.isc.org.cn/hdzt/feyrj/listinfo-4191.html，访问日期：2019年10月25日。

② 《恶意软件类型和分类》，360个人图书馆，http://www.360doc.com/content/19/0422/08/29478554_830485859.shtml，访问日期：2019年10月13日。

第七章　信息网络诈骗刑事规制立法建议

软件能够在隐蔽情况下收集用户信息所具有的巨大商机而被不法者滥用，开始被用于恶意收集和利用用户的隐私数据和信息以及个人数据，并最终形成了间谍软件这种基于网络的新形态威胁。事实上，间谍软件的后门程序，甚至能使用户的电脑被远端操纵，组成庞大的僵尸网络，这是目前网络安全的重要隐患之一。

　　木马软件，也称特洛伊木马、木马病毒或木马程序等，是在正常运行的程序中，嵌入一段具有特殊功能的恶意代码，当满足一定条件后，可以破坏系统、发送密码、删除文件、记录键盘和攻击DOS等的恶意软件。木马程序非常隐蔽，在用户不知情的情况下在后台运行。它往往藏身于一段看似无害的代码中，通过修改图示伪装成其他正常文件，或捆绑在正常的文件中、隐藏于网页中（此类网站也被称为钓鱼网站），容易被忽略。一旦感染，木马程序便悄然寄生于计算机系统中，自动寻找到计算机后门，伺机窃取被控计算机中的密码、重要文件等。[①]木马的危害极大，它的直接破坏方式是改写磁片，对计算机数据库进行破坏。黑客可以对被控计算机实施监控、数据修改等非法操作，甚至利用木马程序对计算机发起突然攻击。在电子商务领域，一些网络购物网站会挂上一些木马程序，当用户点击时便在不知情的情况下感染木马病毒，当用户使用网络银行时，木马便会窃取银行账户密码，之后盗取用户财物，给计算机用户造成巨大的经济损失。[②]

[①] 王树森、陈平：《木马病毒的攻击原理与防治策略》，载《软件导刊》2012年第6期，第146~148页。
[②] 《木马病毒》，百度百科，https://baike.baidu.com/item/%E6%9C%A8%E9%A9%AC%E7%97%85%E6%AF%92/333298?fromtitle=%E6%9C%A8%E9%A9%AC&fromid=530&fr=aladdin，访问日期：2019年12月2日。

信息网络视角下诈骗犯罪的刑法规制

  所谓勒索软件（ransomware），顾名思义，是指通过骚扰、恐吓甚至绑架用户文件等方式，使用户数据资产或计算资源无法正常使用，并以此为条件向用户勒索钱财的软件。[①]其本质是一种木马病毒，从类别上大致可归入木马病毒的子项。勒索病毒通常不会自动传播，而是通过诱导用户错误操作实现秘密安装的方式进行传播。例如，通常在一些网页暗藏木马（如色情网站网页等），或者与一些正常软件进行捆绑，通过诱导用户浏览、下载，导致在用户不知情的情况下由浏览器自动下载勒索软件并在后台运行。为达到侵财目的，一些不法分子还通过电子邮件等形式，向不特定主体发送隐藏勒索软件的邮件，一旦用户被成功钓鱼，其计算机将被秘密安装勒索软件。恶意软件还可以借助被感染的移动存储介质进行传播，危害极大。一旦计算机被安装勒索软件，常常出现诸如计算机或移动终端荧幕被锁定、文件被加密、计算机程序运作出现障碍并提示感染病毒等不正常情况，且以此要挟、恐吓用户支付一定金额以解决计算机无法正常使用的情况。以2017年肆虐全球的WannaCry勒索病毒为例，第一次暴发即迅速蔓延全球150多个国家，超过10万台电脑30万名用户遭到感染和威胁。与一般勒索软件不同，WannaCry勒索病毒利用Windows作业系统445埠存在的漏洞进行传播，并具有自我复制、主动传播的特性。一旦感染WannaCry病毒，计算机大量文件就会被锁定加密，并被要求支付比特币以实现所谓的解密。我国大量实验室数据和毕业设计被锁定加密。部分大型企业的应用系统和数据库文件被加密后，无法正常工作，损失惨重、影响巨大。

[①]《勒索软件》，百度百科，https://baike.baidu.com/item/%E5%8B%92%E7%B4%A2%E8%BD%AF%E4%BB%B6/5243210?fr=aladdin，访问日期：2019年12月2日。

第七章　信息网络诈骗刑事规制立法建议

当然，侵财恶意软件并不局限于上述类型，还包括蠕虫、钓鱼软件等。但上述恶意软件，在侵财恶意软件中是主流。①侵财型恶意软件具备以下两个方面的特征：第一，恶意特征。在未明确提示用户或未经用户许可的情况下，恶意或侵入式在用户计算机或其他终端上安装运行，侵害用户合法权益。第二，侵财特征。可以用于或主要用于诈骗、勒索、盗窃等侵犯他人财产权益的违法或犯罪行为。鉴此，笔者认为，侵财恶意软件可作如下定义：在未明确提示用户或未经用户许可的情况下，恶意或侵入式地在用户计算机或其他终端上安装运行，可用于或主要用于侵害用户财产权益的软件。

二、非法制作、传播、买卖侵财恶意软件法律规制的现状

（一）域外规制恶意软件立法概况

2001年11月，26个欧盟成员国以及美国、加拿大、日本和南非等30个国家签订了世界上第一部规制网络犯罪行为的国际条约《网络犯罪公约》。该公约分为序言和四个章节，共计48个条文，内容上既包括实体刑法，也包括刑事诉讼的程序法。该公约重点规制九类网络犯罪行为，包括非法进入（illegal access）、非法截取（illegal interception）、数据干扰（data interference）、系统干扰（system interference）、设备滥用（misuse of devices）、伪造电脑数据（computer-related forgery）、电脑诈骗（computer-related fraud）、儿童色情的犯罪（offences related to child pornography）、侵犯著作权及相关权利的行为（offences related to infringements of copyright and related rights）等。在规制恶意软件方面，《网络犯罪公约》主要从

---

① 《2016年安卓恶意软件专题报告》指出，近八成安卓新增恶意程序是资费消耗，钓鱼、勒索和色情成恶意软件主流。载《新快报》，http://mini.eastday.com/mobile/170302004209839.html#。

信息网络视角下诈骗犯罪的刑法规制

打击计算机犯罪和保护个人隐私方面入手，在第6条规定了滥用计算机设备罪，惩治未经授权故意生产、销售、采购、持有用于实施网络犯罪的计算机设备或计算机数据的行为。[①]依照该规定，互联网黑客和计算机病毒传播者可能面监禁刑的处罚，把传播计算机恶意程序（包括病毒）的个人列入打击目标，同时把传播其他类型的破坏性软件的行为都定性为犯罪活动。在保护个人隐私方面，2003年欧盟正式实施《反数字盗版法》，该法规限制企业使用文档和其他能够获得访问他们网站的用户信息的设备。企业要先得到用户允许，才能获取、保留并出售这些信息。因此，悄悄进入计算机硬盘并窥视用户的间谍软件也成为非法软件。还有，欧盟在法律责任的承担上注重刑事责任而不是民事责任，欧盟认为传播间谍软件的行为违反了刑法，欧盟的指令和各国的立法都用刑事责任来规制间谍软件，最常见的就是非法侵入计算机系统罪。欧盟法律认为只要侵入计算机，无论计算机的用户是什么性质，都构成非法侵入计算机系统罪。[②]

[①]《网络犯罪公约》第6条（设备滥用）规定：（1）各方应当建立必要的国内刑法体系，对恶意非授权的下述侵犯行为采取立法和其他措施：①任何制造、出售、使用、进口、发布或其他获取以下设备的行为；任何用于或主要用于任何上述第2条至第5条的犯罪目的的设备，包括程序、电脑口令、访问代码或其他类似资料，通过这些资料可以部分或完全访问电脑系统；其使用目的在于实施上述第2条至第5条的犯罪；②任何以第2条至第5条为犯罪目的的侵犯涉及第①项和第②项的私权。各国可要求附加犯罪责任前的私权执法。（2）本条不可解释为，在制造、出售、使用、进口、发布或其他方式获取、占有本条第1款涉及的，非用于以本公约第2条至第5条规定的犯罪目的的使用时，强制刑事责任，如为授权测试或电脑系统保护。（3）各方可对本条第1款适用保留，但涉及出售、发布或其他方式获取本条第1款所述设备不适用保留。

[②] 周强：《恶意软件法律规制探析》，中国政法大学硕士学位论文，2018年，第8页。

第七章　信息网络诈骗刑事规制立法建议

在美国，虽然对网络内容的管理由非官方性质的行业协会自发进行，政府往往放弃主动干预，但这并不意味着国家对网络听之任之。事实上，美国已经形成了一套对互联网进行监管（包括对恶意程序进行监管）的法律、法规。以间谍软件为例，目前联邦层面规制此类软件的法律就包括《电子通信隐私法》（Computer Fraud and Abuse Act，简称"CFAA"）、《存取电线与电子通讯及交换记录法案》（Stored Wire and Electronic Communications and Transactional Records Act，简称"Stored Communications Act"）和《反窃听法案》（the Wiretap Act）等。对利用间谍软件实施侵犯用户个人信息、滥发骚扰广告乃至窃听等行为者，可判处民事赔偿乃至进行刑事处罚。[1]此外，一些州也立法对间谍软件进行规制。以犹他州为例，2004年3月，该州通过了《间谍软件控制法》（Spyware Control Act）。该法对间谍软件的规定十分详细，涉及二十几个条文，主要针对的两类间谍软件是收集和传递用户上网习惯和个人信息的软件、利用收集到的用户信息进行有针对性的支持广告的软件。任何法律规定的符合条件的诉讼主体，可以要求法院发出禁令予以限制、要求每一项违反法律规定的行为支付不少于10000美元的赔偿，法院审理过程中发现行为人是蓄意违反规定的，赔偿金提高至索赔额的3倍。[2]在21世纪初，美国至少已有18个州通过立法惩治恶意软件。各州立法所惩治的恶意软件行为包括私自投放广告、恶意改变用户浏览器、未经许可收集个人信息、欺骗诱导用户下载安装等。

---

[1] 黄良才：《美国反间谍软件的法律制度研究及对我国的启示》，载《网络法律评论》（第9卷），第199～208页。
[2] 刘晓燕、马民虎：《美国犹他州〈间谍软件控制法〉评鉴》，载《网络安全技术与应用》2004年第8期，第65页。

信息网络视角下诈骗犯罪的刑法规制

惩治措施轻则处以高额罚款，重则加以刑事处罚。[①]例如，依照《弗吉尼亚计算机犯罪法》的规定，任何人使用计算机或计算机网络故意未经许可调查他人的工作、工资、信用或其他财务或个人信息为犯罪。2017年，曾成功阻止引发全球网攻的"想哭"（WannaCry）病毒蔓延的英国资安人员贺勤兹，就因撰写恶意软件在美国遭到逮捕。[②]

德国是在网络犯罪立法方面较为完善的国家之一，尤其是该国把网络应用和行为规范列入刑法保护范围，在国际上更属最早的开先河之举。德国规制恶意程序的法律主要是1977年1月《德国联邦数据保护法》，该法第41条和第42条专门规定了数据保护的相关问题，并于1990年12月进行了修改，增加了第43条和第44条，进一步对恶意程序进行了规定。《德国刑法第41修正案》增加了一些刑法条文：一是第202条a探知数据罪。该法条特别规定了在没有权限情况下对数据进行探知和访问，此数据访问的行为就构成了探知，并不要求获取结果，事实上将过失造成系统损坏或造成数据损失纳入了法律规制的范围。二是第202条b截取数据罪。该法条规定未经授权给自己或他人使用技术手段，从未公开的数据传输或数据处理设备的电磁辐射中获取特定数据，处两年以下自由刑或者罚金刑。这一条款运用刑法保护了新的网络通话类型安全。三是第202条c探知数据和截取数据的预备。该法条规定了前两条罪名的预备行为者。网络中黑客工具的生产和销售行为极其泛滥，有着巨大的社会危害性。因此，该法条弥补了原有刑法对此方面规定之不足。该罪的主

---

① 周强：《恶意软件法律规制探析》，中国政法大学硕士学位论文，2018年，第8页。
② 《阻"想哭"恶意软件被捕，学者：写也犯法？》，搜狐网，http://www.sohu.com/a/162200540_99930877，访问日期：2019年11月4日。

第七章　信息网络诈骗刑事规制立法建议

观构成要件是间接故意,这就牵扯到一个过失犯罪的情况,如计算机专家把一个具有可能造成危害的程序工具转送他人,虽然其不明知朋友要实施黑客活动,但也构成犯罪。四是修改第303条a变更数据罪。该罪名修改只是增加了处罚预备犯的相关规定。五是修改第303条b破坏计算机罪。该法条扩大了对个人的保护,将私人数据处理纳入了保护范围,但此规定附加了一个前提条件,即仅当"这些数据具有重大意义",相当于设立了一个刑法减轻情节;在故意方面,除故意给他人带来不利而发送或者输入才受处罚外,无权处理行为如果造成了显著干扰也要受到处罚。①

笔者认为,从域外关于规制恶意软件的立法看,至少有三点是值得我们思考的。第一,技术中立非万能挡箭牌。技术中立原则是1984年美国最高院在索尼判决中确立的。根据该原则,如果产品能够具有实质性的非侵权用途,即使制造商和销售商知道其设备可能被用于侵权,也不能推定其故意帮助他人侵权并构成帮助侵权。这一原则,往往被不法分子充当规避法律的挡箭牌。而这一原则在信息网络背景下却饱受挑战。事实上,所谓技术中立暗含的一个原则是,此类技术是在正常使用、开发中衍生的,开发者在该技术的使用上是持积极目的,至少不存在非法目的的。而许多网络软件或程序,包括爬虫、撞库、钓鱼、改号软件、网络赌博程序等,除非法用途(包括为盗窃、诈骗、赌博等犯罪提供技术支持)外并无更多的用途。技术开发者一开始就不是中立的,而是出于非法的目的,在这种情况下,所谓的技术中立便无从谈起。技术提供者对于该项技术用于网络犯罪当然是明知的,就可以评价为恶意,它当然要为

---

① 王华双:《我国网络犯罪刑事立法完善研究》,河南大学硕士学位论文,2016年,第17页。

自己的非中立行为承担法律责任，甚至是刑事责任。第二，构建较为完整的惩治体系。对非法制作、传播、买卖恶意软件的行为，法律不仅仅从刑事层面进行规制，还涵盖了民事、行政乃至行业规范等各个层面，一些国家甚至制定了专门法予以规制，各种法律措施、规范性约束相互配合，形成较为完善的制度体系。第三，国际合作不断加强。信息网络的互联性打破了国与国之间的界限，也衍生了网络犯罪传播的广泛性和影响的无边界性。信息网络犯罪，可以由点到面进行扩散，由局部向全部衍生，由一国领域向多国领域进行跨越。单靠某一国家的法律制度，难以有效打击信息网络犯罪。近年来，各国不断加强合作，签订了不少遏制网络犯罪的国际条约。即便未加入国际条约的国家，在某些技术标准或立法方面，也在积极借鉴国际经验，对接国际标准，加强国际合作，力求形成打击网络犯罪的合力。

（二）我国规制恶意软件刑事立法存在的缺陷

我国规制恶意软件的刑事立法目前尚不完善，现有规定无法将非法制作、传播、买卖或提供恶意程序的行为完全纳入法律规制的范围，导致实践中一些肆虐网络的恶意程序仍逍遥法外，相关规定有必要进一步完善。在我国，对恶意软件进行规制的主要是《刑法》第285条、第286条规定的非法侵入计算机信息系统罪，非法获取计算机信息系统数据、非法控制计算机信息系统罪，提供侵入、非法控制计算机信息系统的程序、工具罪，破坏计算机信息系统罪等。然而，对于日益泛滥的恶意软件，尤其是游走在合法与非法边缘的恶意软件，仅仅依靠目前的《刑法》规定，还是存在相当大的缺陷。

1. 非法侵入计算机信息系统罪的适用局限。《刑法》第285条第1款规定："违反国家规定，侵入国家事务、国防建设、尖端科学技

第七章　信息网络诈骗刑事规制立法建议

术领域的计算机信息系统的，处三年以下有期徒刑或者拘役。"实践中，这一罪名与恶意程序有类似之处，都是通过非法的程序侵入他人的计算机系统，但值得注意的是，本罪明确要求，所侵入的计算机系统必须局限于三大领域，即国家事务、国防建设、尖端科学技术领域。而目前肆虐网络的恶意程序，更多是针对私人计算机，而非上述三大领域。实践中，显然难以以此罪名惩治恶意程序。

2. 非法获取计算机信息系统数据、非法控制计算机信息系统罪的适用局限。《刑法》第285条第2款规定："违反国家规定，侵入前款规定以外的计算机信息系统或者采用其他技术手段，获取该计算机信息系统中存储、处理或者传输的数据，或者对该计算机信息系统实施非法控制，情节严重的，处三年以下有期徒刑或者拘役，并处或者单处罚金；情节特别严重的，处三年以上七年以下有期徒刑，并处罚金。"这一规定尽管将私人计算机系统纳入保护范围，但依然不够周延。例如，2017年，浙江省诸暨市发生了一起钓鱼软件诈骗案，骗子利用店主想刷信用的心理，诱导店主远端登录到骗子的计算机上，店主点击了诱导链接，被骗钱财。[①]该案的特殊性在于，骗子并未通过诱导或木马将钓鱼软件安装到客户的电脑中，而是安装在自己的电脑中，诱导客户登录链接，客户在登录骗子计算机过程中启动钓鱼软件，从而受骗。骗子在知情、了解、自愿的情况下，出于非法目的在自己电脑安装，并不存在侵入他人计算机系统的情形，难以以此罪名定罪处罚。事实上，许多钓鱼网站，程序都是附加在网页上的，计算机登录该网站，并不必然被下载木马软

[①] 高艳东：《黄牛软件罪犯哪条？对刑法中的传统罪名要进行"新解"》，载《瞭望东方周刊》，http://news.sina.com.cn/o/2018-01-16/doc-ifyqqciz7956966.shtml，访问日期：2019年11月20日。

信息网络视角下诈骗犯罪的刑法规制

件,而是直接在该网页启动木马程序,或打开诱导网页,以此实现侵财目的。这些情形,是无法以此罪名进行刑事评价的。

3. 提供侵入、非法控制计算机信息系统的程序、工具罪的适用局限。《刑法》第285条第3款规定:"提供专门用于侵入、非法控制计算机信息系统的程序、工具,或者明知他人实施侵入、非法控制计算机信息系统的违法犯罪行为而为其提供程序、工具,情节严重的,依照前款的规定处罚。"这一罪名是《刑法修正案(七)》新增的。主要考虑到,这类行为具有较大的危害性,对于提供实施侵入、非法控制计算机信息系统程序、工具的行为,如果将提供者作为适用这些程序和工具进行犯罪的共犯处理,在使用这些程序的人员实施的行为不够刑事处罚时,则无法对提供工具者进行处罚。此外,提供工具者通常是以层层代理的方式进行销售,规模庞大,要查清每个销售出去的程序和工具是否被用于实施网络攻击几乎是不可能的,获利最大的提供者很容易逃避打击,以共犯方式对提供者进行处理难以满足打击网络犯罪的需要。将此类行为单独入罪,则可以减少在移送起诉、审判之间的相互牵连,更有利于对此类危害社会的行为进行打击。①无疑,这一罪名,对于打击除制造以外的提供、传播、买卖恶意软件等行为是有积极意义的,但同时也存在局限性。主要表现在四个方面:第一,用于侵入、非法控制计算机信息系统只是恶意软件的一部分,存在局限性。换言之,有相当一部分恶意软件是无法被本罪名所涵盖的。如上文所述,一些恶意软件不以侵入、非法控制计算机系统为目的,而只是在本机或本人操纵的网页上附加钓鱼程序,通过诱导、误导他人点击或链接,实

---

① 孙春雨、韩雪、郭俐:《网络犯罪专业化公诉样本》,中国检察出版社2014年版,第95~96页。

第七章 信息网络诈骗刑事规制立法建议

现侵财目的。例如,某甲通过群发短信的方式"提示"不特定对象:"您有一张10G免费流量优惠券待领取,有效期一个月,省内通用。"短信后附虚假链接。一旦点击该虚假链接,即进入一个附带木马程序的假冒某移动通信的网站。顾客为领取该流量券而输入的个人资料,均被该网站记录并窃取。这种恶意程序显然难以通过本罪进行评价并予以规制。第二,本罪要求行为人提供的为程序、工具,范围过窄。因为,密码等安全代码在性质上并不属于程序、工具,而实际上,它们与程序、工具的作用相似。例如,一些恶意程序,可以通过对诱导他人进入仿冒游戏网站输入的方式获取他人的账户密码,并非法出售、提供他人账户密码。此类不法活动若不受规制,显然不合理。①第三,一些概念含义不清晰。例如,所谓提供、侵入、控制等,在刑法学意义上如何界定,以及控制与《刑法》第286条"破坏计算机信息系统罪"罪中的干扰一词有何区别、有何联系等,目前尚未见清晰的界定与区分。②第四,犯罪类型过于单一。只规制提供侵入、非法控制计算机信息系统的程序、工具的行为,对于制作、持有、传播、买卖上述恶意程序的行为,难以完全纳入打击的范围,这无疑削弱了该罪名的实际震慑力。

4. 破坏计算机信息系统罪的适用局限。根据我国《刑法》第286条的规定,破坏计算机信息系统罪包括以下三种方式:(1)违反国家规定,对计算机信息系统功能进行删除、修改、增加、干扰,造成计算机信息系统不能正常运行,后果严重的;(2)违反国家规定,对计算机信息系统中存储、处理或者传输的数据和应用程序进

---

① 皮勇:《我国新网络犯罪立法若干问题》,载《中国刑事法杂志》2012年第12期。
② 解苏苏:《〈网络犯罪公约〉与我国相关刑事立法之比较——以纯正网络犯罪为视角》,东南大学硕士学位论文,2014年,第22页。

行删除、修改、增加的操作，后果严重的；（3）故意制作、传播计算机病毒等破坏性程序，影响计算机系统正常运行，后果严重的。这三种方式分别被规定在《刑法》第286条的三款中。这三种情形，的确是多数恶意软件的特征，但依然存在许多不周延的地方。

例如，该条第1款规定的破坏计算机系统的方式主要有四种，即删除、修改、增加、干扰，破坏所针对的对象是计算机信息系统功能。而什么是计算机信息系统功能？法条和相关司法解释并没有明确。按通常理解，所谓计算机系统，是指用于数据库管理的计算机硬软件及网络系统。数据库系统需要大容量的主存以存放和运行作业系统、数据库管理系统程序、应用程序以及数据库、目录、系统缓冲区等，而辅存则需要大容量的直接存取设备。此外，系统应具有较强的网络功能。[①]从概念上看，计算机系统应当是针对计算机系统内的主要系统硬件或功能性软件而言。"两高"《关于办理危害计算机信息系统安全刑事案件应用法律若干问题的解释》（以下简称《解释》）第4条的规定[②]，也支持笔者的这一判断。该条要求本款所造成的结果，主要集中在主要软件或者硬件不能正常运行等

[①] 黄梯云：《管理信息系统》，高等教育出版社2009年版。转引自《电脑系统》，百度百科，https://baike.baidu.com/item/%E8%AE%A1%E7%AE%97%E6%9C%BA%E7%B3%BB%E7%BB%9F/7210959?fr=aladdin。

[②] 《解释》第4条第1款规定："破坏计算机信息系统功能、数据或者应用程序，具有下列情形之一的，应当认定为刑法第二百八十六条第一款和第二款规定的'后果严重'：（一）造成十台以上计算机信息系统的主要软件或者硬件不能正常运行的；（二）对二十台以上计算机信息系统中存储、处理或者传输的数据进行删除、修改、增加操作的；（三）违法所得五千元以上或者造成经济损失一万元以上的；（四）造成一百台以上计算机信息系统提供域名解析、身份认证、计费等基础服务或者为一万以上用户提供服务的计算机信息系统不能正常运行累计一小时以上的；（五）造成其他严重后果的。"

第七章　信息网络诈骗刑事规制立法建议

方面。而事实上,许多恶意软件文件小,运作也简单,如一些恶意劫持上网软件,仅仅是针对不特定终端系统,依靠软件下载包自动完成,并未对计算机信息系统内部信息进行采集、加工、存储、传输、检索等主要功能进行实质性破坏,也并未造成计算机信息系统不能运行或不能按照设计要求运行。[①]此类恶意软件的原理并不复杂,事实上,它本身是网络不同运营商面对跨网访问所衍生的带宽流量问题,为了保障用户体验而使用的常用方法。但问题是,劫持上网所导向的目标网页,往往指向虚假的诈骗网页。因此,对此类恶意程序予以刑法上的规制是有必要的,但由于《刑法》第286条规定的不周延性,尚存在适用的局限性。

该条第2款同样存在不周延的问题。该款对计算机信息系统中存储、处理或者传播的数据,并未有明确的概念界定。但按通常理解,所指应是数据库的资料,而不应当包含一个上网安装包的编码数据。而在实践中,一些恶意劫持程序下载包中,往往在用户不知情、未授权的情况下,偷偷安装一些捆绑的软件、强制修改计算机用户IE浏览器、增加开机启动项和桌面图示等程序数据。恶意程序的此类操作,本身并不与计算机的系统程序、应用程序、数据等《刑法》保护的对象发生关系,既不是《刑法》中所谓的计算机信息系统中存储、处理或者传播的数据,也不是计算机的应用程序。[②]

第3款的规定,主要针对故意制作、传播计算机病毒等破坏性程序。无疑,此类破坏性程序可以将恶性最大的传播恶意程序行为

---

① 于冲:《流氓软件的刑法评价思路及其入罪化思考》,载《云南大学学报(法学版)》2015年第2期,第56页。

② 于冲:《流氓软件的刑法评价思路及其入罪化思考》,载《云南大学学报(法学版)》2015年第2期,第56页。

信息网络视角下诈骗犯罪的刑法规制

包含在内,但并不周延。首先,本款规定规制对象仅限于病毒,范围过窄。所谓计算机病毒(Computer Virus),是编制者在计算机程序中插入的破坏计算机功能或者数据的代码,能影响计算机使用,能自我复制的一组计算机指令或者程序码,具有传播性、隐蔽性、感染性、潜伏性、可激发性、表现性或破坏性等特点。[①]根据"两高"《关于办理危害计算机信息系统安全刑事案件应用法律若干问题的解释》第5条之规定,所谓计算机病毒,应当是具有下列情形之一的程序:第一,能够通过网络、存储介质、文件等媒介,将自身的部分、全部或者变种进行复制、传播,并破坏计算机系统功能、数据或者应用程序的;第二,能够在预先设定条件下自动触发,并破坏计算机系统功能、数据或者应用程序的;第三,其他专门设计用于破坏计算机系统功能、数据或者应用程序的。可见,计算机病毒的最大特征之一,就是破坏计算机系统功能、数据或者应用程序。事实上,广义的恶意软件包括了计算机病毒这一概念,但并不局限于此。许多恶意程序,虽然常被用于非法用途,如信息网络诈骗、网络盗窃等,但本身并不具有破坏计算机系统功能、数据或者应用程序的功能。如劫持用户上网的恶意程序,按理论界普遍接受的观点,其"属于介于计算机病毒与正规软件之间的违法软件"[②]。因此,虽不属于计算机病毒,但具有病毒的某些特征,可用于犯罪用途的许多恶意软件,即使被故意制作、传播,也难以有效惩处。这

[①]《电脑病毒》,百度百科,https://baike.baidu.com/item/%E8%AE%A1%E7%AE%97%E6%9C%BA%E7%97%85%E6%AF%92/174112?fr=aladdin,访问日期:2019年11月3日。

[②] 于冲:《流氓软件的刑法评价思路及其入罪化思考》,载《云南大学学报(法学版)》2015年第2期,第56页。

第七章　信息网络诈骗刑事规制立法建议

对于净化网络环境、惩治网络犯罪，无疑是不利的。其次，本款规定难以将可用于违法或犯罪用途但并不影响计算机系统正常运行的恶意软件纳入打击的范围。因为，所谓影响计算机系统正常运行，是指计算机病毒等破坏性程序发作后，导致原有的计算机信息系统和应用程序不能正常运行。[①]实践中，一些恶意软件并不会影响计算机系统正常运行。例如，实践中有不法分子开发了一款名为嗅探的软件，只要计算机安装了该软件，即可扫描并采集周围1～5千米范围内的手机短信，结合所采集到的手机号码、验证短信等信息，通过撞库破解、修改手机用户银行卡、支付宝等密码，实施网络盗窃。[②]这款软件的安装，并不会导致破坏计算机信息系统的后果，但软件唯一的目的是窃取他人信息。开发、传播、买卖此类软件，应纳入《刑法》的规制范围。又如，某甲开发了一款游戏软件，该软件类比网络诈骗的各个场景，玩家可以自己设置剧本，对游戏中的虚拟人物实施诈骗，并由易到难进行打怪通关，玩家只有在虚构的各种谎言中自圆其说才能实现成功诈骗、顺利通关的目的。该款游戏一经开发，立即受到网络诈骗分子的青睐，成为其实施培训的必备软件。该软件在性质上属于游戏软件，并不具备破坏计算机系统的功能。但一方面，软件唯一的目的是以游戏的方式提升诈骗的

[①] 最高人民检察院法律政策研究室编、陈国庆主编：《中华人民共和国刑法最新释义》，中国人民公安大学出版社2012年版，第432页。
[②] 《警惕！多人已中招：手机"自动"消费，有人损失十几万》，荆楚网，https://www.toutiao.com/a6759048622261666315/?tt_from=weixin&utm_campaign=client_share&wxshare_count=1&timestamp=1573742383&app=news_article&utm_source=weixin&utm_medium=toutiao_android&req_id=2019111422 39430100140470702A9AF2&group_id=6759048622261666315，访问日期：2019年11月2日。

水平,在实践中主要应用于信息网络诈骗。此类软件的开发一开始就基于非法目的,传播的信息虽然不是通过"设立或者设立后主要用于实施违法犯罪活动的网站、通信群组"进行,无法构成非法利用信息网络罪,但其危害性并不亚于非法利用信息网络罪的行为;虽然没有直接传授他人犯罪方法,但其通过实训的方式,实质上提升了他人实施犯罪的能力,其危害性不亚于传授犯罪方法罪。而另一方面,这种行为由于隔断了非法计算机程序的提供方与诈骗犯罪行为人的犯意,因此司法机关往往也很难将提供恶意程序的行为认定为诈骗犯罪的共犯。总之,尽管具有《刑法》上的危害性,但制作、传播此类软件的行为,在我国目前《刑法》的框架下,难以纳入《刑法》的规制范围。当然,类似的恶意软件并不局限于此。一些恶意软件,如恶意扣费软件、恶意消耗流量的软件、恶意群发软件等,都具有较大的危害性,但却不影响计算机系统的正常运作。制作、传播此类软件,难以纳入《刑法》评价的范畴。这无疑是《刑法》中的一个缺失。

三、规制恶意软件的立法建议

诚如上文所述,在信息网络环境下,电子支付的每个环节,都可能成为诈骗犯罪分子利用的空间。在司法实践中,实施信息网络诈骗犯罪,往往离不开钓鱼网站或恶意软件的帮助。而从我国当前《刑法》所规定的罪名来看,还难以对此实施精准的打击。虽然在司法实践中,最高人民法院、最高人民检察院也通过司法解释的方式,对一些罪名作了扩大解释,一定程度包容了实践中的部分违法犯罪行为,但这些解释尚不周延,未能涵盖恶意软件尤其是恶意侵财软件的范畴。为此,立法上有进一步完善的必要。

针对实践中存在的问题,笔者建议:

第七章　信息网络诈骗刑事规制立法建议

（一）增设非法制作、传播、买卖恶意程序罪

由于信息网络恶意程序类型多、分类难、危害程度不一，部分恶意软件甚至还具有双面性，可以在网络运行中发挥正面作用，如果不区分程度轻重、程序性质、危害后果，一律纳入《刑法》打击范围，无疑有矫枉过正之嫌。因此，如何将应纳入《刑法》打击范畴的恶意程序过滤出来，无疑是完善立法首先必须考虑的问题。

笔者认为，这方面可以考虑参考英国的做法。根据英国《2006年诈骗罪法案》第6条、第7条的规定，任何制作或提供用于欺诈的物品的行为，以及任何管有、控制用于任何欺诈或与欺诈相关的任何物品的行为，都构成犯罪。对前种行为，按照简易程序处理的，处以不超过12个月的监禁或不超过法定最高罚款或两罚并处，按照公诉程序处理的，处以不超过10年的监禁或罚款或两罚并处；对后种行为的处罚与前种行为基本一样，只是将10年监禁降为5年。值得注意的是，根据该法第8条，前述物品是指所有用于欺诈或与欺诈相关过程的物品，包括以电子形式存在的任何程序或数据。[①]笔者认为，这一规定将管有、控制用于任何欺诈或与欺诈相关的任何物品的行为，也视为诈骗犯罪，打击面过宽，有过度犯罪化之嫌。[②]毕竟，仅仅是持有而未用于非法目的，本身并不产生危害后果。但上述立法以诈欺这一非法用途将相关物品包括电子数据或程序过滤出来的做法，却值得我国立法借鉴。笔者认为，在具体条文设计时，应考虑以下三个方面的因素。

---

① 秦新承：《支付演进对诈骗犯罪的影响》，华东政法大学博士学位论文，2012年，第206页。
② 胡莎：《英国诈骗罪过度犯罪化问题及其解决》，载《中山大学法律评论》第14卷第1辑，第53页。

信息网络视角下诈骗犯罪的刑法规制

第一，要考虑恶意软件的社会危害性。众所周知，犯罪的基本特征包括社会危害性、应受惩罚性和刑事违法性。其中，社会危害性是具有决定意义的特征，是应受惩罚性和刑事违法性这两个特征的依据和基础。换句话说，这两个特征都是社会危害性所派生出来的。因此，立法上要考虑对恶意软件进行规制，首先必须考虑其社会危害性大小。从我国目前网络存在的恶意程序来看，一些恶意程序是捆绑下载非破坏性软件、一些恶意程序是未经用户同意强行推送广告、一些恶意程序是未经用户同意收集用户阅读习惯等。此类恶意软件尽管违反了我国的法律，具有侵权的特征，但同样具有硬币的两个方面。例如，实践中一些杀毒软件是通过捆绑的方式，在用户不知情的情况下被下载、安装、使用的，也难以卸载，侵犯了用户的知情权和选择权，但下载的杀毒软件本身却是可以正常使用的杀毒工具，之所以采用恶意程序推送，是出于扩大影响、加强推广的目的，其主观上并不具有违法或犯罪的目的，恶性程度相对较小，社会危害性也较小，制作、推广、买卖此类软件在民事、行政层面已经可以得到较好的规制，则无须通过刑事的途径来惩罚。笔者认为，刑事法律所打击的应当是性质最为严重的违法行为，对恶意软件同样如此。因此，在条文设计时，应考虑将主要用于犯罪用途的恶意软件、直接侵犯公民财产权的恶意软件、直接侵犯公民人身权利（如窃取公民身份信息、银行卡信息等个人信息资料）的恶意软件等纳入《刑法》规制的范围。

第二，要考虑恶意软件的例外性。即使对具有极大危害性的恶意软件，也要考虑其例外性。例如，仅仅是个人制造、持有或者获取，未进行传播扩散，也没有产生实际危害后果的，不宜视为犯罪。同时也要考虑传播、买卖、使用恶意软件的目的。笔者认为，

第七章　信息网络诈骗刑事规制立法建议

《刑法》要惩治的，应当是那些出于非法目的编写、提供恶意程序，或者将其用于违法犯罪等非法目的的行为，而不能误伤那些基于正当理由使用类似程序的行为，也不能因为正当使用者的过失造成一定损失而给予刑事处罚。例如，如果行为人是基于正当的研究目的，如研究恶意程序的编写规律、研究恶意程序的反制程序等而编写、制作、交换、买卖这些恶意程序，就不宜纳入刑事规制的范畴。

第三，要考虑刑法规制的严密性。首先，要考虑增设的条文规定与其他条文的交叉重合问题。例如，要考虑增设条文与《刑法》第286条第1款、第2款的重合问题。换言之，如果故意制作、传播的恶意程序，是能够对计算机信息系统功能进行删除、修改、增加、干扰，造成计算机信息系统不能正常运行，并且造成严重后果的行为，或者是能够对计算机信息系统中存储、处理或者传输的数据和应用程序进行删除、修改、增加的操作，造成严重后果的，应如何定性？在条文表述中应有所考虑，以利于司法实践的具体操作。其次，对具有社会危害性，但在当前《刑法》框架下，以其他罪名难以定罪量刑，能否以适当的方式包容到新设立的条文中，也是值得考虑的问题。

对此，有学者建议，可以考虑将《刑法》第286条第3款的内容进行优化整合，从该条中剥离出来，增设非法制作、传播、买卖恶意程序罪。[①]笔者认为，这是一个合理的立法建议。在具体的条文设计上，笔者认为，可以考虑作如下表述：

"没有合法依据和正当理由故意制作、传播、买卖以下计算机程序，或者未经他人同意或授权而在他人计算机上执行以下计算机

---

① 秦新承：《支付方式的演进对诈骗犯罪的影响研究》，上海社会科学院出版社2012年版，第270页。

信息网络视角下诈骗犯罪的刑法规制

程序，情节严重的，处三年以下有期徒刑或者拘役，并处罚金；情节特别严重的，处三年以上七年以下有期徒刑，并处罚金：

"（1）影响计算机系统正常运行的计算机病毒等破坏性程序；

"（2）主要用于诈骗、盗窃、勒索等非法目的的计算机程序；

"（3）非法获取他人个人资料及电子商务交易信息的计算机程序；

"（4）秘密扣取他人资费、网络流量等侵犯他人财产权益的计算机程序。

"单位犯第一款罪的，对单位判处罚金，并对其直接负责的主管人员和其他直接责任人员依照第一款定罪处罚。

"同时构成其他犯罪的，依照处罚较重的规定定罪处罚。"

对于上述表述，有两点值得进一步说明：

第一，条文表述的含义。上述规定强调没有合法依据和正当理由，以此将合法利用恶意程序的行为排除在外；强调未经他人同意或授权，以此将他人自愿且不以危害他人为目的的下载、安装、使用恶意软件的行为区别开来；强调主要用于诈骗、盗窃、勒索等非法目的，以此将主要功能正面但其附属功能被恶意使用的软件区别开来；包含秘密扣取他人手机资费、网络流量等侵犯他人财产权益的计算机程序，以弥补《刑法》现有框架下规定的不足；同时构成其他犯罪的，依照处罚较重的规定定罪处罚，则有利于区分交叉重合的有关罪名。例如，恶意制造、传播计算机病毒，如依照破坏计算机信息系统罪更重，则以破坏计算机信息系统罪定罪处罚。

第二，罪名的归类。尽管有学者提出单独设立非法制作、传播、买卖恶意程序罪的立法建议，但其建议仅仅局限于对《刑法》第286条进行简单拆分、修改，并不涉及罪名归类的变化。换言之，增设的非法制作、传播、买卖恶意程序罪，与非法侵入计算机信息

第七章 信息网络诈骗刑事规制立法建议

系统罪、破坏计算机信息系统罪、拒不履行信息网络安全管理义务罪等罪名一样,均属于妨害社会管理秩序罪的范畴。对此,笔者并不完全认同。事实上,从近年来相关司法解释、司法实践看,基于网络的开放性、包容性、复杂性、公共性,越来越多的案例将网络虚拟空间视为公共空间。

2013年,最高人民法院、最高人民检察院联合出台的《关于办理利用信息网络实施诽谤等刑事案件适用法律若干问题的解释》第5条第2款规定:"编造虚假信息,或者明知是编造的虚假信息,在信息网络上散布,或者组织、指使人员在信息网络上散布,起哄闹事,造成公共秩序严重混乱的,依照刑法第二百九十三条第一款第(四)项的规定,以寻衅滋事罪定罪处罚。"这一司法解释的意义在于,其明确了网络空间属于公共空间的属性。这种认识建立于三点基础理据之上:其一,现代社会已经进入信息网络时代,公共场所不应局限于物理意义的空间和场所,而应该与时俱进,拓展到以资料为依托的网络空间。如果否定这一点,在网络传播淫秽信息的行为就不可能构成传播淫秽物品罪。因为,网络的所谓淫秽物品本质是一些计算机虚拟资料,和传统意义的淫秽物品是有区别的。因此,在判断公共场所时,也应从信息网络的视角予以适当拓宽。事实上,利用网络空间实施的犯罪的影响程度,完全可以达到与公共场所相同的效果,甚至超过在公共场所实施犯罪的影响面和影响深度。从这个意义上而言,将信息网络空间视为公共空间的延续是合情合理的。其二,信息网络空间作为社交空间的拓展,具有开放性、包容性、复杂性、公共性的特点,不特定的人,可以在不特定的地点和不特定的时间进入、参与,这一特点与公共空间是完全相同的。以扫黑除恶中一些案例看,信息网络化前的一些涉黑恶的群体性事件,大多依靠严密部署、层层动员,在形式上依托文字、演

信息网络视角下诈骗犯罪的刑法规制

讲或口口相传等方式进行动员。而在信息网络环境下,这种组织、动员已经突破了物理空间的限制,更多依靠微信、微博、QQ等新的社交媒体。从国际上看,推特、facebook等网络媒介,也成为有组织犯罪非常重要的网上联络工具。换言之,现实社会的社交活动,已经转移到网络,成为资料化、信息化的网络活动,并延伸、辐射到现实社会,对现实社会形成强大的反作用力。网络空间与现实空间并不存在截然隔离的鸿沟。将网络空间视为公共空间,具有现实合理性。其三,正因为此,在信息网络中实施的各种行为,所破坏的也不仅仅是网络的管理秩序,更主要的是破坏了公共秩序。例如,在信息网络实施的诽谤、侮辱等犯罪行为,一旦被转发、扩散,其对当事人的影响以及所造成的后果,远远大于被物理空间所限制的现实公共场所。信息网络犯罪同样如此,一旦实施,将在不特定时间、不特定地点,对不特定多数的被害人造成严重影响。换句话说,信息网络犯罪所侵犯的直接客体虽然是网络管理秩序,但其影响更大的却是现实的公共秩序。

因此,基于上述认识,笔者认为,从严厉打击犯罪的角度看,非法制作、传播、买卖恶意程序罪在罪名归类上,可以考虑纳入危害公共安全罪的范畴。因为,此类犯罪所存在的网络空间属于公共空间,而犯罪行为可能对不特定的人的财产安全造成严重侵害,在性质上,符合危害公共安全罪的一般特征。

当然,为了增强司法的可操作性,在实践中,最好由最高人民法院、最高人民检察院就相关内容颁布司法解释,具体明确相关概念,对行为的边界作出进一步的厘清。

(二)形成民事、行政、刑事及公益诉讼的整体规制格局

对恶意程序的法律规制,仅仅依靠刑法显然是不够的。实践中,必须通过完善民事方面的法律、法规,加强行政法的监管,才

第七章 信息网络诈骗刑事规制立法建议

能形成完备的法律监管格局。事实上，恶意程序对民事权益的侵犯是一个客观存在的事实。诸如广告推广软件，强制安装软件，浏览器劫持软件，恶意卸载、恶意捆绑等流氓软件，用间谍软件刺探用户敏感信息等，或许因情节轻微而未达到刑事规制的程度。在此情况下，则有必要由行政机关介入，采取行政强制措施或行政处罚予以遏制，有关当事人也可以通过提起民事诉讼，对软件侵犯其隐私权、财产权等民事权益进行索赔。对影响较大、涉及公共利益的，仅仅依靠公民个人难以调查取证、主张权益的，也可以由检察机关介入，启动民事或行政公益诉讼予以遏制。这方面的规定，并非本书探讨的重点，此处不赘述。

参考文献

一、中文著作

1. 赵国强：《澳门刑法研究》，广东人民出版社2009年版。
2. 赵国强：《澳门刑法研究（续）》，澳门刑事法研究会2015年版。
3. 赵国强：《澳门刑法概说（犯罪通论）》，社会科学文献出版社、澳门基金会2012年版。
4. 陈海帆、赵国强主编：《个人资料的法律保护》，社会科学出版社、澳门基金会2014年版。
5. 赵秉志、赵国强主编：《中国内地与澳门刑法总则之比较研究》，澳门基金会2000年版。
6. 赵秉志、赵国强主编：《中国内地与澳门刑法分则之比较研究》，澳门基金会1999年版。
7. 赵秉志：《犯罪总论问题研究》，法律出版社2003年版。
8. 张志勇：《诈骗罪研究》，中国检察出版社2008年版。
9. 张志勇、吴声：《诈骗罪专题整理》，中国人民公安大学出版社2007年版。
10. 王晨：《诈骗犯罪的定罪与量刑》，人民法院出版社1999年版。
11. 王晨：《诈骗犯罪研究》，人民法院出版社2003年版。
12. 赵秉志、赵国强、张丽卿、傅华伶主编：《当代刑法的理论与实践》，社会科学文献出版社2015年版。

13．刘德良：《网络时代的民法学问题》，人民法院出版社2004年版。

14．秦新承：《支付方式的演进对诈骗犯罪的影响研究》，上海社会科学院出版社2012年版。

15．张明楷：《犯罪构成体系与构成要素》，北京大学出版社2010年版。

16．张明楷：《诈骗罪与金融诈骗罪研究》，清华大学出版社2006年版。

17．张明楷：《刑法学》（第3版），法律出版社2007年版。

18．张明楷：《刑法学》，法律出版社1997年版。

19．冯军主编：《比较刑法研究》，中国人民大学出版社2007年版。

20．傅立庆：《犯罪构成理论：比较研究与路径选择》，法律出版社2010年版。

21．杨兴培：《犯罪构成原论》，北京大学出版社2014年版。

22．龙长海：《犯罪构成理论问题研究》，法律出版社2015年版。

23．庞冬梅：《俄罗斯犯罪构成理论研究》，中国人民大学出版社2013年版。

24．冯亚东、胡东飞、邓君韬：《中国犯罪构成体系完善研究》，法律出版社2010年版。

25．孙利：《诈骗罪客观要素研究》，中国政法大学出版社2016年版。

26．游涛：《普通诈骗罪研究》，中国人民公安大学出版社2012年版。

27．石奎：《集资诈骗罪"非法占有目的"司法认定的实证研究》，法律出版社2016年版。

28．张利兆：《保险诈骗罪研究》，中国检察出版社2007年版。

29．李邦友、高艳东：《金融诈骗罪研究》，人民法院出版社2003年版。

30．单晓华：《金融诈骗罪基本问题研究》，中国法制出版社2007年版。

31．孙军工：《金融诈骗罪》，中国人民公安大学出版社2003年版。

32．沙君俊：《合同诈骗罪研究》，人民法院出版社2004年版。

33．李文燕：《金融诈骗犯罪研究》，中国人民公安大学出版社2002年版。

34．周密：《中国刑法史》，群众出版社1985年版。

35．程树德：《九朝律考》，山东人民出版社1985年版。

36．苏宁：《虚拟货币的理论分析》，社会科学文献出版社2008年版。

37．张晋藩总主编：《中国法制通史》（第1卷），法律出版社1999年版。

38．陈戍国点校：《四书五经》，岳麓书社1998年版。

39．叶孝信主编：《中国法制史》，北京大学出版社1999年版。

40．欧阳涛、王永昌：《诈骗罪的剖析与对策》，中国人民公安大学出版社1998年版。

41．白草根：《我曾经是个骗子——李万铭忏悔录》，陕西人民出版社1997年版。

42．《马克思恩格斯选集》，人民出版社1993年版。

43．储槐植：《美国刑法》（第三版），北京大学出版社2005年版。

44．陈兴良：《刑法学》，复旦大学出版社2003年版。

45．陈兴良：《规范刑法学》，中国人民大学出版社2008年版。

46．陈兴良：《刑法哲学》，中国政法大学出版社1997年版。

47．陈兴良主编：《刑法各论的一般理论》，内蒙古大学出版社1992年版。

48．刘明祥：《财产罪比较研究》，中国政法大学出版社2001年版。

49．杨春洗、杨敦先主编：《中国刑法论》，北京大学出版社1998年版。

50．高铭暄、马克昌主编：《刑法学》（下编），中国法制出版社1999年版。

51．马克昌：《犯罪通论》，武汉大学出版社1999年版。

52．李光灿、马克昌、罗平：《论共同犯罪》，中国政法大学出版社1987年版。

53．贾宇：《国际刑法学》，中国政法大学出版社2004年版。

54．刘家琛主编：《新刑法条文释义》，人民法院出版社1997年版。

55．姜伟：《犯罪形态通论》，法律出版社1994年版。

56．申柳华：《德国刑法被害人信条学研究》，中国人民公安大学出版社2011年版。

57．朱庆育：《民法总论》，北京大学出版社2013年版。

58．黄梯云：《管理信息系统》，高等教育出版社2009年版。

59．最高人民检察院法律政策研究室编、陈国庆主编：《中华人民共和国刑法最新释义》，中国人民公安大学出版社2012年版。

60．孙春雨、韩雪、郭俐：《网络犯罪专业化公诉样本》，中国检察出版社2014年版。

61．俞海松：《刑法的扩张——刑法修正案（九）及新近刑法立法解释司法适用解读》，人民法院出版社2015年版。

62．林山田：《刑法各论》，元照出版有限公司（台湾）2006年五版二修。

二、中文论文

（一）报纸杂志论文

1．赵秉志：《金融诈骗罪的概念及构成特征》，载《国家检察官学院学报》2001年第9期。

2．赵秉志：《公民个人信息刑法保护问题研究》，载《华东政法大学学报》2014年第1期。

3．赵国强：《许霆案的启示》，载赵国强：《澳门刑法研究》，广东人民出版社2009年版。

4．张明楷：《支付用Card犯罪的现状、立法对策与研究课题》，载冯军主编：《比较刑法研究》，中国人民大学出版社2007年版。

5．张明楷：《论诈骗罪的诈骗行为》，载《甘肃政法学院学报》2005年第5期。

6．张明楷：《论诈骗罪中的财产处分行为》，载《武大刑事法论坛》（第一卷），中国人民公安大学出版社2005年版。

7．张明楷：《财产性利益是诈骗的对象》，载《法律科学》2005年第3期。

8．张明楷：《论诈骗罪中的财产损失》，载《中国法学》2005年第5期。

9．张明楷：《三角诈骗的类型》，载《法学评论》2017年第1期。

10．张明楷：《盗窃与抢夺的界限》，载《法学家》2006年第3期。

11．陈兴良：《犯罪构成的体系性思考》，载《法制与社会发展》2000年第3期。

12. 陈兴良：《论我国刑法中的片面共犯》，载《法学研究》1985年第1期。

13. 武春玲：《网络个人资料信息保护的法律探析》，载《情报探索》2005年第6期。

14. 李莉：《数据图书馆建设中个人资料信息被侵犯的原因与保护原则》，载《大学图书馆学报》2004年第4期。

15. 冯勇：《简论〈盗律〉对〈二年律令〉的影响》，载《西北大学学报（哲学社会科学版）》2009年第2期。

16. 白永峰：《建国初期司法审判的现代启示》，载《中南财经政法大学研究生学报》2014年第6期。

17. 周珏：《建国初期刑事审判工作的回忆》，载《人民法院报》2007年9月29日。

18. 古丽阿扎提·吐尔逊：《英国网络犯罪研究》，载《中国刑事法杂志》2009年第7期。

19. 胡莎：《英国诈骗罪过度犯罪化问题及其解决》，载《中山大学法律评论》第14卷第1辑。

20. 皮勇：《论欧洲刑事法一体化背景下的德国网络犯罪立法》，载《中外法学》2011年第5期。

21. 皮勇：《我国新网络犯罪立法若干问题》，载《中国刑事法杂志》2012年第12期。

22. 刘明祥：《论我国刑法不采取共犯从属性说及利弊》，载《中国法学》2015年第2期。

23. 刘明祥：《论诈骗罪中的交付财产行为》，载《法学评论》2001年第2期。

24. 何军：《犯罪原因论》，载《河北法学》1988年第2期。

25. 宋程：《网络诈骗原因与对策浅析》，载《甘肃警察职业学院学报》2009年第1期。

26．程权：《网络诈骗犯罪案件的实务问题》，载《山西省政法管理干部学院学报》2014年第2期。

27．王志祥：《英美法系刑法中诈骗罪构成条件之比较》，载《江西科技师范学院学报》2007年第5期。

28．李春华、万其刚：《国外网络信息立法情况综述》，载《中国人大》2012年第20期。

29．黄祥青：《盗窃、诈骗行为交织型财产犯罪定性研究》，载《法律适用》2011年第4期。

30．赵书鸿：《论诈骗罪中作出事实说明的欺诈》，载《中国法学》2012年第4期。

31．张小旭：《论不作为诈骗行为的界限》，载《西南科技大学学报（哲学社会科学版）》2013年第2期。

32．高尚宇：《电信网络诈骗独立成罪问题探析》，载《财经法学》2018年第1期。

33．周骏如：《论数额数量犯罪的立法模式》，载《法学》1997年第1期。

34．刘华：《论我国刑法上的数额及数量》，载《刑事法律评论》（第2卷），中国政法大学出版社1998年版。

35．童伟华：《数额犯若干问题研究》，载《华侨大学学报（人文社科版）》2001年第4期。

36．唐世月：《不纯正数额犯略论》，载《政治与法律》2004年第6期。

37．郭春涛：《网络诈骗的概念、主要表现及犯罪构成研究》，载《信息网络安全》2011年第4期。

38．葛磊：《电信诈骗罪立法问题研究》，载《河北法学》2012

年第2期。

39．张建、俞小海：《电信诈骗犯罪中帮助取款人的刑事责任分析》，载《法学》2016年第6期。

40．钱毅：《我国刑法不存在片面共犯》，载《法商研究》1990年第4期。

41．于冲：《流氓软件的刑法评价思路及其入罪化思考》，载《云南大学学报（法学版）》2015年第2期。

42．蒲全芳：《片面共犯应予否定》，载《法学与实践》1986年第6期。

43．钱叶六：《中国犯罪参与体系的性质及其特色：一个比较法的分析》，载《法律科学》2013年第6期。

44．王冠：《深度链接行为入罪化问题的最终解决》，载《法学》2013年第9期。

45．魏静华、陆旭：《电信网络诈骗共同犯罪的司法认定》，载《中国检察官》2018年3月号（经典案例）。

46．魏静华、陆旭：《电信网络诈骗共同犯罪疑难问题探析》，载《成都行政学院学报》2018年第2期。

47．张瑞军：《论诈骗罪既遂的标准及其具体应用》，载《内蒙古财经学院学报（综合版）》2010年第2期。

48．徐竹芃：《对诈骗罪未遂问题的探讨》，载《企业家天地》2007年8月号。

49．陈文昊：《"新型三角诈骗"之探讨》，载《大连海事大学学报（社会科学版）》2017年第5期。

50．刘宪权：《盗窃信用卡并使用行为定性的困境与破解》，载《法学评论》2018年第6期。

51．《外币诈骗团伙的覆灭》，载《徐州日报》2008年11月19日。

52．张磊：《司法实践中侵犯公民个人信息犯罪的疑难问题及其对策》，载《当代法学》2011年第1期。

53．赵军：《侵犯公民个人信息犯罪法益研究》，载《江西财经大学学报》2011年第2期。

54．方禹：《解读日本个人信息保护法（2017）》，载《中国信息安全》2019年第5期。

55．李世阳：《链条式钓鱼软件的运行机制及其刑法规制》，载《中国法律评论》2018年第2期。

56．王树森、陈平：《木马病毒的攻击原理与防治策略》，载《软件导刊》2012年第6期。

57．黄良才：《美国反间谍软件的法律制度研究及对我国的启示》，载《网络法律评论》（第9卷）。

58．刘晓燕、马民虎：《美国犹他州〈间谍软件控制法〉评鉴》，载《网络安全技术与应用》2004年第8期。

59．刘志鹏：《台湾信用卡犯罪活动猖獗》，载《中国信用卡》2002年第11期。

60．秦新承：《电子支付方式下诈骗罪的非纯正数额犯趋势》，载《政治与法律》2012年第2期。

61．黄太云：《〈刑法修正案（七）〉解读》，载《人民检察》2009年第6期。

62．张惠芳：《金融诈骗罪立法评析——从法益保护和立法模式谈起》，载《河南司法警官职业学院学报》2005年第2期。

63．张红昌：《诈骗罪处分意识的构造》，载《海南大学学报（人文社会科学版）》2011年第3期。

64．李翀：《虚拟货币的发展与货币理论和政策的重构》，载《世界经济》2003年第8期。

65. 田海山、张宽海：《支付环境与网上虚拟货币产生原因分析》，载《电子商务》2007年第6期。

（二）硕士博士学位论文

1. 王新华：《论虚拟财产的刑法保护——以诈骗罪为视角》，烟台大学硕士学位论文，2012年。

2. 郭明伟：《网络信用卡诈骗犯罪问题研究》，西南政法大学硕士学位论文，2011年。

3. 张娟娟：《电话诈骗犯罪案例分析》，重庆大学硕士学位论文，2012年。

4. 唐子君：《电信诈骗犯罪打击难点及应对策略研究》，天津大学硕士学位论文，2013年。

5. 赵琳：《电信诈骗犯罪的实践难题及解决》，辽宁大学硕士学位论文，2014年。

6. 林琳：《电信诈骗犯罪浅析》，中国社科院研究生院硕士学位论文，2013年。

7. 焦修萍：《电子商务环境下信用卡诈骗罪研究》，安徽大学硕士学位论文，2014年。

8. 刘念：《短信诈骗的法律治理》，华中科技大学硕士学位论文，2014年。

9. 林国荣：《论当前电信诈骗问题与防治对策》，福建大学硕士学位论文，2014年。

10. 张继福：《论合同诈骗罪"非法占有目的"的司法认定》，湘潭大学硕士学位论文，2009年。

11. 胡翔俊：《论诈骗类犯罪的欺骗程度》，辽宁大学法律硕士学位论文，2015年。

12. 汪洋：《论诈骗罪的处分行为》，吉林大学硕士学位论文，2014年。

13．余启红：《论诈骗罪的对象》，郑州大学硕士学位论文，2012年。

14．尹少博：《民事欺诈与刑事诈骗的比较研究》，南昌大学硕士学位论文，2014年。

15．徐金水：《网络诈骗犯罪问题研究》，华中师范大学硕士学位论文，2011年。

16．秦翔龙：《新媒体视域下诈骗犯罪研究》，安徽大学硕士学位论文，2014年。

17．常亮：《诈骗罪定性主要争议问题研究》，内蒙古大学硕士学位论文，2012年。

18．魏丹：《诈骗罪若干问题研究》，中国政法大学硕士学位论文，2010年。

19．徐静：《诈骗罪中财产性利益研究》，沈阳师范大学硕士学位论文，2013年。

20．田亮亮：《诈骗罪中的处分行为研究》，山东大学硕士学位论文，2013年。

21．杨君相：《犯罪数额问题研究》，西南政法大学硕士学位论文，2008年。

22．刘文慧：《二维码支付法律问题研究》，广东外语外贸大学硕士学位论文，2015年。

23．周强：《恶意软件法律规制探析》，中国政法大学硕士学位论文，2008年。

24．王华双：《我国网络犯罪刑事立法完善研究》，河南大学硕士学位论文，2016年。

25．解苏苏：《〈网络犯罪公约〉与我国相关刑事立法之比较研究——以纯正网络犯罪为视角》,东南大学硕士学位论文,2014年。

26．董国强:《网络背景下诈骗罪的理论挑战及刑法应对研究》,西南政法大学硕士学位论文,2014年。

27．任锦锦:《网络诈骗共同犯罪问题研究——以假淘宝诈骗案为例》,辽宁大学法律硕士学位论文,2014年。

28．尚文敬:《网络经济背景下虚拟货币发行、流通和退出机制研究》,北京邮电大学硕士学位论文,2009年。

29．刘玮:《论盗窃罪与诈骗罪的区别》,苏州大学硕士学位论文,2014年。

三、外文文献及译著

1．[美]史蒂文·L. 伊曼纽尔:《刑法》,中信出版社2003年版。

2．[美]阿诺德·H. 洛伊:《刑法原理》(第四版),法律出版社2004年版。

3．[意]贝卡里亚:《论犯罪与刑罚》,黄风译,中国大百科全书出版社1993年版。

4．[日]林干人:《刑法各论》,东京大学出版会1999年版。

5．[美]詹姆斯·格雷克:《信息简史》,高博译,人民邮电出版社出版2013年版。

6．[苏]H. A. 别利亚耶夫、M. N. 科瓦廖夫主编:《苏维埃刑法总论》,马改秀等译,群众出版社1987年版。

7．[日]山口厚:《刑法各论》,有斐阁2010年第2版。

8．[德]爱德华·施拉姆:《国际刑法学——刑法适用规则、国际刑法学和欧盟刑法学》,丁强译,法律及司法培训中心2013年版。

9．[英]J. C. 史密斯、B. 霍根:《英国刑法》,马清升等译,法律出版社2000年版。

10．[日]大谷实：《刑法总论》，黎宏译，中国人民大学出版社2008年版。

11．[美]约书亚·德雷斯勒：《美国刑法精解》，王秀梅等译，北京大学出版社2009年版。

12．[日]西田典之：《日本刑法各论》，刘明祥、王昭武译，中国人民大学出版社2007年版。

13．[日]高桥则夫：《共犯体系和共犯理论》，冯军、毛乃纯译，中国人民大学出版社2010年版。

14．[日]曾根威彦：《刑法学基础》，黎宏译，法律出版社2005年版。

15．[日]野村稔：《刑法总论》，全理其、何力译，法律出版社2001年版。

16．冯军译：《德国刑法典》，中国政法大学出版社2000年版。

17．黄道秀译：《俄罗斯联邦刑法典》，中国法制出版社2004年版。

18．谢望原主译：《英国刑事制定法精要（1351－1997）》，中国人民公安大学出版社2003年版。

19．徐久生、庄敬华译：《德国刑法典》，中国方正出版社2004年版。

20．罗结珍译：《法国刑法典》，中国法制出版社2003年版。

21．[英]塞西尔·特纳：《英国刑法中的盗窃罪》，曲三强译，巴南校，载《环球法律评论》1990年第4期。

22．欧树军译：《美国2003年反垃圾邮件法》，赵晓力校，载《网络法律评论》2004年第2期。

四、互联网文献

1.《〈中国互联网发展报告（2019）〉精华版》，中国互联网协会，http://www.isc.org.cn/editor/attached/file/20190711/20190711142249_27113.pdf。

2．戴建兵：《中国历代货币的私铸和伪造》，道客巴巴，http://www.doc88.com/p-0068987332445.html。

3．章玉娟：《骗取无民事行为能力人财物的行为定何罪》，中国法院网，https://www.chinacourt.org/article/detail/2013/07/id/1039019.shtml。

4．汤德宗：《信息公开与信息隐私法》，http://www.jcei.gov.cn/Contents/Channel_1743/2007/1026/25107/content25107.html。

5．徐振雄：《信息隐私与个人资料保护》，http://www.tpml.edu.tw/TaipeiPubicLiraydownload/eresource/tplpub lifelong/0039/pdf/01.pdf。

6．高艳东：《黄牛软件罪犯哪条？对刑法中的传统罪名要进行"新解"》，载《瞭望东方周刊》，http://news.sina.com.cn/o/2018-01-16/doc-ifyqqciz7956966.shtml。

7．《2014年美国网络诈骗损失超8亿美元：含五大类型》，新浪网科技频道，http://tech.sina.com.cn/i/2015-05-28/doc-icpkqeaz5815765.shtml。

8．《美粉碎一起大规模网络诈骗案 涉案金额高达33.5亿元》，环球网，http://world.huanqiu.com/exclusive/2018-02/11596827.html。

9．《美国计算机欺诈和滥用法》，中国信息安全法律网，http://www.infseclaw.net/news/html/937.html。

10．《日本网络诈骗集团猖獗 半年7万起网络犯罪案》，大众网，http://www.dzwww.com/xinwen/guojixinwen/201712/

t20171222_16817457.htm。

11．《台湾信用卡欺诈骗领猖獗　今年被盗刷金额将攀升至25亿元》，人民网港澳台频道，http://www.people.com.cn/GB/channel1/14/20001107/302670.html。

12．《西班牙将向大陆引渡200余名台湾电信诈骗犯》，观察者网，http://www.guancha.cn/europe/2017_02_19_394959.shtml。

13．《78名台湾电信网络诈骗犯罪嫌疑人从菲律宾被押解回国》，《中国日报》中文网，http://cnews.chinadaily.com.cn/2018-04/11/content_36011818.htm。

14．《台湾诈骗犯扬名国际，美国国务院发报告标注"此地诈骗多发"》，海外网，新浪网转载，http://mil.news.sina.com.cn/2018-01-17/doc-ifyqtycw9073015.shtml。

15．《信用卡》，百度百科，https://baike.baidu.com/item/%E4%BF%A1%E7%94%A8%E5%8D%A1/220968?fr=aladdin。

16．《我是如何推理出王珞丹住址的》，腾讯网，http://view.news.qq.com/original/intouchtoday/n3632.html。

17．《二维码》，百度百科，https://baike.baidu.com/item/%E4%BA%8C%E7%BB%B4%E7%A0%81/2385673?fr=aladdin。

18．《比特币》，百度百科，https://baike.baidu.com/item/%E6%AF%94%E7%89%B9%E5%B8%81/4143690?fr=aladdin。

19．《电信》，百度百科，https://baike.baidu.com/item/%E7%94%B5%E4%BF%A1/150753?fr=aladdin。

20．《网络》，百度百科，https://baike.baidu.com/item/%E7%BD%91%E7%BB%9C/143243?fr=aladdin。

21．《网络互联》，百度百科，https://baike.baidu.com/item/%E7%BD%91%E7%BB%9C%E4%BA%92%E8%81%94/10501073。

22．《三网融合》，百度百科，https://baike.baidu.com/item/%E4%B8%89%E7%BD%91%E8%9E%8D%E5%90%88/415568。

23．《如何制作一个自己的活码二维码》，百度经验，https://jingyan.baidu.com/article/e52e36156461c940c60c5181.html。

24．《2018中国互联网发展报告》，搜狐网，https://www.sohu.com/a/244667064_754297。

25．《分布处理》，百度百科，https://baike.baidu.com/item/%E5%88%86%E5%B8%83%E5%A4%84%E7%90%86/2016065?fr=aladdin。

26．《计算机病毒》，百度百科，https://baike.baidu.com/item/%E8%AE%A1%E7%AE%97%E6%9C%BA%E7%97%85%E6%AF%92/174112?fr=aladdin。

27．《间谍软件》，百度百科，https://baike.baidu.com/item/%E9%97%B4%E8%B0%8D%E8%BD%AF%E4%BB%B6/949332?fr=aladdin。

28．《木马病毒》，百度百科，https://baike.baidu.com/item/%E6%9C%A8%E9%A9%AC%E7%97%85%E6%AF%92/333298?fromtitle=%E6%9C%A8%E9%A9%AC&fromid=530&fr=aladdin。

29．《勒索软件》，百度百科，https://baike.baidu.com/item/%E5%8B%92%E7%B4%A2%E8%BD%AF%E4%BB%B6/5243210?fr=aladdin。

30．《公安提醒：这"六个一律"，你一定要认真看！》，徐州工程学院，http://xsc.xzit.edu.cn/da/b6/c1756a55990/page.htm。

31．《"法院来电"不必一律挂断 法官支招如何辨真伪》，当代先锋网，http://www.ddcpc.cn/index.php?m=content&c=index&a=show&catid=563&id=82187。

32．《最高法：双向诈骗行为，应当如何认定被害人》，360个人图书馆，http://www.360doc.com/content/17/0203/22/39717550_626315184.shtml。

33．《男子冒充乾隆诈骗富婆222万：我吃了长生不老药》，载《广州日报》2017年5月22日，腾讯网，https://news.qq.com/a/20170522/001709.htm?t=1495411792307。

34．《冒充清朝公主，如此低智商诈骗，谁上当了？》，搜狐网，http://www.sohu.com/a/112245029_410358。

35．《看似荒诞的骗局却屡屡得逞 受骗者还埋怨民警坏好事》，凤凰网，http://zj.ifeng.com/a/20170704/5791865_0.shtml。

36．《又耍"外币换大钱"把戏 5男子客车演"双簧"诈骗》，中安线上，http://ah.anhuinews.com/system/2014/01/10/006268650.shtml。

37．《大巴屡现"外币"诈骗团伙 有乘客曾一周遇到6次》，琅琊新闻网，http://www.langya.cn/lyxw/zxwshsh/201104/t20110407_46180.html。

38．《中国互联网协会今日向社会正式公布"恶意软件"定义》，中国互联网协会，http://www.isc.org.cn/hdzt/feyrj/listinfo-4191.html。

39．《恶意软件类型和分类》，360个人图书馆，http://www.360doc.com/content/19/0422/08/29478554_830485859.shtml。

40．《阻"想哭"恶意软件被捕，学者：写也犯法？》，搜狐网，http://www.sohu.com/a/162200540_99930877。

41．《警惕！多人已中招：手机"自动"消费，有人损失十几万》，荆楚网，https://www.toutiao.com/a6759048622261666315/?tt_from=weixin&utm_campaign=client_share&wxshare_count=1&timestamp=1573742383&app=news_article&utm_source=weixin&utm_medium=toutiao_android&req_id=20191114223943010014047070273A9AF2&group_id=6759048622261666315。

五、工具书

1．邹瑜：《法学大辞典》，中国政法大学出版社1991年版。

2．中国社会科学院法学研究所《法律词典》编委会编：《法律词典》，法律出版社2003年版。

3．郭翔：《犯罪学辞典》，上海人民出版社1989年版。

后　记

　　历时近三年，博士论文的研究写作终于接近尾声。在电脑上敲下最后一个字时，有点百感交集。首先是感到如释重负。毕竟，年逾不惑，已经不再年少。这个年龄攻读博士学位，与年轻的学弟学妹们相比，我们多了繁忙工作的负担，多了家庭责任的牵绊。尤其是论文撰写期间，家父病重，次子顽幼，既为寻医问药、奶粉尿片的俗务奔忙，更为论文的深度研究增添了许多困难。文献研读、论文耕进，几乎都是利用午休和晚上家人入睡后等零星时间进行的，其间的苦乐只有自己能够品味。其次是感到遗憾。本书研究的一些问题，按原计划是独立成章；论文中许多原本计划再深度研究的问题，未能展开；一些学界有争议的问题，分析还不够透彻；还有一些司法实践中的问题，如信息网络合同诈骗问题、信息网络诈骗与网络敲诈勒索罪的区分原则等，因研究能力和研究时间等因素的限制，只是点到为止而没能深入。可以说，论文的撰写，并未达到自己所期望的水平，更遑论达到导师的期待和高度。仓促停笔掩卷，内心既觉遗憾，也觉惶恐。然而，也许学术研究本身就是一项遗憾的工作，这种遗憾既是激励我们进一步深化研究的原因，也是我们不断探索前行的动力。对论文中的缺憾，将在此后进一步深入研究。

　　这篇论文得以完成，首先要感谢我的导师赵国强教授。信息网络诈骗犯罪是随着信息网络的发展滋生的侵财犯罪类型，学界研究成果少，挑战大，选择这一题目后，研究过程中感到有些力不

后记

从心。赵老师不厌其烦地与我沟通、研商，为我进一步深入研究指点方向，根据我的特点多次指导我对论文的规划架构、内容架构进行调整优化；论文撰写过程中遇到的理论障碍，赵老师耐心细致进行指点；论文主体成型之后，赵老师不辞辛劳，对论文大到篇章结构、内容补充，小到行文风格、语意概括、概念界定、语句表述、参考文献等提出了细致、精准、中肯的意见建议。在本人因工作繁忙、家庭原因萌生退意时，多次鼓励我继续前行。赵老师认为，我多年在司法机关、中央驻澳门机构的研究部门工作，这些部门既是接触大量实际案例的实务部门，也是理论总结提升的研究部门。工作的积累，可以说为博士论文的撰写提供了丰富的素材和实务层面的经验。也正因为这一点，赵老师建议我在论文的研究过程中，要尽量本着扬长避短的原则，在理论上遵沿通说，不为标新立异盲目挑战既有理论，在论证方面尽量使用数据、案例等实证的方式，形成自己的风格。从论文确定研究方向、开题到写作，三年来，赵老师耐心细致的帮助、缜密周延的指导让我深受感动，也让我从枯燥的研究中体验到不断收获的愉悦。恩师深厚的学术功底、严谨的学术研究态度、丰富的学术研究经验和宽厚的为人处世之道，为我树立了一座标杆，也将成为我受益终身的财富。

博士论文的研究，还要感谢原中央政府驻澳门联络办研究室陈永浩主任。陈主任对研究工作的严格严谨，对我的鼓励和鞭策，成为我不敢懈怠、继续前行的重要因素。因为，我不敢辜负也不愿辜负。此外，还需感谢澳门大学李哲教授、丘庭彪教授，他们为本人撰写论文提供了许多富有建设性的意见和非常具有参考价值的文献资料。感谢学友权大国、邹菲菲、许丽婷、张一，在他们的帮助下，我克服了博士在校课程研读过程中的许多困难，他们还从研

信息网络视角下诈骗犯罪的刑法规制

究方向、角度等方面为我提供了许多好的建议。需感谢的，还有广东省中山市检察院第一检察部张昱博士、陈俊涛检察官，他们在论文的校对、实务案例提供等方面给了我无私的帮助。最后，还需感谢妻子和父母的付出。正因为有了他们无怨无悔的支持、关爱和付出，我才能了却夙愿，为这篇并不出色的论文写下最后一个句号。

梁实秋在散文《中年》中说：中年的妙趣在于相当的认识人生，认识自己，从而做自己所能做的事，享受自己所能享受的生活。的确，中年已不再是追逐虚名、浮光掠影的年纪。人到中年，已经不怕戴着镣铐跳舞，也不怕背负重担前行。因为，镣铐或许不是束缚而是规则，重担或许不是负担而是责任。中年人真正可怕的，是失去目标和方向。在博士论文撰写的三年间，我收获颇多：恩师的教诲、领导的支持、同学的帮助、家人的付出……这些，与个人理论水平在研究中获得的提高一样重要，一样值得书写和铭记。

谢志强

2020年12月16日